G000058683

GUIDE

DES

LIEUX DE SILENCE

Le présent ouvrage est publié grâce à l'aimable collaboration
de Jean-Philippe de Tonnac.

Joachim BOUFLET est expert auprès de la Sacrée Congrégation
pour la cause des saints et spécialiste des mentalités religieuses.
Auteur notamment d'*Un signe dans le ciel, les apparitions de la Vierge*
(Grasset, 1997).

Conception graphique et maquette de Michèle Defait

© Librairie Générale Française, 1997.

LES GUIDES SÉLÈNE

JOACHIM BOUFLET

GUIDE
DES
LIEUX DE SILENCE

LE LIVRE DE POCHE

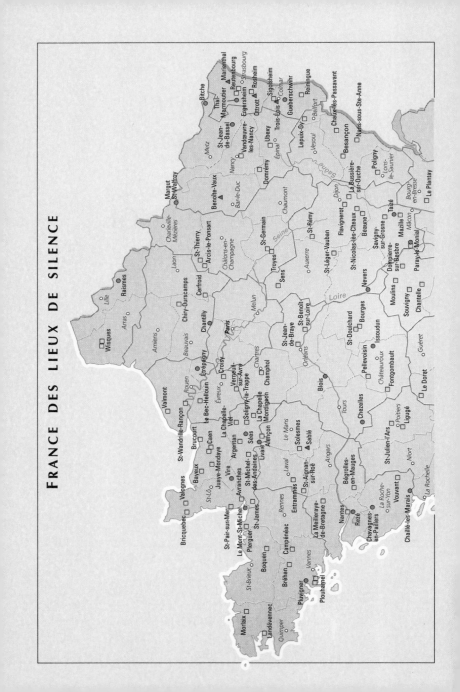

FRANCE DES LIEUX DE SILENCE

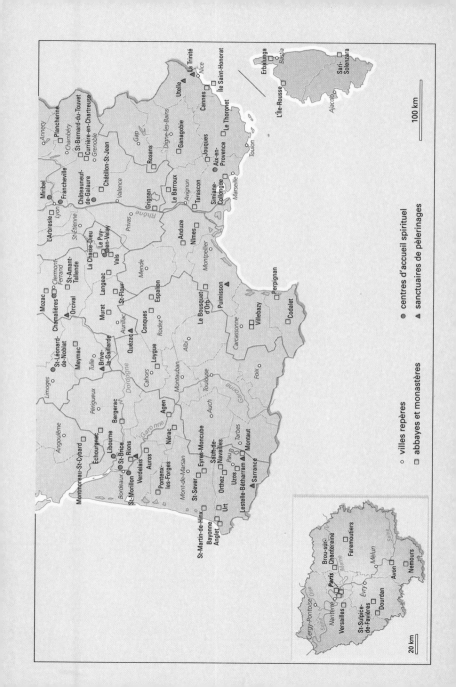

100 km

20 km

○ villes repères

□ abbayes et monastères

● centres d'accueil spirituel

▲ sanctuaires de pèlerinages

Ce *Guide* est destiné aux personnes qui aspirent à trouver un temps plus ou moins long de calme et de silence ; à celles qui souhaitent faire une étape de réflexion, de prière, ou simplement souffler, se ménager dans le rythme des jours une halte de repos, la possibilité de savourer en toute quiétude la sérénité d'un lieu, la beauté paisible d'une nature encore préservée.

◆

Il est paradoxal que notre société, qui accorde tant d'importance aux loisirs et qui dénonce à juste titre le bruit comme une des principales nuisances du monde actuel, n'ait jamais songé à établir ses propres lieux de silence et de solitude : hormis quelques sites naturels, les seuls endroits où l'on peut escompter un peu de calme sont les bibliothèques, encore n'offrent-elles bien souvent qu'un silence relatif, susceptible de favoriser le travail et la recherche intellectuelle ; dans une autre perspective, une église ou

une chapelle s'ouvre au citadin qui veut goûter quelques instants de paix. Mais, dans l'un ou l'autre cas, il ne saurait être question d'un séjour. Aussi ne sera-t-on pas étonné de découvrir que presque tous les lieux répertoriés dans ce *Guide* abritent des communautés religieuses : soit qu'elles aient trouvé - il y a parfois plusieurs siècles - un site retiré, propice à la méditation et à la contemplation, soit qu'elles aient su aménager au cœur de la cité une oasis de paix où, tels les vagues s'étalant sur la grève, viennent s'éteindre insensiblement les bruits et l'agitation de la ville. Cela n'a rien d'étonnant, dès lors que l'on tient pour admis que le silence recèle une dimension religieuse, ou métaphysique : toutes les grandes religions l'ont valorisé, car il est propice à l'introspection, à la réflexion, à la détente intérieure : si le silence, préalable au recueillement, favorise pour le croyant la découverte de Dieu, il permet à tout homme de prendre du recul, de s'abstraire durant quelques temps de la pesanteur d'un monde en perpétuel mou-

vement et rempli de bruit, de se reposer dans une quiétude où le regard sur soi-même et sur le monde change, se fait plus serein, plus ouvert.

◆

De tels lieux s'inscrivent dans une région, dans un site ; ils sont les héritiers d'une tradition, les témoins – parfois le théâtre – d'une histoire. C'est pour cela que chacun d'eux est généralement présenté dans son contexte, et non comme un endroit isolé qui serait totalement étranger à son environnement. Chacun d'eux recèle aussi sa forme propre de silence : il y a une notable différence entre le rigoureux silence, souvent associé à la solitude, qu'offrent les communautés de moniales contemplatives, et le calme d'autres maisons, où une discrète convivialité pallie l'isolement auquel sont confrontés dans la vie courante un nombre toujours plus élevé de nos contemporains. Il appartient aussi à chacun de découvrir, au gré de l'un ou de l'autre établissement, et en fonction de ses

aspirations, son « silence personnel » : les communautés qui les habitent ne font qu'en proposer les conditions optimales et, par la variété de leurs traditions, de leurs rythmes et des services qu'elles offrent, elles permettent ainsi à chacun de trouver la forme de silence qui lui convient.

◆

On pourra s'étonner de ne pas voir figurer dans ce *Guide* certains hauts-lieux très connus : la raison est que certaines de ces communautés, qui ouvrent leurs portes aux personnes en quête d'un temps fort de ressourcement et de silence, sont débordées par la demande d'accueil ; d'autres ne sont plus en mesure d'assumer cette hospitalité, soit que leurs effectifs vieillissent sans se renouveler, soit qu'ils diminuent. Mais que toutes soient ici remerciées : quelle qu'ait été leur réponse, elles ont été très nombreuses à permettre, par leurs encouragements et leur participation, l'élaboration de ce *Guide des lieux de silence*.

a b c

♦ **BOUCHES-DU-RHÔNE**

**Chemin
de la Blaque
13090
Aix-en-
Provence**

AIX-EN-PROVENCE
CENTRE DE LA BAUME-LES-AIX

♦ Téléphone : 04.42.16.10.30
♦ Fax : 04.42.26.88.67

Animé par une équipe de jésuites et de laïcs, le centre de la Baume est un centre culturel et spirituel qui propose de multiples activités : célébrations liturgiques, catéchèse, éveil à la foi, initiation à la Bible et aux sacrements, conférences, séminaires de recherche, colloques, sessions, etc. C'est un lieu d'écoute, de liberté et de débat, largement ouvert à l'accueil, et un lieu d'Église où s'expérimente et se vérifie une manière d'être croyant aujourd'hui. A priori, on se demandera donc pourquoi il figure dans cet ouvrage.

Le centre propose aussi des récollections, des exercices spirituels, un accompagnement personnel. Surtout, deux ermitages permettent des retraites individuelles ; par ailleurs, la communauté organise des week-ends « désert » où chacun peut, dans le silence et l'aide fraternelle, faire une halte de réflexion, de prière et de discernement ; enfin, la beauté du site, le cadre volontairement simple et accueillant, et le calme d'un parc de 12 hectares sont propices au silence, que chacun peut y trouver s'il le désire.

HISTOIRE

À l'origine du centre, la bastide Saint-Alexis est aux XVIIᵉ-XVIIIᵉ siècles la maison de campagne du collège royal d'Aix, pris en charge par les jésuites en 1622 ; sise hors les murs, dans le quartier de la

Blaque, elle sert de maison de vacances aux élèves et aux professeurs, et accueillera plus tard les premières retraites de laïcs. Après le bannissement des jésuites, en 1763, les nouveaux maîtres du collège royal vendent la propriété à Joseph Bonnet de la Baume, conseiller du Parlement de Provence, qui lui donnera son nom. À la fin de 1952, les jésuites rachètent la propriété et y établissent un noviciat et une maison d'études. Ils réaménagent les communs pour y installer la chapelle, construisent la galerie couverte et édifient d'autres bâtiments, lui conférant sa physionomie actuelle. Depuis 1971, la maison a changé de destination et s'est ouverte à l'accueil, aux rencontres et aux sessions ; l'association *Cultures et Société,* créée en 1976, est animatrice et gérante du centre ; son projet et ses objectifs sont décrits dans un dépliant envoyé sur demande.

SITE

Situé à 3 km d'Aix-en-Provence, et facilement accessible, le centre offre un cadre agréable et reposant ; les bâtiments, qui déploient dans la verdure leurs façades claires et leurs toits de tuiles, abritent de nombreux services : service de restauration et cafétéria, hébergement au confort simple (chambres à un ou deux lits), bibliothèque, etc. Pour les retraites individuelles, il faut adresser une demande écrite au père Claude Viard.

OFFICES

Célébration de l'eucharistie :
- 11 h 55 du lundi au jeudi, et le samedi • 18 h 40 le vendredi
- 11 h DF (messe animée par une équipe de laïcs).

ACCÈS

- À partir d'Aix : D 9 (direction Les Milles), puis Chemin de la Blaque.

- A 8 (Lyon / Nice) : sortie à Aix-Pont de l'Arc, puis D 9 (direction Les Milles).
- A 51 (Marseille / Aix) : sortie Les Milles, puis D 9 (direction Aix).
- De Marseille, gare routière : bus « Marseille / Aix direct autoroute » (RDT 13, quai 22), arrêt « La Parade » (à 100 m du chemin de la Blaque).
- SNCF à Aix-en-Provence (taxi ou bus place de la Rotonde).
- Aéroport de Marignane (taxi, ou bus vers Aix, puis taxi).

♦ **ORNE**

**7, rue de
la Demi-Lune
61000 Alençon**

ALENÇON
MONASTÈRE DES CLARISSES

♦ Téléphone : 02.33.26.14.58

Alençon, cité de la dentelle, est la patrie de sainte Thérèse de l'Enfant-Jésus dont la maison natale est proche de la vieille ville : église Notre-Dame (porche du XVIᵉ s.), château des ducs (XIV-XVᵉ s.). C'est également le point de départ d'agréables randonnées dans les Alpes mancelles, qui déploient autour de la Sarthe un paysage accidenté, et vers les forêts d'Écouves et de Perseigne, au charme silencieux et sauvage.

Fondé dans les dernières années du XVᵉ siècle, le monastère des « Pauvres Dames » se tient près du palais ducal : en effet, Marguerite de Lorraine, duchesse d'Alençon, en est la protectrice, et c'est elle qui a signé la charte de fondation. Supprimé à la Révolution, le monastère est rétabli en 1819 ; les clarisses y mènent une vie rigoureusement cloîtrée, s'adonnant, dans la joie fraternelle caractéristique de leur spiritualité, à la prière et au travail en solitude.

ACCUEIL

Écrire à la sœur hôtelière :
• quelques chambres au confort simple, pour dames et jeunes filles
• possibilité d'accompagnement et d'échanges spirituels.

OFFICES

En français :
• 7 h 30 : office du matin • 8 h : messe • 18 h 30 : office du soir
• 20 h 30, le jeudi : prière franciscaine.

ACCÈS

• Multiples accès routiers.
• SNCF à Alençon (Paris Montparnasse/Le Mans), puis taxi.

♦ **GARD**

**1064, chemin
de Cabanoule
30140 Anduze**

ANDUZE
MONASTÈRE DE LA PAIX-DIEU

♦ Téléphone : 04.66.61.73.44
♦ Fax : 04.66.61.87.94

Fièrement campée à la porte des Cévennes, la petite ville d'Anduze fut la capitale spirituelle du pays camisard dont elle anima la résistance : les huguenots, stimulés par la prédication d'Isabeau Vincent et par le chef camisard Roland, puis par le pasteur Antoine Court et les prédicateurs du désert, opposèrent durant plus d'un siècle au centralisme royal catholique la force de leurs convictions, leur obstination à défendre la liberté d'opinion et de culte ; c'est seulement en 1787 que l'édit de Versailles reconnut aux protes-

tants français une existence légale ! Aujourd'hui, la tour de l'Horloge (XIVe s.), seul vestige des anciennes fortifications abattues à la suite de l'édit d'Alès, se dresse sur la place centrale en face du temple, l'un des plus importants de France ; tout autour, les maisons du vieux quartier dessinent un dédale de ruelles pittoresques, au débouché desquelles surgit, sur une petite place, une amusante fontaine-pagode coiffée de tuiles vernissées jaunes et vertes (1648). En quittant la ville, on remonte le long du gardon jusqu'à Saint-Jean-du-Gard, pour atteindre bientôt la corniche des Cévennes, dont les sommets déchiquetés et les pentes abruptes surplombent des vallées étroites où, çà et là, un village se blottit autour de son église romane.

En 1970, les cisterciennes de l'abbaye Notre-Dame des Gardes (Maine-et-Loire) acquièrent dans ce pays de tradition huguenote une propriété rurale isolée, et y établissent le monastère de la Paix-Dieu. Au milieu d'une garrigue qu'embaume la lavande, les bâtiments se déploient dans un parc calme et ombragé, cadre idéal pour la vie de ces moniales contemplatives adonnées à la célébration de Dieu par la louange divine et le travail. Leur hôtellerie accueille toute personne qui aspire à un temps de recueillement à l'écart des bruits et de l'agitation de la ville, qui souhaite approfondir sa réflexion dans le silence et la solitude, qui désire partager la prière liturgique des moniales.

ACCUEIL   Écrire à la sœur hôtelière :
• 8 chambres individuelles et 1 chambre double avec lavabo, sanitaires à l'étage • pension complète • possibilité d'accompagnement et d'échanges spirituels.

OFFICES   Chantés en français, se renseigner sur place pour le détail des horaires :
• 9 h : messe (8 h 30 en hiver, DF 10 h).

ACCÈS   • N 110 (Alès/Montpellier), puis D 910A jusqu'à Anduze, et sortie vers Saint-Jean-du-Gard, direction Cabanoule.
• Car Lafont (Alès/Saint-Jean-du-Gard) et car Fort (Nîmes/Saint-Jean-du-Gard), arrêt à Anduze, puis taxi (4 km).
• SNCF à Alès (ligne Clermont-Ferrand/Nîmes), puis taxi (13 km).

♦ **Pyrénées-Atlantiques**

ANGLET
MONASTÈRE DE SAINT-BERNARD

Notre-Dame du Refuge 64600 Anglet

♦ Téléphone : 05.59.63.84.34

Sise entre Bayonne et Biarritz, la station balnéaire d'Anglet a béné-ficié du développement industriel de la première, de l'expansion résidentielle de la seconde, et entre la longue plage toute proche et la forêt de Chiberta, l'agglomération s'est développée autour de sa vieille église du XVIᵉ siècle (pourvue plus tard des galeries de bois caractéristique des églises basques) ; à quelques centaines de mètres de l'Océan, au cœur de la ville, le couvent des Servantes de Marie témoigne de l'entreprise hardie d'un prêtre de Bayonne, le père Louis-Édouard Cestac.

Histoire

Ce jeune vicaire de la cathédrale, sensible au sort des orphelines, ouvre à leur intention, en 1836, le *Grand Paradis*, maison d'accueil et de réinsertion pour les fillettes errantes, qu'encadrent sa jeune sœur Élise et deux compagnes. Un autre problème social le tourmente : la prostitution des adolescentes. Il recueille les malheureuses qui s'échappent de maisons publiques, et les confie au *Grand Paradis*. Ayant acheté le domaine de Châteauneuf à Anglet, il se rend à la Trappe de la Meilleraye, en Bretagne, pour y apprendre des moines la technique de fertilisation des sables : fixer les dunes, rentabiliser le sol. Personne n'y croit. Il persiste, les religieuses – les premières repenties ont prononcé leurs vœux en 1842, avec Élise et ses compagnes – s'attellent au labeur ; les débuts sont rudes, mais à force de persévérance une magnifique *pignada* s'élève bientôt. Les sœurs travaillent pour gagner leur vie : couture, broderie, blanchisserie, biscuiterie. Le père Cestac va de l'avant, tout dévoué à l'accueil des pauvres et sûr de la ten-

dresse de Dieu pour eux, se confie sans réserve à la Vierge Marie : elle est le guide et le soutien de ses initiatives, il se nomme lui-même « Serviteur de Marie », et appelle ses religieuses Servantes de Marie. Quand il meurt, exténué, en 1868, son œuvre compte plus de cent maisons en France et jusqu'en Espagne ; sa sœur Élise est morte en 1849, à peine âgée de 38 ans, elle aussi épuisée par la tâche : elle n'a pas eu le temps de voir la fondation de la branche contemplative des Servantes de Marie, les Solitaires de Saint-Bernard.

MISSION

S'adaptant aux besoins du monde actuel, l'œuvre initiale n'a cessé de se développer. À la suite du Christ et de Marie, les Servantes de Marie, fidèles à l'esprit de leur fondateur, se consacrent au service de la vie : à travers les tâches éducatives, sociales, sanitaires et pastorales, elles travaillent en faveur des petits et des pauvres, partagent l'espérance des oubliés et participent à la lutte contre la misère et l'injustice. Elles sont actuellement présentes en Amérique latine, en Afrique et en Inde.

LES SOLITAIRES

Au centre des terres avoisinant la maison mère des Servantes de Marie, les Solitaires de Saint-Bernard ou *Bernardines* constituent une communauté strictement cloîtrée ; branche contemplative des Servantes de Marie, les Bernardines sont fondées en 1851, à la demande de « repenties ». Cinq ans auparavant, un vieil homme malade pris en charge par les Servantes de Marie a fait don d'un modeste domaine qu'il possède dans les environs : un petit potager et une cabane perdus dans les sables. C'est là que le père Cestac établit les sœurs désireuses de mener une existence de type érémitique consacrée uniquement à la prière et au travail dans le silence le plus total ; d'abord logées dans des cabanes de bois, elles défrichent, labourent et sèment, s'adonnent au petit élevage. Au fil des années, la communauté s'accroît, les *Filles des sables* sont bientôt une soixantaine. Modeste, resté de type rural, le monastère est aujourd'hui bien aménagé autour de sa chapelle sobre et claire ; les bâtiments, lumineux, sont nichés dans une oasis de verdure et de fleurs. Là, les moniales vivent une vie cachée dans le Christ, « sous la conduite de Marie, Notre-Dame de la Solitude, qui au Samedi saint porte en son cœur toute la souffrance, mais aussi toute l'espérance du monde » ; leur vocation étant de « chercher Dieu dans la solitude, le silence, la conversion du cœur, le travail et la prière assidue ». Elles travaillent à l'intérieur du monastère et dans les terres qui en dépendent, équilibrant les journées entre les temps de prière, de travail et de repos.

15

Apparemment isolées par le silence, elles sont étroitement unies aux Servantes de Marie, qui assurent les liens avec l'extérieur, et qu'elles soutiennent de leur présence priante et discrète.

ACCUEIL

Écrire auparavant au monastère :
• 5 chambres simples, uniquement pour des femmes désirant vivre un temps de « désert » • partage de la prière et des repas (en silence) de la communauté • à la porterie, vente des produits du travail des moniales : ornements liturgiques, broderies, reliure, produits agricoles.

OFFICES

En français : se renseigner sur place pour les horaires.

ACCÈS

• À 3 km de Bayonne, N 10.
• SNCF à Bayonne, puis taxi.

♦ RHÔNE

L'ARBRESLE
COMMUNAUTÉ DOMINICAINE DE LA TOURETTE

Couvent Sainte-Marie de la Tourette B.P. 0105 69591 L'Arbresle Cedex

♦ Téléphone : 04.74.01.01.03
♦ Fax : 04.74.01.47.27

Situé dans les monts du Lyonnais, à une vingtaine de kilomètres au nord-ouest de la grande ville, le couvent dominicain Sainte-Marie de la Tourette est un centre spirituel original.

ARCHITECTURE

Construit par Le Corbusier en 1956-59, « ce couvent de rude béton est une œuvre d'amour », il est une de ses réalisations les plus significatives ; les lignes droites et les angles confèrent aux lieux une profondeur a priori insoupçonnée, et en font un espace spirituel des plus monastiques, traduisant le souci de l'architecte de « loger des religieux en essayant de leur donner ce dont les hommes d'aujourd'hui ont le plus besoin : le silence et la paix ».

VOCATION

Le couvent accueille de nombreuses rencontres, les unes polarisées par le débat scientifique, théologique, philosophique ; les autres, par la recherche chrétienne en groupe, d'autres encore par la recherche spirituelle dans l'écoute de témoignages et dans le dialogue avec des non-chrétiens. Le centre Albert-le-Grand propose sessions et retraites, le centre Thomas-More organise débats et colloques autour de thèmes se rapportant aux « sciences humaines des religions ».

Tout cela donne un milieu spirituel original pour les hôtes individuels. Ils peuvent tout à la fois goûter le silence durant les heures

que les moines passent en cellule pour leurs travaux, et durant les temps de prière liturgique, très sobre, avec une note de proximité à l'égard de tous, et bénéficier d'une discrète convivialité. Ce n'est donc pas un silence strictement monastique, ni celui d'une retraite organisée, mais plutôt un climat dans lequel chacun, tout en côtoyant d'autres personnes aux préoccupations différentes (notamment à l'occasion des repas), peut s'aménager, dans une grande liberté spirituelle, un espace intérieur de paix.

CLIMAT SPIRITUEL

La communauté y aide beaucoup : une vingtaine de moines, dont plus de la moitié est en permanence dans le couvent, vaquant à la prière et aux études, attentifs aux hôtes tout en restant en retrait pour mieux les servir ; une religieuse et deux laïques les secondent. Dans la mesure du possible (ce n'est pas toujours facile), il n'est pas exclu d'effectuer dans le couvent un séjour individuel, consacré soit à l'étude et aux travaux intellectuels, soit à la recherche spirituelle. La campagne voisine et les vastes horizons des monts du Lyonnais contribuent à souligner cette atmosphère de paix que favorise déjà une architecture exceptionnelle.

ACCUEIL

S'adresser par écrit à la Communauté dominicaine :
• logement dans des chambres individuelles au confort sobre
• repas avec la communauté • bibliothèque • possibilité d'accompagnement et d'échanges spirituels • parking.

OFFICES

En français, trois fois par jour : se renseigner sur place pour les horaires.

ACCÈS

• A 1 (Paris/Lyon), sortie Villefranche et D 38 direction Anse, puis D 485 jusqu'à Lozanne et D 596 jusqu'à L'Arbresle.
• De Lyon, sortie Tassin-La Demi-Lune après le tunnel de Fourvière, puis N 7 direction Roanne. À l'entrée de l'Arbresle, direction Centre, puis SNCF, puis Éveux ; en haut d'Éveux, à la statue de la Vierge, tourner à droite.
• SNCF à L'Arbresle, au départ de Lyon-Perrache ou de Lyon-Part Dieu, puis taxi.

◆ **MARNE**

51170 Arcis-le-Ponsart

**ARCIS-LE-PONSART
ABBAYE NOTRE-DAME D'IGNY**

◆ Téléphone : 03.26.48.08.40

Détruite en 1918, l'abbaye d'Igny est reconstruite dix ans plus tard pour accueillir les cisterciennes qui souhaitent y restaurer la vie monastique interrompue par la Révolution, puis par les lois anticléricales du début du siècle. Le monastère peut s'enorgueillir d'un passé glorieux, car il a été fondé en 1128 par douze moines que saint Bernard envoya de Clairvaux ; il subsista jusqu'à la Révolution, qui dispersa la communauté – devenue au fil des siècles très décadente – et ferma les lieux. Une reprise de la vie monastique en 1878 fut interrompue vingt-cinq ans plus tard, quand la communauté dut se résoudre à l'exil. Laissés à l'abandon, les bâtiments furent démantelés : qui eût songé à s'établir dans ce coin isolé du Tardenois ? Finalement, les moniales cisterciennes ont redonné vie au site qui, proche de Reims sans en subir les inconvénients, bénéficie d'un cadre agréable et paisible ; elles y mènent leur vie priante et laborieuse, que rythme la célébration de l'office divin. Fidèles à la tradition bénédictine de l'hospitalité, elles accueillent, pour une durée maximale d'une semaine, les personnes en quête d'un climat de recueillement ; les retraites spirituelles sont favorisées par le silence, la campagne avoisinante permet de calmes randonnées, et on peut participer aux offices de la communauté, échanger avec une religieuse ou le père aumônier.

ACCUEIL

Écrire à la sœur hôtelière :
• une quinzaine de chambres simples ou doubles avec lavabo, sanitaires à l'étage • possibilité d'accompagnement et d'échanges spirituels • vente sur place (magasin à 60 m du monastère), par correspondance et dans les boutiques de l'artisanat monastique, des produits du monastère : confiserie, chocolats, tricots, vannerie • montage audiovisuel sur l'histoire du monastère et la vie de la communauté.

OFFICES

Chantés en français, avec quelques pièces en grégorien :
• 7 h 30 : messe (DF 10 h 45) • 17 h 20 en hiver, 17 h 30 en été : vêpres.

ACCÈS

• A 4 (Paris/Reims), sortie à Anthenay, puis D 801/802 et D 25 vers Fismes.
• N 31 (Compiègne/Reims), puis D 386 à Fismes, et D 25 à Courville.
• D 27 à partir de Reims.
• SNCF à Reims (30 km), à Dormans (ligne Paris/Nancy, 20 km), à Fère-en-Tardenois ou à Fismes (ligne Reims/Meaux, 15 km), puis taxi.

◆ **O**RNE

2, rue
de l'Abbaye
B.P. 8
61201 Argentan
Cedex

**ARGENTAN
ABBAYE NOTRE-DAME**

♦ Téléphone : 02.33.67.12.01
♦ Fax : 02.33.35.67.55

Les origines de l'abbaye, fondée à Almenêches, remontent à la fin du VIᵉ siècle. C'est une des plus anciennes communautés féminines de France qui, nourrie de la spiritualité bénédictine, intègre les apports véhiculés par une littérature monastique déjà très riche (saint Jérôme, saint Augustin, saint Césaire d'Arles).

HISTOIRE

Détruit par les invasions normandes, restauré vers 1060, le monastère adopte la règle bénédictine ; il est réformé au XVIᵉ siècle par l'Ordre de Fontevrault, qui favorise une plus grande pauvreté et la solitude propice à la contemplation. En 1736, Louis XV ordonne le transfert de la communauté à Argentan, où l'abbesse Louise de Médavy avait fondé en 1623 un prieuré dépendant d'Almenêches. La Révolution disperse les moniales qui, la tourmente passée, se regroupent en 1822 à Vimoutiers, avant de regagner Argentan en 1830. La vie régulière reprend, assez prospère pour nécessiter l'agrandissement des bâtiments ; mais ceux-ci sont détruits en 1944, lors de la bataille de Normandie. La communauté doit se réfugier à Sées pendant la reconstruction du monastère. Enfin, en 1958, les moniales peuvent regagner l'abbaye nouvelle, située en bordure de la ville, dans un cadre propice au silence et au recueillement.

SITE

Au fil de la route des Haras et des Châteaux, s'égrènent entre les massifs boisés d'Écouves et de Gouffern les vestiges de cette his-

19

toire tourmentée. À Almenêches (12 km au sud-est d'Argentan), l'église Renaissance est celle de l'antique abbatiale bénédictine ; statues et bas-reliefs en terre cuite y exaltent l'apothéose de sainte Opportune, abbesse du lieu, dont le culte séculaire est aujourd'hui entretenu par les moniales d'Argentan : celles-ci lui ont consacré la crypte de l'église abbatiale, où l'on vénère une importante relique de la sainte, tandis que dans la nef, la statue en pierre de la Vierge à l'Enfant du XIVe siècle provient peut-être aussi d'Almenêches. Non loin, le château de Médavy, reconstruit au XVIIIe siècle, conserve deux tours de l'enceinte fortifiée primitive. À 20 km au nord-est d'Argentan, le monument du Mont-Ormel rappelle les combats de la bataille de Normandie.

SPIRITUALITÉ

Les moniales d'Argentan – une cinquantaine – suivent la Règle de saint Benoît : dans la fidélité aux orientations préconisées par le concile Vatican II et les derniers papes, qui ont demandé à l'Ordre de saint Benoît de conserver en ses abbayes son patrimoine séculaire, elles ont maintenu la liturgie en latin et en grégorien. Elles sont heureuses de partager leur prière liturgique et l'atmosphère de silence et de paix du monastère avec des hôtes soucieux de vie intérieure, aspirant au recueillement et à la recherche de Dieu.

ACCUEIL

S'adresser par écrit à la sœur hôtelière : quelques chambres individuelles et deux petits ermitages pour les personnes en quête de silence et de solitude.

Les moniales proposent également les produits de leur travail : dentelle à l'aiguille (le « point d'Argentan », dont elles ont l'exclusivité), images-photos, cartes de vœux, reproductions d'icônes présentées sur bois, calligraphie, sérigraphie. Le chœur des moniales a enregistré une série de disques et de cassettes de chants grégoriens. Ces produits, vendus sur place à la porterie, peuvent aussi être acquis dans les boutiques de l'artisanat monastique, et par correspondance.

OFFICES

En latin et en grégorien :
• 9 h : messe conventuelle avec chant grégorien (10 h DF)
• 17 h 15 : vêpres (17 h DF).

ACCÈS

• Argentan est au carrefour de la N 158 (Sées/Caen), de la N 26 (Verneuil-sur-Avre /Argentan) et de la D 916 (Vimoutiers/La Ferté-Macé). Le chemin de l'abbaye est indiqué à toutes les entrées de la ville.
• SNCF à Argentan, puis taxi.

♦ **GIRONDE**

33124 Auros

AUROS
ABBAYE NOTRE-DAME DU RIVET

♦ Téléphone : 05.56.65.40.10

Auros est un village du Bazadais, région de collines et de vallons où champs de maïs et prairies se substituent progressivement au vignoble.

HISTOIRE

Les moniales cisterciennes y occupent depuis 1938 une abbaye, dont la tradition fait un des plus anciens monastères de France : elle remonterait à l'époque carolingienne, ce que semblent confirmer le réemploi, dans l'église du XIIIᵉ siècle, de vestiges postmérovingiens (chapiteaux et corbeaux), et les restes de l'enceinte fortifiée du IXᵉ siècle entourant les bâtiments. Fondée par des moines bénédictins, l'abbaye passe à la fin du XIIᵉ siècle à la réforme de Cîteaux, qui marque de son empreinte l'architecture de l'église ; après une longue existence où alternent périodes de prospérité et difficultés dues aux guerres, puis aux Huguenots, l'abbaye est restaurée à la veille de la Révolution, mais celle-ci en chasse les moines.

SITE

Aujourd'hui, les moniales cisterciennes y mènent leur vie contemplative de prière et de travail dans le silence. Ouvertes à l'accueil de groupes de jeunes, elles reçoivent également toute personne désirant passer quelques jours au calme ; la disposition des bâtiments, qu'entourent un jardin et un grand parc, se prête à des retraites individuelles dans le silence. La campagne environnante déploie le long de la vallée du Beuve, que chanta le poète latin Ausone, l'agrément de vallons paisibles où l'on peut effectuer de belles promenades. À une dizaine de kilomètres, la ville de Bazas couronne de ses toits roses une petite colline que domine la cathé-

drale Saint-Jean, un des plus remarquables édifices gothiques de l'Aquitaine.

ACCUEIL

Contacter la sœur hôtelière par écrit :
• 12 chambres individuelles, avec douches à l'étage • une petite cuisine pour les hôtes qui souhaitent préparer eux-mêmes leurs repas • bibliothèque • possibilité d'accompagnement et d'échanges spirituels • parking.

OFFICES

En français et en grégorien :
• 7 h 30 : laudes, suivies à 8 h de la messe (DF, messe à 11 h)
• 12 h 15 : sexte • 14 h 30 : none • 17 h 45 : vêpres (17 h 30 DF).

ACCÈS

• A 62 (Bordeaux/Toulouse), sortie Langon, puis D 10 direction Casteljaloux, tourner à gauche avant Auros au « Campech ».
• N 113 (Bordeaux/Agen), puis D 10 à partir de Langon.
• SNCF à Langon (Ligne Bordeaux/Toulouse), puis taxi (9 km).

♦ **SEINE-
ET-MARNE**

**AVON
ACCUEIL DES FRÈRES CARMES**

**1, rue
Père-Jacques
77215
Avon Cedex**

♦ Téléphone : 01.60.72.28.45

L'adresse évoque une des figures les plus lumineuses du carmel français contemporain : le père Jacques de Jésus (1900-1945), mort des suites de ses souffrances en camp de concentration, où il avait été envoyé pour avoir protégé et caché des enfants juifs pendant la guerre ; le couvent des carmes d'Avon dirigeait alors un collège, qui fut fermé il y a une trentaine d'années. Un film, *Au revoir, les enfants*, a retracé ce tragique épisode.

HISTOIRE

Dès l'origine, les carmes déchaux s'établissent dans les villes, où ils peuvent vaquer à l'apostolat qui s'enracine dans la contemplation, caractéristique de leur spiritualité. Leur couvent parisien, rue de Vaugirard, s'est rendu célèbre pour avoir été le théâtre des massacres de septembre 1792, avant d'abriter l'Institut catholique. Lors des expulsions, ils perdent toutes leurs maisons et, tandis que quelques-uns périssent sur les fameux pontons de Rochefort, la plupart fuient à l'étranger. Puis, au siècle dernier, l'Ordre est restauré en France par la fondation du Broussey, et peu à peu les couvents se multiplient. Celui d'Avon n'est pas l'un des plus anciens, mais il a longtemps hébergé le noviciat provincial, où ont été formées des générations de moines ; situé non loin de Paris, d'où il est facilement accessible, et proche de Fontainebleau, il est néanmoins assez isolé pour garantir le silence et la solitude propices à la contemplation.

SPIRITUALITÉ La communauté des frères Carmes anime, pour une durée allant d'un week-end à huit jours, des retraites prêchées qui s'adressent

à tous ; elles sont marquées par l'approche et l'approfondissement de la spiritualité des saints du Carmel : écoute de la parole de Dieu, silence, oraison, participation à la liturgie. Elle accueille aussi des retraitants individuels, pour un temps de réflexion et de recueillement personnels, que favorise le silence des lieux, entourés de jardins et d'un parc très calme.

ACCUEIL Écrire à l'accueil : 42 chambres, dont 7 individuelles et 19 doubles, avec lavabo • repas en silence • bibliothèque • possibilité d'accompagnement et d'échanges spirituels.

OFFICES La participation aux offices est vivement souhaitée ; pour les horaires, se renseigner sur place.

ACCÈS • A 6 (Paris/Lyon), sortie Fontainebleau.
• SNCF à Avon-Fontainebleau (départ de Paris Gare de Lyon), puis taxi ou bus (1 km).

◆ MANCHE

59, bd du Luxembourg 50300 Avranches

AVRANCHES
MONASTÈRE DES CARMÉLITES

◆ Téléphone : 02.33.58.23.66

Ce carmel est de fondation récente : institué d'abord à Merville, dans le Nord, il s'est établi à Avranches en 1921. Les nouveaux bâtiments datent de 1936, la chapelle (intéressante lanterne de dalles de verre éclaté, œuvre du maître-verrier chartrain Gabriel Loire) a été dédicacée en 1990. Dans un site préservé, les moniales mènent une vie contemplative en retrait du bruit et de l'agitation du monde ; à la prière, elles ajoutent le travail manuel, dont les produits – reliure, bougies, céramiques – sont en vente sur place et dans les boutiques de l'artisanat monastique.

À quelque distance vers l'intérieur de l'agglomération, la terrasse du Jardin des Plantes, ombragé d'arbres magnifiques, offre une vue extraordinaire sur le Mont Saint-Michel ; vers la baie, la D 75 longe les fameux prés salés, prairies marécageuses où sont élevés des agneaux de boucherie, au large desquelles se profile la silhouette du Mont.

ACCUEIL
Possibilités limitées, s'adresser par écrit à la sœur hôtelière : quelques chambres au confort simple pour retraitants.

OFFICES
En français :
• 8 h 25 : laudes • 9 h : messe • 17 h 45 : vêpres.

ACCÈS
• D 103 à la sortie d'Avranches (vers la baie du Mont Saint-Michel), à 800 m du monument au général Patton.
• SNCF à Avranches (ligne Paris Saint-Lazare/Saint-Malo), puis taxi (4 km).

♦ **VAUCLUSE**

84330
Le Barroux

LE BARROUX
ABBAYE SAINTE-MADELEINE

♦ Téléphone : 04.90.62.56.31
♦ Fax : 04.90.62.56.05

En 1970, on est en pleine crise post-conciliaire. Le père Gérard, bénédictin de Tournay (Hautes-Pyrénées), se retire avec l'accord de son abbé dans la solitude de Bédoin, paisible village au pied du Mont Ventoux (1909 m).

HISTOIRE
Ce qui l'y a attiré ? La petite chapelle dédiée à sainte Madeleine, et le prieuré attenant, à moitié en ruine, où il entend reprendre la vie monastique dans sa simplicité originelle : prière, silence, travail manuel, office liturgique en latin. Très vite, quelques jeunes gens se réunissent autour de lui. On établit la clôture, on pratique les règles du silence... et on restaure les murs du prieuré. La communauté ne cesse de croître, les fidèles affluent de plus en plus nombreux à la messe dominicale

célébrée suivant l'ancien *ordo* (rite de saint Pie V), des hôtes viennent chercher une halte de silence et de prière. Il faut s'agrandir. En 1978, c'est possible, grâce à l'acquisition d'un terrain sur la commune du Barroux : dans ce site sauvage et majestueux, la jeune communauté va faire surgir en moins de quinze ans un monastère capable d'accueillir

une soixantaine de moines ! Les bâtiments de pierre blonde coiffés de tuiles provençales, regroupés autour de l'église, s'intègrent remarquablement dans le paysage de vignes, d'oliviers et de chênes-verts déployé au pied du *géant de Provence*. Un peu plus haut, pierrailles blanches et éboulis piquetés de pins annoncent la route de montagne, but de randonnées sous le couvert des chênes, des hêtres et des résineux.

Cette étonnante aventure humaine et spirituelle a abouti en 1988 à la reconnaissance officielle par le Saint-Siège du monastère Sainte-Madeleine, puis à son érection en abbaye l'année suivante. Contre vents et marées, par delà les conflits qui caractérisent la crise post-conciliaire, les moines ont tendu de toutes leurs forces vers la réalisation d'un cadre propre à stimuler et à traduire leur idéal, leur soif d'absolu : ils ont dynamité le terrain, creusé les fondations, édifié l'église, les bâtiments, cultivé champs et jardins, tout en approfondissant leur vocation dans la prière, l'étude et le silence, et en restant fidèles à la tradition d'accueil des fils de saint Benoît.

Aujourd'hui, la communauté prospère, alliant à la célébration de l'eucharistie et de l'office liturgique les travaux intellectuels et manuels. La porterie du monastère propose un grand choix de produits réalisés par les moines : pain (au levain, aux noix, aux olives), sablés, pain d'épices, pâte d'amande ; chapelets et médailles ; enregistrements de chant grégorien, livres des Éditions Sainte-Madeleine, qui sont vendus aussi par correspondance, ainsi que des produits d'autres monastères.

L'église abbatiale est ouverte toute la journée. On ne visite pas le monastère, mais l'hôtellerie accueille des hommes (uniquement) pour des retraites, des séjours de silence et de solitude. Les retraitantes et les familles peuvent être logées à l'extérieur.

ACCUEIL

Écrire au père hôtelier :
• 20 chambres avec lavabo, sanitaires à l'étage • bibliothèque • possibilité d'accompagnement et d'échanges spirituels • parking.

OFFICES

Chantés en latin et en grégorien :
• 3 h 25 : matines • 6 h : laudes • 6 h 30 : messe basse (DF 6 h 45, 8 h 30 et 11 h 45) • 9 h 30 : grand-messe (DF 10 h) • 17 h 30 : vêpres.

ACCÈS

• Le Barroux est sur la D 938 (Carpentras/Vaison-la-Romaine).
• SNCF à Carpentras, à partir d'Orange, puis taxi ou car (direction Vaison). Le car s'arrête à 2 km de l'abbaye (arrêt Barroux Bas).
• Un service de cars assure également, en 45 mn, la liaison entre Avignon (gare routière, près de la gare SNCF) et Carpentras.

♦ **VAUCLUSE**

La Font-
de-Pertus
84340
Le Barroux

LE BARROUX
ABBAYE NOTRE-DAME DE L'ANNONCIATION

♦ Téléphone : 04.90.65.29.29

En 1979, mère Elisabeth, moniale bénédictine de Caen, réunit quatre jeunes filles qui partagent son idéal : remettre en vigueur les observances monastiques traditionnelles, en matière de liturgie, de silence et de clôture. Elles s'établissent à Montfavet, non loin du prieuré Sainte-Madeleine de Bédoin, pour bénéficier de la direction et de l'assistance de Dom Gérard et de ses moines (cf. *supra*). La communauté se développe rapidement, il faut trouver plus grand : ce sera, à Uzès, une ancienne Capitainerie de l'Ordre de Malte. Mais les 80 km qui séparent Uzès du Barroux – où les moines se sont établis entre-temps – constituent un sérieux handicap, même si un père assure l'aumônerie et la formation spirituelle.

HISTOIRE

Ayant pu acquérir providentiellement une propriété au Barroux ; les moniales s'installent en 1987 dans les premiers bâtiments, de style roman provençal. Les conditions de vie sont précaires, mais cela stimule l'enthousiasme de la communauté, qui s'adonne à sa vie strictement contemplative, partagée entre la prière, l'étude et le travail manuel, et rythmée par la célébration de l'Office divin. Enfin, en 1992, le monastère – qui avait le statut de prieuré conventuel – est élevé à la dignité d'abbaye.

ACCUEIL
Les moniales peuvent recevoir pour des retraites et des séjours de silence et de solitude. Pour tous renseignements, s'adresser à la mère hôtelière.

Sur place et par correspondance, les moniales vendent les produits du monastère : confitures, pâtes de fruits, cartes de vœux, disques et cassettes de chants grégoriens. Elles ont réalisé une édition illustrée en couleurs de *Vie et Miracles de saint Benoît*, par saint Grégoire le Grand.

OFFICES
Chantés en latin et en grégorien :
• 5 h : matines • 7 h : laudes • 9 h : grand-messe tridentine (DF 10 h) • 17 h 30 : vêpres • 19 h 50 : complies.

ACCÈS
Les conditions d'accès sont les mêmes que celles de l'abbaye Sainte-Madeleine. (Cf. *p. 26*).

♦ **CALVADOS**

48, rue Saint-Loup B.P. 93 14402 Bayeux Cedex

BAYEUX
MONASTÈRE DE LA SAINTE-TRINITÉ

♦ Téléphone : 02.31.92.02.99
♦ Fax : 02.31.92.02.99

Fondées en 1648 par les sœurs d'Escoville, moniales de l'abbaye aux Dames de Caen, les bénédictines de Bayeux adoptent quelques années plus tard la réforme de la mère Mechtilde du Saint-Sacrement (Catherine de Bar). Le monastère actuel, construit au siècle dernier, est situé en ville ; entouré de beaux espaces verts, c'est un havre de silence et de paix dans la cité. Les bénédictines de l'Adoration perpétuelle du Saint-Sacrement y reçoivent des personnes désireuses d'un temps fort de recueillement, que soutiennent la participation à la liturgie des moniales et la possibilité d'un échange ou d'un accompagnement spirituel.

ACCUEIL
S'adresser par écrit à la sœur hôtelière :
• quelques chambres individuelles avec douches et sanitaires à l'étage • participation financière à la discrétion des hôtes.

OFFICES
En grégorien et en français :
• 6 h 20 : laudes • 8 h : messe et tierce (DF 9 h 30) • 12 h : heure médiane • 16 h 45 : vêpres • 19 h : complies • 19 h 50 : vigiles.
Dans la fidélité à leur charisme propre, les moniales ont l'adoration perpétuelle du Saint-Sacrement, qui est exposé tous les jeudis, les premiers vendredis du mois et les jours de solennité.

ACCÈS
- N 13 (Caen/Cherbourg).
- SNCF à Bayeux (ligne Paris Saint-Lazare/Cherbourg), puis taxi. Le monastère est à un bon kilomètre de la gare.

♦ **PYRÉNÉES-ATLANTIQUES**

**BAYONNE
MONASTÈRE DU CARMEL**

**Chemin d'Arancette
Quartier
Marracq
64100 Bayonne**

♦ Téléphone : 05.59.63.35.12
♦ Fax : 05.59.31.04.55

Au-delà du quartier du Grand Bayonne, le monastère des carmélites se trouve dans une zone urbaine encore calme, malgré le développement de la cité.

SITE

Ceinturée de remparts – remarquable spécimen de fortifications à la Vauban – la ville ancienne, sur la rive gauche de l'Adour, est divisée par la Nive ; sur la rive droite, le Petit Bayonne est dominé par le Château-Neuf (XV-XVIIe s.), et s'étend jusqu'à l'Adour que franchit le pont Saint-Esprit ; au-delà du fleuve se dresse l'église du Saint-Esprit (XVe s.) ; de l'autre côté de la Nive, les rues pittoresques du Grand Bayonne s'élèvent jusqu'au Château-Vieux, que Vauban réaménagea en 1680, et jusqu'à la cathédrale gothique Sainte-Marie, sommée au siècle dernier de deux hautes flèches ; un élégant cloître du XIIIe siècle lui est accolé. En contrebas, le jardin botanique et les remparts délimitent la vieille ville, longés par les allées Paulmy, à partir desquelles on rejoint le quartier Marracq, où se trouve le carmel.

ACCUEIL

Les moniales reçoivent pour des retraites les personnes qui cherchent à trouver durant quelque temps un espace de silence et de solitude ; la spiritualité de l'Ordre, fondée sur l'oraison et la vie érémitique, à l'école de la Vierge Marie, favorise un recueillement dont la prière des moniales est l'écho paisible au-dessus des bruits et de l'agitation du monde.
Le nombre de places étant limité, écrire à la mère prieure :
- quelques chambres individuelles • repas en silence et en solitude
- possibilité d'accompagnement et d'échanges spirituels • les moniales proposent le produit de leur travail : jouets, icônes, pâtisseries.

OFFICES

La chapelle est ouverte aux fidèles :
- 7 h 15 : laudes (DF 8 h) • 7 h 45 : messe (DF 8 h 30) • 17 h 30 : vêpres • 20 h 30 : complies.

ACCÈS
- A 63, A 64 (Tarbes/Bayonne), N 10 (Dax/Bayonne), N 117 (Toulouse/Bayonne).
- SNCF à Bayonne, puis taxi.

♦ CÔTE-D'OR

14, rue
de Chorey
21200 Beaune

BEAUNE
CARMEL DE L'ENFANT-JÉSUS

♦ Téléphone : 03.80.22.27.43

Capitale des vins de Bourgogne, Beaune a acquis une renommée mondiale non seulement auprès des œnologues, mais aussi chez les amateurs d'art. Le magnifique Hôtel-Dieu, construit au xve siècle par le chancelier Rolin, est le monument le plus connu. En flânant dans les rues aux vieilles demeures enclosant des jardins, on découvrira l'hôtel des ducs de Bourgogne (xi-xvie s.) et la collégiale Notre-Dame, à la nef romane, qui abrite les tapisseries de la *Vie de la Vierge*, commandées par le chancelier Rolin en 1471. Plus loin, deux bâtiments du xviie siècle, l'hospice de la Charité (ancien orphelinat) et l'hôtel de ville, autrefois couvent des ursulines, où se trouvent les collections du musée des Beaux-Arts ; au nord de la ville, près des remparts, l'église Saint-Nicolas (xii-xiiie s.), paroisse des vignerons, a gardé son porche en bois du xve siècle.

HISTOIRE

Le carmel de Beaune est fondé en 1619 par des moniales de Dijon, qui ont acquis *intra muros* les bâtiments abandonnés du prieuré Saint-Étienne. Les débuts de la jeune communauté sont difficiles, à cause de la pauvreté, et de la rareté des vocations. Mais quelques années plus tard, le monastère aura dans toute la France un rayon-

nement extraordinaire, grâce à la dévotion au petit *Roi de Grâce*, une statue de l'Enfant-Jésus vénérée par sœur Marguerite du Saint-Sacrement (1619-48) et tenue bientôt pour miraculeuse ; la jeune sœur se fait la promotrice de la dévotion, incarnant elle-même une voie d'enfance spirituelle originale, qui exerce une influence bénéfique sur les mentalités religieuses de l'époque. Dispersée par la Révolution, la communauté se reconstitue après l'orage et se transfère en 1839 à l'adresse actuelle, non loin de l'église Saint-Nicolas. Les carmélites conservent dans leur chapelle la statue du *Roi de Grâce* (ou *de Gloire*), célébré chaque année par une neuvaine (25 janvier-2 février).

ACCUEIL

Possibilités limitées : les carmélites privilégient des retraites occasionnelles réservées en priorité aux jeunes filles qui souhaitent effectuer un discernement.

OFFICES

En français :
- 6 h : laudes • 8 h : tierce, suivie de la messe (DF 7 h 30)
- 11 h 45 : sexte • 14 h : none • 17 h : vêpres.

ACCÈS

- A 1 (autoroute du Soleil Paris/Lyon), sortie à Beaune puis N 470 ; A 31 (Beaune/Nancy) qui se raccorde à Beaune sur l'A 1 ; N 6 (Paris/Lyon), puis D 17 et D 970 à Arnay-le-Duc, ou D 973 à la Rochepot.
- SNCF à Beaune (ligne Dijon/Le Creusot).

♦ **EURE**

27800
Le Bec-Hellouin

LE BEC-HELLOUIN
ABBAYE NOTRE-DAME DU BEC

♦ Téléphone : 02.32.44.86.09
♦ Fax : 02.32.44.96.69

Au bord d'un affluent de la Risle, l'abbaye Notre-Dame du Bec déploie entre parcs et jardins l'ordonnance majestueuse de bâtiments aux façades classiques et aux toits d'ardoise, datant presque tous des XVIIe et XVIIIe siècles ; en effet, il ne reste rien du monastère primitif, fondé par un chevalier normand du nom d'Herluin.

HISTOIRE

Rompant avec les fastes de la cour de Brionne, Herluin se retire en 1034 dans la solitude pour y chercher Dieu ; des disciples le rejoignent, et la sainteté de leur vie pauvre et laborieuse attire un professeur de grand renom, Lanfranc, originaire de Pavie (1042), puis retient Anselme, un autre Italien, natif d'Aoste, venu pour suivre ses cours (1059). Après la conquête de l'Angleterre, Guillaume le Conquérant appelle des moines du Bec à occuper les principaux sièges épiscopaux de son nouveau royaume : Lanfranc, puis Anselme – le penseur religieux le plus influent de son époque – seront archevêques de Canterbury, ainsi que Thibaut – le maître de saint Thomas Becket –, et ils contribueront à donner au monastère un rayonnement qui dépassera les frontières de la Normandie.

Avec la Guerre de Cent Ans s'amorce le déclin de l'abbaye, qui est pillée en 1418 par le duc de Clarence. En 1626, la réforme bénédictine de Saint Maur est introduite au Bec : la vie régulière est rétablie, les édifices conventuels sont restaurés ou rebâtis (le cloître au XVIIe siècle, la plupart des bâtiments monastiques au XVIIIe siècle). Mais la Révolution expulse les derniers moines, et l'abbaye, devenue bien national, est transformée en dépôt de remonte pour l'armée, ce qui évite sa destruction.

SPIRITUALITÉ

En 1948, l'abbaye est rendue à la vie monastique : l'État, propriétaire du site, confie le soin de cette restauration à une communauté bénédictine de la congrégation de Mont-Olivet, sous la conduite de Dom Paul Grammont, père abbé de 1948 à 1986 Aujourd'hui, les moines y mènent, sous la Règle de saint Benoît, une vie de prière et de travail centrée sur la célébration quotidienne de l'office divin et de la messe.

En raison de ses liens historiques avec l'Angleterre, l'abbaye du Bec est engagée dans les relations entre anglicans et catholiques ; elle apporte aussi un intérêt particulier au dialogue judéo-chrétien. Cette dimension œcuménique joue un rôle important dans la vie, les préoccupations et la prière de la communauté monastique ; l'accueil est ouvert aux anglicans, protestants et orthodoxes qui s'intéressent, dans la prière et le travail, à l'unité des chrétiens : des rencontres interconfessionnelles ou judéo-chrétiennes sont organisées au Bec.

À VOIR

Dans le cadre de son bail avec l'État, l'abbaye accueille également diverses manifestations culturelles (concerts, conférences, colloques, théâtre), dans la mesure où elles sont compatibles avec les exigences de la vie monastique. La bibliothèque, aménagée avec l'aide de l'État et de la région, comporte quelque 60 000 ouvrages de science religieuse, histoire générale et locale ; elle est accessible aux étudiants et aux chercheurs qui en font la demande au frère bibliothécaire. Enfin, des visites guidées sont assurées tous les jours, sauf le mardi (un droit d'entrée est perçu par la Caisse nationale des monuments historiques) : on admirera les vestiges de la salle capitulaire (XIIe s.) et de la grande abbatiale (XIVe s.), la tour Saint-Nicolas (XVe s.), puis le cloître (XVIIe s.) richement sculpté par Guillaume de la Tremblaye, moine du Bec ; le réfectoire mauriste (XVIIIe s.), devenu l'église abbatiale, abrite le sarcophage du bienheureux Herluin, premier abbé du Bec (XIe s.), la statue de la

Vierge (XIVᵉ s.) qui se trouvait dans l'abside, et quatre statues de docteurs de l'Église (XVᵉ s.) ; les belles façades de la cour d'honneur (XVIIIᵉ s.) sont mises en valeur par le jardin à la française recréé en 1985. Les moines réalisent des pièces de céramique, présentées dans un magasin, où sont aussi vendues les bougies fabriquées par les moniales-oblates de Sainte-Françoise-Romaine ; le magasin comporte un rayon librairie : livres, cartes, disques et cassettes.

Conformément à la tradition bénédictine d'hospitalité, l'abbaye du Bec accueille les personnes qui se présentent : non seulement les visiteurs et touristes intéressés par le monument et son histoire, mais tous ceux qui désirent participer aux offices de la communauté monastique, ceux qui souhaitent entrer plus longuement dans le rythme du silence et de la prière propre à l'abbaye : hébergés dans l'hôtellerie monastique – conçue pour accueillir hommes et femmes –, ils sont confiés à l'attention du frère hôtelier. Il leur est proposé de suivre, autant que possible, le déroulement de la journée monastique, et ils peuvent rencontrer l'un ou l'autre membre de la communauté pour s'entretenir avec lui.

ACCUEIL

Pour les conditions d'accueil, écrire au frère hôtelier.
• Renseignements par Minitel : 3616 MCOM*BEC.
« L'hôtellerie du monastère comprend deux zones : l'une intérieure, pour les hôtes désireux d'entrer dans le rythme de silence et de prière de la communauté ; l'autre, plus extérieure, spécialement réservée aux groupes et aux jeunes pour les retraites, les sessions et rencontres d'étude. »

OFFICES

Célébrés dans l'église abbatiale, ils sont chantés en grégorien et en français ; les fidèles peuvent y assister. Les dimanches et jours de fête, les moniales-oblates de Sainte-Françoise-Romaine participent à la vigile, à la messe et aux vêpres de l'abbaye :
• 7 h : laudes • 12 h : messe (DF 10 h 30) • 18 h : vêpres (DF 17 h, et 17 h 30 samedi) • 20 h 30 : complies (remplacées le samedi par la vigile).

ACCÈS

• A 13 (autoroute de Normandie, Paris/Caen), sortie Chaufour, puis N 13 par Évreux, et D 130 par Brionne ; ou bien sortie 18 (Louviers) et D133 jusqu'à la N 13, puis D 130 par Brionne.

• SNCF à Évreux (ligne Paris Saint-Lazare/Évreux), puis car SNCF direction Honfleur (arrêt au Bec-Hellouin, au monastère Sainte-Françoise, à 2 km de l'abbaye).

♦ **EURE**

27800
Le Bec-Hellouin

LE BEC-HELLOUIN
MONASTÈRE SAINTE-FRANÇOISE-ROMAINE

♦ Téléphone : 02.32.44.81.18
♦ Fax : 02.32.45.90.53

Reprenant une tradition inaugurée au XVe siècle par sainte Françoise Romaine dans la congrégation bénédictine de Mont-Olivet (dont les moines sont appelés *bénédictins blancs*, à cause de la couleur de leur habit religieux), mère Marie-Elisabeth de Wavrechin (1885-1975) fonde en 1924 à Cormeilles-en-Parisis une communauté de moniales-oblates bénédictines, liées par l'oblature à la communauté de leurs frères. Ceux-ci – un groupe de moines venus de Mesnil-Saint-Loup sous la conduite de Dom Paul Grammont –, s'installent en 1938 à Cormeilles où ils ouvrent une maison d'études ; en 1948, ils sont appelés à restaurer la vie monastique au Bec-Hellouin. En 1950, les moniales-oblates quittent à leur tour Cormeilles pour s'établir dans leur nouveau monastère de Sainte-Françoise-Romaine, à deux kilomètres de l'abbaye Notre-Dame du Bec. Comme les frères, les moniales-oblates mènent sous la Règle de saint Benoît une vie de prière et de travail que rythme la liturgie de l'office divin. Le monastère reçoit des hôtes pour des retraites silencieuses ; ils sont invités à se joindre aux célébrations liturgiques ; s'ils le souhaitent, ils peuvent bénéficier d'échanges avec une moniale ou un moine du Bec, et d'un accompagnement spirituel.

Le monastère propose les produits de son travail artisanal – cierges d'autel, bougies décorées et parfumées, chasublerie et linge d'autel –, qui sont vendus sur place, mais aussi par correspondance et dans les boutiques de l'artisanat monastique.

ACCUEIL

Pour les conditions d'accueil, écrire à la sœur hôtelière.

OFFICES

En grégorien et en français :
• 7 h : laudes • 11 h 45 : messe conventuelle • 18 h 15 : vêpres
• les dimanches et jours de fête, les moniales se joignent à leurs frères pour la célébration de la liturgie dans l'église abbatiale du Bec.

ACCÈS

• Le même que pour l'abbaye de Notre-Dame du Bec (cf. *p. 32*).
• Le car SNCF s'arrête au monastère Sainte-Françoise (à 2 km de l'abbaye Notre-Dame du Bec).

a b c

BÉGROLLES-EN-MAUGES
ABBAYE DE BELLEFONTAINE

B.P. 17
49122 Bégrolles-
en-Mauges

♦ Téléphone : 02.41.74.60.40
♦ Téléphone du père hôtelier
   (entre 10 h et 12 h, et 14 h 45 et 17 h) : 02.41.75.60.46
♦ Fax : 02.41.75.60.49

Les Mauges, pays bocager entre Cholet et la Loire, sont sous la Révolution le théâtre des épisodes les plus douloureux des guerres de Vendée : la région, cloisonnée par des ravins et des vallons, se prête aux embuscades.

HISTOIRE

Longtemps auparavant, ces lieux boisés ont attiré des âmes éprises de solitude et de silence. À la fin du XIe siècle, un seigneur anxieux de son salut éternel fonde, près d'une fontaine qui jaillit au chevet d'un oratoire dédié à la Vierge, un moûtier où il établit des moines bénédictins : telle est l'origine de l'abbaye de Bellefontaine. La communauté reste modeste, mais le monastère de granit rose, solide comme une forteresse, possède une église réputée l'une des plus belles de l'Anjou ; on y vénère, dès le XIIIe siècle, l'élégante et majestueuse statue de Notre-Dame de Bellefontaine, seul témoin de cette époque, puisque les bâtiments ont été ravagés en 1794 par les Colonnes infernales : il n'en reste qu'un portique et trois contreforts enchâssés dans les constructions actuelles.

La ferveur de la communauté, maintenue jusqu'au XVIe siècle, fléchit à cause du calvinisme et de la commende. Aussi en 1642, l'abbé Michel Sublet pallie-t-il la décadence du monastère en le confiant aux feuillants, congrégation issue d'une réforme de l'Ordre de Cîteaux ; par l'exemple de leur vie mortifiée, et surtout par la prédication, ces moines exercent dans toute la région un apostolat fécond, qui se traduit par de grands pèlerinages à Notre-Dame de Bellefontaine. Mais la Révolution a raison de l'abbaye, que le propriétaire finit par abattre en grande partie pour en vendre les matériaux. Racheté en 1815 par les trappistes, le domaine de Bellefontaine retrouve sa vocation, et la vie monastique s'y développe à nouveau.

SPIRITUALITÉ À partir de 1875 commence le renouvellement de tous les bâtiments connus actuellement : les constructions, sobres, solides et pratiques, abritent aujourd'hui une communauté de près de quarante moines vivant au rythme de l'office liturgique, qui culmine avec la célébration de l'eucharistie. Prière personnelle, *lectio divina*, études et travaux manuels (cultures et vergers, élevage de vaches laitières, de lapins néo-zélandais) occupent le reste du temps. Les moines de Bellefontaine éditent, depuis 1966, des  textes se rapportant à la tradition monastique de l'Occident et de l'Orient chrétien, dans les collections *Vie monastique et Spiritualité orientale.* On trouve, à la porterie, une librairie et un magasin qui propose les produits de l'abbaye : fruits du verger, en saison, et pâtes de fruits.

ACCUEIL Les trappistes de Bellefontaine accueillent, dans un cadre favorisant le silence et le recueillement, des personnes qui aiment venir passer un week-end de réflexion, quelques jours de ressourcement. Les hôtes, logés dans des chambres simples mais confortables, peuvent participer à la vie liturgique, rencontrer un moine, aller jusqu'à la proche chapelle de Bon-Secours, se promener dans la campagne environnante.

OFFICES En français, avec quelques chants en grégorien lors des messes concélébrées :
• 7 h : laudes suivies de la messe conventuelle (DF messe à 10 h 30 ou 11 h) • 12 h 15 : sexte • 14 h 15 : none • 18 h : vêpres (18 h 30 en été).

ACCÈS • N 752 (Cholet/Beaupréau), puis bifurcation à 10 km vers Bégrolles.
• SNCF à Cholet (13 km), puis taxi.

♦ **MEUSE**

**55220
Benoîte-Vaux**

**BENOÎTE-VAUX
ACCUEIL DU SANCTUAIRE**

♦ Téléphone : 03.29.80.52.35

Benoîte-Vaux – le Vallon Béni – est le plus ancien pèlerinage de la région lorraine en l'honneur de la Vierge Marie. Aujourd'hui, c'est un havre de silence propice à la prière, et un lieu d'accueil ouvert aux groupes pour des retraites spirituelles, des sessions de recherche et de partage, mais aussi aux personnes individuelles qui souhaitent bénéficier d'un séjour reposant dans un cadre paisible qui favorise le recueillement et la réflexion. A proximité des champs de bataille de Vaux-Douaumont et de la *Voie Sacrée*, le site se niche dans un paysage vallonné, non loin du village de Génicourt qui se signale par son église au clocher fortifié ornée de fresques et de vitraux du XVIe siècle.

ORIGINES

La Vallée Bénie abritait en 1180 une communauté de prémontrés issue de l'abbaye de l'Etanche, auxquels l'évêque de Verdun avait fait 40 ans plus tôt une donation en terres et bois, ce que confirme une bulle pontificale datée de cette année. Le lieu s'appelait auparavant Martin-Han (la demeure de Martin) ; un jour, des bûcherons entendirent des concerts de voix célestes au-dessus d'un chêne déraciné, au pied duquel ils découvrirent une statue de la Vierge ; ils lui élevèrent un oratoire dont ils confièrent la garde à un ermite nommé Martin, jusqu'au jour où l'affluence des pèlerins incita l'évêque à faire appel aux prémontrés pour desservir le sanctuaire. Un incendie ravagea les lieux en 1331, réduisant la statue en cendres ; on la remplaça par une Vierge de bois qui existe toujours, exposée dans la chapelle des reliques.

HISTOIRE

Sous l'impulsion des prémontrés, le pèlerinage se développe ; des personnages célèbres viennent y vénérer la Mère de Dieu – Isabelle de Lorraine, Marguerite d'Anjou, reine d'Angleterre, puis vers 1475 le duc de Lorraine René II d'Anjou, qui vient mettre sous la protection de la Vierge ses États convoités par Charles le Téméraire. Dès lors, les souverains de Lorraine sont de fidèles visiteurs du sanctuaire, qu'ils comblent de leurs largesses. La ferveur populaire contribue à la rénommée du pèlerinage, que n'entravent ni la guerre de Cent-Ans, ni les épidémies : au contraire, la population vient chercher refuge et consolation à Benoîte-Vaux, y invoquant la Mère de Dieu comme *Reine de la Paix* et *Consolatrice des Affligés*. Les guerres de religion non plus n'ont pas raison du sanctuaire : des cortèges de pénitents – les *processions blanches* – y supplient la Vierge d'accorder la paix au pays. Au XVIIe siècle, on entreprend la construction de l'église actuelle, qui remplace l'antique chapelle reconstruite après l'incendie de

1331 et agrandie par les ducs de Lorraine. La ferveur populaire s'intensifie durant tout le XVIIIᵉ siècle, mais la Révolution y met un frein brutal : le Trésor et la bibliothèque sont saisis, puis la propriété est vendue, après que les moines ont été dispersés, et certains déportés ; les bâtiments sont saccagés.

RENOUVEAU

En 1838, l'évêque de Verdun décide de rétablir le pèlerinage. Un nouveau monastère est édifié, qu'occupe une dynamique communauté de clerc réguliers : la fontaine est reconstruite, on élève le clocher actuel, puis la statue de Notre-Dame est couronnée (1875) ; enfin, on érige un chemin de croix et on bâtit en 1898 l'Abri du pèlerin. Mais les lois anticléricales mettent fin, en 1905, à l'essor du sanctuaire. Providentiellement préservée durant la Grande Guerre, cette oasis de paix retrouve ensuite sa vocation première : elle abrite le séminaire diocésain, puis le site est confié aux oblats de Marie Immaculée, qui desservent le sanctuaire jusqu'en 1972. Aujourd'hui, une équipe d'accueil anime la pastorale du pèlerinage. Les associations de la « Bonne Mort » et du « Saint Enfant Jésus » ont leur siège à Benoîte-Vaux.

À VOIR

L'église, restaurée au siècle dernier, qui conserve des boiseries sculptées du XVIIIᵉ siècle et abrite la statue initialement placée au-dessus de la fontaine (XVIIᵉ s.) ; le chemin de croix monumental, la fontaine.

ACCUEIL

Écrire assez longtemps à l'avance :
• 80 lits, dans des chambres individuelles et doubles avec lavabo, sanitaires à l'étage • repas dans la salle à manger • possibilité d'accompagnement et d'échanges spirituels • parking.

OFFICES

• 11 h : messe les dimanches et fêtes (en semaine, horaires variables) • divers pèlerinages au cours de l'année : Vendredi saint à 15 h (chemin de croix), 3ᵉ dimanche de mai (pèlerinage des Polonais), 2ᵉ dimanche de juin (pèlerinage des gens du voyage), dernier dimanche de juillet (saint Christophe, bénédiction des voitures) et 15 août (Assomption).

- A 4 (Paris/Metz), sortie « Voie Sacrée », puis N 35 (Voie Sacrée) direction Bar-le-Duc, jusqu'à Issoncourt, et de là D 177 vers Benoîte-Vaux.
- D 964 (Verdun/Domrémy) et à Génicourt D 21 jusqu'à Récourt-le-Creux, et D 177.
- SNCF à Bar-le-Duc (ligne Paris/Strasbourg), puis autocar direction Verdun, jusqu'à Issoncourt ; de là, une voiture du sanctuaire peut venir vous chercher (5 km).

♦ DORDOGNE

**79, rue
Valette
24100 Bergerac**

**BERGERAC
CARMEL DU SACRÉ-CŒUR**

♦ Téléphone : 05.53.57.15.33

Sainte Thérèse d'Avila a voulu établir ses moniales au cœur de la cité, afin qu'elles y témoignent, par leur vie cloîtrée, du primat de la contemplation ; et que leurs maisons soient un lieu d'accueil pour toutes les âmes en quête de ressourcement spirituel et de paix. Aujourd'hui, les carmélites de Bergerac perpétuent la tradition de leur fondatrice, en recevant, dans un climat de silence et de prière, les dames et jeunes filles qui souhaitent faire une retraite spirituelle. Le carmel, fondé en 1858, jouit d'un environnement paisible, grâce à son parc et à ses jardins.

ACCUEIL

Limité aux retraitantes et aux familles des religieuses :
• quelques chambres individuelles très simples • possibilité d'échanges spirituels • produits de l'artisanat monastique (broderies, lingerie, lainages), sur commande et à la porterie. En saison, vente de fleurs provenant des jardins du couvent.

OFFICES

En français, avec grégorien aux messes festives. La chapelle est ouverte à tous :
• 7 h 30 : laudes • 8 h 30 : messe (DF 10 h, avec chants grégoriens)
• 12 h : office du milieu du jour • 17 h : vêpres.

ACCÈS

- N 21 depuis Périgueux (45 km). D 933 depuis Marmande (51 km). N 21 depuis Agen (82 km). D 936 depuis Bordeaux (83 km).
- SNCF à Bergerac, puis taxi (ou 1 km de marche).

♦ DOUBS

**6, rue
du Chapitre
25000
Besançon**

BESANÇON
MONASTÈRE SAINTE-CLAIRE

♦ Téléphone : 03.81.82.10.25

Besançon enserre son élégante opulence dans une boucle du Doubs, que Vauban jalonne de fortifications lorsque la ville devient française (1678) et supplante Dole dans sa fonction de capitale comtoise ; riches demeures et hôtels particuliers s'élèvent alors entre la cathédrale Saint-Jean (XIIe s., remaniée au XVIIIe s.) et la Halle aux blés sise au bord du fleuve, cherchant à rivaliser avec le palais Granvelle, naguère résidence des favoris de Charles-Quint et de Philippe II d'Espagne : la ville était alors impériale... Aujourd'hui, la Halle aux blés abrite les superbes collections du musée des Beaux-Arts et d'Archéologie, remarquablement mises en valeur. La citadelle de Vauban domine la ville, offrant sur celle-ci une vue magnifique.

LES CLARISSES

Au-delà de la citadelle, le monastère des clarisses dresse à l'écart de l'agitation et du bruit ses bâtiments enclos dans un cadre de verdure. Fondé en 1250, du vivant de sainte Claire, il a connu quelque éclat avant de végéter, ne comptant plus que deux religieuses quand sainte Colette le réforme en 1410 ; ayant retrouvé sa ferveur, il subsiste jusqu'à la Révolution, qui disperse les moniales. Celles-ci reviennent à Besançon en 1879, dans le bâtiment actuel (l'ancien monastère était proche de la cathédrale) ; par leur vie pauvre et silencieuse que transfigure la joie séraphique, elles témoignent dans le monde d'aujourd'hui de l'amour du Christ, le Pauvre par excellence, vaquant dans la fidélité à leur charisme à la prière, au travail et l'écoute des besoins de leurs frères. Elles reçoivent, pour des séjours dans la solitude et le recueillement, les personnes en quête d'un temps fort de ressourcement.

ACCUEIL

Écrire à la mère prieure :
• quelques chambres individuelles simples, mais confortables
• possibilité d'accompagnement et d'échanges spirituels • confection, sur commande sur place, de broderie main et de vêtements liturgiques • on peut voir les reliques de sainte Colette et la croix de saint Vincent Ferrier.

OFFICES

En français, ouverts à tous :
• 7 h 30 : messe (DF 9 h 30) • 11 h 30 : office du milieu du jour
• 17 h 30 : office du soir (DF 16 h 30).

ACCÈS

• A 36 (Beaune/Mulhouse), N 73 (depuis Chalon-sur-Saône), N 57 (Vesoul/Vallorbe), et N 83 (depuis Belfort).
• SNCF à Besançon, puis taxi.

♦ **Moselle**

BITCHE
MAISON SAINT-CONRAD

**2, rue
des Capucins
57230 Bitche**

♦ Téléphone : 03.87.96.08.12
♦ Fax : 03.87.06.14.31

Forteresse médiévale, puis citadelle construite par Vauban, la ville de Bitche garde de son passé une citadelle et d'austères maisons ; elle est située, en-deçà d'un vaste camp militaire, aux confins du magnifique parc régional des Vosges du nord, où se prolongent les paysages de l'*Alsace bossue*, avec leurs forêts profondes et leurs sommets couronnés de ruines romantiques qu'écharpent au crépuscule de légères traînées de brume. Surplombant la vallée du Falkensteinbach, au sud-est de la ville, le château de Waldek, puis celui de Falkenstein, en partie troglodyte, dressent sur des éperons de grès leurs vestiges impressionnants ; dans la proche vallée de la Zinzel, de multiples étangs déploient sous la frondaison des sapins leurs eaux calmes, paradis du gibier d'eau. Si l'on va vers la

frontière allemande, à l'est de la ville, on retrouve, après avoir dépassé le camp militaire, la splendide route de montagne que jalonnent, accessibles seulement par des sentiers, les ruines de multiples châteaux médiévaux, tels Lutzelhardt, Wasigenstein, Petit-Arnsberg, Froensbourg, Hohenbourg, et surtout Fleckenstein, dont les pans de murailles et de tours se détachent au-dessus de la forêt mystérieuse.

Histoire

La maison diocésaine Saint-Conrad est située dans un cadre paisible à la périphérie sud de la ville, où s'amorcent les lignes amples de collines couvertes de prés et de bosquets de feuillus. Elle occupe l'emplacement de l'ancien couvent des capucins, dont l'histoire remonte au début du XVIIe siècle. Aux capucins, qui ont construit un petit couvent, succèdent des ermites de Saint-Augustin, qui édifient un vaste collège nanti d'une belle chapelle ; mais la Révolution les oblige à quitter les lieux. Sous la Restauration, les bâtiments retrouvent leur fonction et abritent le collège épiscopal, puis en 1931 les capucins de la province de Strasbourg y reviennent, ouvrant une maison d'études et un centre de retraites placés sous le patronage de saint Conrad de Parzham, humble frère convers bavarois à l'éclatante réputation de thaumaturge, mort en 1894. Mais le couvent est bombardé en 1944 ; les capucins, relogés dans une aile de la maison de retraites, poursuivent leur apostolat, faisant du site un lieu de rencontre et de ressourcement spirituel, qui ne cesse d'étendre son rayonnement.

SPIRITUALITÉ

À partir de 1961, une équipe de franciscaines missionnaires de Notre-Dame seconde les pères, donnant à la maison un cachet de joie simple, dans la prière, le dévouement et l'accueil. Aujourd'hui, c'est une équipe de laïcs de la Fraternité franciscaine qui a repris le flambeau, sous la conduite d'un père capucin : la maison Saint-Conrad continue donc d'être un lieu de formation et de ressourcement, de « remise en forme » spirituelle. De multiples services sont assurés, pour répondre aux demandes et aux besoins des prêtres, laïcs, groupes de jeunes et mouvements d'Église en quête d'approfondissement spirituel. L'accueil, très diversifié (retraites, récollections, soirées de réflexion, école de la foi, etc.) n'exclut pas la possibilité d'effectuer un séjour dans le silence et le recueillement, soit à titre particulier, soit lors de journées « désert » organisées sur demande.

ACCUEIL

S'informer par écrit :
• 3 chambres individuelles, 24 chambres à deux lits, avec lavabo, sanitaires à l'étage • pension complète ou séjours sans repas • bibliothèque • possibilité d'accompagnement et d'échanges spirituels • parking.

OFFICES

En français, se renseigner sur place pour l'horaire des messes :
• 17 h 15 : vêpres chantées • 15 h, le vendredi : adoration du Saint-Sacrement • 19 h 30, le premier jeudi du mois : eucharistie, puis adoration du Saint-Sacrement • 15 h, le premier samedi du mois : chapelet médité suivi de l'eucharistie.

ACCÈS

• A 4 / A 6 (Metz/Saarbrücken), sortie Forbach, puis D 31 jusqu'à Sarreguemines, et N 62 jusqu'à Bitche.
• SNCF à Bitche (ligne Metz/Strasbourg), puis taxi.

♦ Loir-
et-Cher

BLOIS
FOYER NOTRE-DAME DE LA TRINITÉ

B.P.827
15, rue
de Vauquois
41008 Blois
Cedex

♦ Téléphone : 02.54.56.77.74
♦ Fax : 02.54.56.07.00

Blois est surtout connue pour son château, véritable résumé de
l'architecture française depuis le Moyen Age jusqu'au xviiᵉ siècle,
dont les murs clairs et les toits d'ardoise dominent « un entasse-
ment irrégulier et confus de maisons, de clochers » (Victor Hugo).

SITE

Descendant vers la Loire assagie, la vieille ville aligne des rues
étroites et pittoresques, bordées de maisons de la Renaissance,
entre l'église Saint-Nicolas (xii-xiiiᵉ s.) et la cathédrale, reconstruite
après avoir été ravagée par un ouragan en 1678. Au-delà de la
cathédrale, les jardins de l'évêché (élégant bâtiment du xviiiᵉ
siècle, aujourd'hui hôtel de ville) déploient une superbe promenade le long des eaux rêveuses du fleuve. Plus loin encore, la basilique Notre-Dame de la Trinité élève dans le ciel son clocher de 60
m qui abrite les 48 cloches d'un carillon renommé. Ce sanctuaire,
édifié à partir de 1932 et consacré en 1949, répond à l'attente de
pèlerins qui voulaient concrétiser leur dévotion à Notre-Dame de
la Trinité ou des *Trois-Ave*, propagée depuis le Moyen Age par les
franciscains.

HISTOIRE

Ce sont les capucins de Blois qui ont assuré la réalisation de l'édifice, tout en ciment et en gravier de Loire, dont la vaste crypte
offre un lieu de silence favorable à la prière. Dans l'église, verrières, vitraux et mosaïques ménagent un climat de recueillement ;
on peut y admirer l'impressionnant Chemin de Croix en ciment
sculpté dû à Lambert Rucki. Après la guerre, les capucins ont

construit, dans le parc attenant au sanctuaire, le Foyer « Notre-Dame de la Trinité ». C'est là qu'ils reçoivent, à l'écart des bruits de la ville, les personnes en quête d'une halte spirituelle, tout en organisant par ailleurs retraites, récollections et conférences.

ACCUEIL

Écrire ou téléphoner :
• 90 lits répartis en chambres à 1 ou 2 lits, sanitaires à l'étage • possibilité de pension complète ou de demi-pension • accueil des personnes handicapées • possibilité d'accompagnement et d'échanges spirituels • parking.

OFFICES

En français :
• 7 h et 11 h (DF 9 h) : messe du pèlerinage • 7 h 30 : office du matin (DF 8 h) • 18 h 30 : office du soir - vêpres.

ACCÈS

• A 10 (Paris/Nantes) ou N 152 (Paris/Tours).
• SNCF à Blois (ligne Paris Montparnasse/Tours), puis taxi (2 km).

♦ **CÔTES-D'ARMOR**

**BOQUEN
MONASTÈRE DE LA CROIX VIVIFIANTE**

**Boquen
22640
Plénée-Jugon**

♦ Téléphone : 02.96.30.22.36

En 1137, Olivier, seigneur de Dinan, établit dans la solitude de Boquen, en pleine forêt du Penthièvre, des moines cisterciens venus de Bégard, qui s'efforcent d'y mener une vie silencieuse de prière et de travail ; le sol est rude, la médiocrité des abbés et le peu de recrutement entraînent un rapide relâchement de l'observance, bien que le *scholasticum* soit réputé ; l'observance est rétablie au XVIIe siècle, sans pour autant conférer à l'abbaye un grand éclat. À la Révolution, il n'y a plus que trois moines dans les murs, les bâtiments sont exploités comme carrière et tombent en ruine. En 1937, Dom Alexis Presse, ancien abbé de Tamié, y rétablit la vie monastique et restaure le site, en particulier l'église du XIIe siècle. La communauté connaît une crise sous l'abbatiat de

43

Dom Bernard Besret, lorsqu'en 1969 il lance l'idée d'une « communion » dont les moines seraient les animateurs : la communauté se divise, plusieurs moines se désolidarisent du projet, qui devient l'*Association culturelle de Boquen*, ouverte à tous et à toutes les confessions religieuses. Finalement, l'abbaye est supprimée par l'Ordre cistercien (1973). En 1976, une communauté de moniales de Bethléem et de l'Assomption de la Vierge rend le site à sa vocation initiale.

SPIRITUALITÉ

Fondées en 1950, les moniales de Bethléem et de l'Assomption de la Vierge sont aujourd'hui 400, vivant dans 23 monastères répartis en Europe, au Moyen-Orient, en Amérique du Nord et du Sud. Ce qui caractérise la vie de chaque moniale, c'est, en tout premier lieu, recevoir la Lumière d'Amour au-delà de tout qui brûle en la Très Sainte Trinité ; aussi s'adonne-t-elle dans la solitude à la continuelle prière secrète du cœur : se tenant seule en présence du père dans son ermitage, elle y prie librement, étudie, célèbre certaines Heures de l'office liturgique, travaille, prend ses repas et dort.

À Bethléem, la très Sainte Vierge Marie apprend à adorer continuellement le père par l'Emmanuel, avec lui et en lui. Le mot *Bethléem* signifie en hébreu « Maison du pain » ; c'est pourquoi les moniales se savent responsables d'écouter sans cesse la Parole de Dieu, de recevoir, de consacrer, de manger et de célébrer le Vrai pain descendu du Ciel, Jésus en son eucharistie, de s'en nourrir, de s'en laisser transformer, de L'adorer. Deux fois par jour, en une profonde dilection fraternelle évangélique, les moniales célèbrent dans l'église du monastère, en communion avec leurs frères du monde entier, la Sainte Eucharistie, matines et vêpres.

Le deuxième nom, l'*Assomption de la Vierge,* évoque la vocation des moniales à se référer sans cesse à Jésus glorifié, à la Vierge Marie attirée en son âme et en son corps, par son Fils élevé de terre, en la Gloire d'Amour des Trois Personnes divines. Marie n'est-elle pas le « grand signe » dans l'horizon des hommes en lequel se révèle le projet de Dieu de diviniser à jamais par sa Lumière d'Amour, au-delà de tout, chaque personne humaine de bonne volonté ?

Pour être fidèles à cette vocation, les moniales ont reçu la paternité et la sagesse de vie de saint Bruno, qui vécut en solitude d'amour selon l'Évangile. Avec une attention particulière, la communauté se réfère à la manière dont saint Bruno a reçu la tradition des Laures orientales du IVe siècle, et a légué à ses disciples cette sagesse de vie évangélique solitaire, liturgique et fraternelle, où l'obéissance à un prieur et à une règle de vie, et la sainte pauvreté, tiennent une place fondamentale.

**ÉCOUTE
DE DIEU ET
DES HOMMES**

À l'écoute de la tradition d'hospitalité biblique, le monastère comporte deux espaces distincts :
– Dans la *Maison haute*, loin de tout regard, les moniales demeurent cachées avec le Christ en Dieu, « montant une garde sainte dans l'attente de la venue de l'Époux » .
– À quelque distance, en dehors de la clôture, la *Maison d'hospitalité* offre un accueil évangélique et silencieux à ceux qui frappent à la porte. En cette *Maison basse*, des ermitages de solitude sont prévus pour ceux qui souhaitent partager, pendant quelques jours, la vie de silence et de solitude des moniales. L'artisanat, vendu à la porterie du monastère, permet aux moniales de gagner leur pain. Par l'art sacré, elles essaient de transmettre à leurs frères un reflet de la beauté de Dieu.

ACCUEIL

Écrire au moins un mois à l'avance :
• logement en silence et solitude dans un ermitage • repas en solitude dans l'ermitage • possibilité d'effectuer un travail manuel • vente d'images, icônes, médailles, faïence décorée, vaisselle en grès.

OFFICES

En français, dans la chapelle du monastère : matines et eucharistie le matin, vêpres le soir, sauf le lundi, jour de désert.

ACCÈS

• N 176 (Dinan/Lamballe), puis D 792 à Jugon ; ou N 12 (Rennes/Lamballe), puis D 792.
• SNCF à Lamballe (ligne Rennes/Saint-Brieux), puis taxi (25 km).

♦ CHER

6, rue
du Puits-Noir
18000 Bourges

BOURGES
MONASTÈRE DU CARMEL

♦ Téléphone : 02.48.24.34.04

Au cœur de la cité, le monastère du carmel occupe depuis sa fondation (1617) d'anciens bâtiments situés dans un quartier calme, suffisamment à l'écart pour ne pas pâtir de l'afflux des touristes qui viennent visiter la cathédrale, une des plus belles réalisations de

l'art gothique en France (1192-1324) ; ce « mélange de délicat et de colossal, de gracieux et de sauvage, de lourd et d'aérien » (George Sand) a été classé en 1993 au patrimoine mondial de l'UNESCO ; on est impressionné par la hardiesse de la construction qui, l'un de ses cinq portails franchis, découvre une large nef flanquée de doubles bas-côtés qu'éclairent de magnifiques vitraux : le grand housteau de la façade (XIVe s.), les hautes verrières du chœur (XIIIe s.), celles des chapelles latérales (XVIe s.). Les rues voisines ont conservé de très belles maisons du Moyen Age et de la Renaissance, à pans de bois sculptés ou à colombages, ornées de tourelles, d'arcatures flamboyantes, d'encorbellements, dont les façades abritent de charmantes cours intérieures ; plus loin, le palais de Jacques Cœur (1443-51) rappelle la gloire éphémère du grand argentier de Charles VII.

LE CARMEL

Modeste, très observant dès l'origine (il en appela en 1619 contre le centralisme que Bérulle voulait imposer aux carmels de France en les plaçant sous l'autorité, au moins spirituelle, de celui de Paris), le monastère a connu une histoire paisible ; la communauté a su maintenir sa ferveur initiale et affronter sans dommages les péripéties de l'histoire, notamment la Révolution. Aujourd'hui, les moniales mènent dans le silence leur vie cloîtrée tout adonnée à la prière (célébration liturgique de l'office divin et oraison), et au travail. Elles accueillent les personnes qui souhaitent effectuer une retraite spirituelle en solitude, dans une ambiance de recueillement propice à la réflexion.

ACCUEIL

Écrire à la mère prieure :
• 4 chambres individuelles simples, mais confortables • possibilité d'accompagnement et d'échanges spirituels • vente sur place des travaux des moniales : icônes, chapelets et, sur commande, reproduction de documents et travaux d'ameublement.

OFFICES

En français :
• 7 h 15 : laudes • 8 h : messe (DF 18 h) • 11 h 40 : sexte • 17 h : vêpres.

ACCÈS

• A 71 (Vierzon/Clermont-Ferrand) ; accès par la D 940 (de Gien), la D 976 (de Nevers), la N 151 (de Châteauroux), etc.
• SNCF à Bourges, puis taxi (2 km).

♦ HÉRAULT

La Dalmerie
34260
Le Bousquet-
d'Orb

LE BOUSQUET-D'ORB
MONASTÈRE ORTHODOXE SAINT-NICOLAS

♦ Téléphone : 04.67.23.41.10

Le monastère Saint-Nicolas est sous la juridiction du patriarcat œcuménique de Constantinople, et relève de l'archevêché orthodoxe grec en France. Fondé à Montbrison-sur-Lez (Drôme) en 1962, il s'est transféré trois ans plus tard à La Dalmerie, où l'autel de l'église a été consacré en 1968. Le fondateur, l'archimandrite Benoît, a reçu la bénédiction abbatiale le 5 décembre 1964. La localité du Bousquet garde l'accès aux gorges de l'Orb, sinueuses et sauvages, qui entaillent le causse de Gabriac et la forêt des monts d'Orb ; légèrement en retrait de l'agglomération, le château de Cazilhac dresse au-dessus de jardins en terrasse surplombant la rivière les bâtiments médiévaux d'une forteresse transformée à la Renaissance en demeure d'agrément. En remontant la vallée de l'Orb, on arrive à proximité du barrage d'Avène où, de la localité de Truscas, la route s'élève vers le col de l'Homme Mort jusqu'à la Dalmerie.

SPIRITUALITÉ

Le but du monastère Saint-Nicolas est d'« offrir aux chrétiens orthodoxes d'expression française une communauté monastique dans la ligne du monachisme orthodoxe traditionnel, tout en se référant aussi à la Règle de saint Benoît ». Les moines s'efforcent également de propager le culte de saint Nicolas, « avocat puissant des causes désespérées », qui est fêté solennellement deux fois par an, le 20 mai et le 6 décembre ; un *Metochion* (dépendance) du monastère prolonge à Béziers cet apostolat. Dans le cadre paisible sur les contreforts des monts d'Orb, le monastère est isolé en pleine campagne et entouré d'un parc arboré ; les moines y mènent leur vie silencieuse de prière et de travail que rythme la célébration de la divine liturgie et des offices religieux ; hôtes et pèlerins sont accueillis volontiers dans une modeste hôtellerie, ils peuvent participer à la vie liturgique et spirituelle de la communauté monastique, et faire une retraite accompagnée par un père.

À VOIR

On peut, sous la conduite d'un frère, visiter l'église décorée de fresques et de nombreuses icônes. La construction de la grande église de la Dormition de la Mère de Dieu, entreprise en 1990 dans le plus pur style byzantin, est en voie d'achèvement.

ACCUEIL

Écrire au père hôtelier :
• quelques chambres au confort simple • possibilité d'accompagnement et d'échanges spirituels • vente sur place d'icônes, sculptures sur bois, reproductions d'icônes. Vente de fromages de chèvre• travaux d'imprimerie, édition et impression de la revue trimestrielle « Paix ».

OFFICES

Chantés en français selon le rite byzantin en usage dans l'Église orthodoxe :
• 11 h : divine liturgie (DF 10 h, précédée des matines à 9 h) • pour les autres horaires – variables suivant les saisons – se renseigner sur place.

ACCÈS

• D 35 (Lodève/Bédarieux), puis D 138 à Truscas (direction Vinas).
• SNCF au Bousquet (ligne Millau/Bédarieux), puis taxi (16 km).

♦ MORBIHAN

56580 Bréhan

BRÉHAN
ABBAYE NOTRE-DAME DE TIMADEUC

♦ Téléphone : 02.97.51.50.29
♦ Fax : 02.97.51.59.20

Au sud de la petite cité de Rohan, l'abbaye Notre-Dame de Timadeuc aligne l'ordonnancement de ses bâtiments de pierre pâle coiffés d'ardoise parmi les champs et les prairies qui, bordant le canal de Nantes à Brest, s'étendent à l'infini vers la forêt de Lanouée. Le site, à l'écart de tout centre urbain d'importance, et isolé dans un océan de verdure, jouit d'un calme immuable propice à la vie contemplative des moines cisterciens. À une vingtaine de kilomètres à l'ouest, la ville de Pontivy, créée sur ordre de Napoléon à partir de l'ancienne capitale des Rohan, étire son urbanisme un peu raide vers le canal, tandis que les maisons des xve et xvie siècles de la place du Matray et des rues voisines se groupent

autour de l'église. Aux alentours, les localités de Noyal-Pontivy et de Sainte-Noyale se signalent par une église au porche orné de statues naïves (XV-XVIe s.), et par un complexe d'édifices religieux autour desquels se déroule chaque année, à la fin du mois de juin, un pardon des chevaux : un oratoire, une fontaine, un calvaire et une chapelle de style flamboyant aux lambris peints du XVIIe siècle.

HISTOIRE ET SPIRITUALITÉ

L'abbaye de Notre-Dame de Timadeuc – *la maison de Madeuc* – est une filiale de la Trappe de Soligny (Orne) ; elle a été fondée en 1841 sur l'emplacement d'un ancien domaine d'écuyers, dont la devise était : « Espoir en Dieu ». Les moines cisterciens y mènent une vie de prière et de travail qu'enveloppe le silence, favorable à l'intériorisation. Assidus à la célébration de l'office divin, ils vaquent aux tâches intellectuelles (étude, méditation et approfondissement de la Parole de Dieu) et manuelles (travaux agricoles, artisanat), s'efforçant ainsi de servir Dieu dans la communion fraternelle, sous la conduite de l'abbé. Ils n'en sont pas moins attentifs aux besoins et aux aspirations du monde d'aujourd'hui, qu'ils portent dans la prière, et auquel ils s'ouvrent par un apostolat d'accueil. Quiconque cherche auprès d'une communauté de prière le réconfort ou les conseils spirituels, le soulagement d'une écoute vigilante, ou simplement une halte de réflexion dans le silence et la solitude, peut effectuer un séjour (une semaine maximum) auprès des moines de Timadeuc, dans le calme de leur hôtellerie. La participation aux offices liturgiques est ouverte à tous.

ACCUEIL

Écrire au père hôtelier :
• 40 chambres simples, mais confortables, sanitaires à l'étage
• pension complète • accueil des personnes handicapées • bibliothèque • possibilité d'accompagnement et d'échanges spirituels

• parking • montage audiovisuel présentant la vie des moines • vente sur place et par correspondance des produits de l'artisanat monastique : pépinière d'arbres d'ornement (uniquement sur place) ; pâtes de fruits, fromages ; icônes couchées sur bois ; livres, disques et cassettes enregistrés à l'abbaye.

OFFICES

En français :
• 3 h 45 (en été, 4 h 15) : vigiles • 6 h 45 : laudes (DF 7 h 30) • 8 h : messe (samedi 11 h 30, DF 11 h) • 12 h 10 : sexte • 14 h 15 : none • 17 h 45 : vêpres (en été, 18 h) • 19 h 35 : complies et salve (en été, 20 h 15).

ACCÈS

• N 24 (Rennes/Vannes), puis D 778 à Josselin (direction Pontivy), et D 12 après Les Forges.
• D 700 (Saint-Brieuc/Pontivy), puis D 41 (direction Josselin).
• D 2 (Pontivy/Rohan).
• SNCF à Pontivy (ligne Saint-Brieuc/Vannes), puis taxi 20 km.
• Car Le Beller (Rennes/Pontivy), arrêt à Pont-Hamon ; ou C.T.M. (Vannes/Pontivy), arrêt à Sainte-Brigitte.

♦ **MANCHE**

50260
Bricquebec

BRICQUEBEC
ABBAYE NOTRE-DAME DE GRÂCE

♦ Téléphone : 02.33.52.20.01
♦ Fax : 02.33.52.56.51

Fondation originale que celle de cette abbaye cistercienne ! Le curé de Digosville (Manche) désire se faire trappiste, son évêque hésite à se défaire d'un si bon prêtre ; finalement, le prélat invite le curé à fonder lui-même une Trappe dans son diocèse.

HISTOIRE

Tout pourtant s'y oppose : le manque de ressources, l'absence d'un enracinement concret dans la tradition cistercienne, les réticences d'une partie du clergé local. On offre un terrain en fort mauvais état à Bricquebec, localité insignifiante située à une vingtaine de kilomètres au sud de Cherbourg, dont le seul intérêt consiste en un château remanié au XIVe siècle ; sur un acte de foi, le curé fonde le 13 juillet 1824 le monastère, qui est érigé en prieuré l'année suivante, puis en abbaye en 1836. Contre vents et marées, malgré de multiples difficultés, le fondateur – premier abbé sous le nom de Dom Augustin Onfroy – reste fidèle à son intuition. Les vocations affluent.

SPIRITUALITÉ

Ses successeurs favorisent le rayonnement de l'abbaye, assurent à celle-ci son assise matérielle : ferme, porcherie, fromagerie. Dom Vital Lehodey (1893-1929) marque de sa spiritualité, fondée sur l'abandon confiant à l'Amour divin, toute une génération de moines, et imprime ainsi à l'abbaye son orientation décisive. En 1898, l'abbaye prend en charge la fondation de deux monastères au Japon. Après une période difficile (deux abbés successifs meurent accidentellement, un troisième doit démissionner pour raison de santé), la communauté de Notre-Dame de Grâce retrouve son rayonnement apostolique en développant l'œuvre au Japon, et son dynamisme spirituel en approfondissant l'héritage de Dom Vital.

Les moines vivent sous la Règle de saint Benoît ; ils partagent leur temps entre la prière – célébration de l'office divin et de l'eucharistie –, et le travail intellectuel et manuel. La communauté tire ses revenus d'une exploitation agricole, d'un élevage porcin et

d'un laboratoire de charcuterie dont les produits sont vendus dans un magasin attenant au monastère. (Téléphone et fax : 02.33.52.93.26). Fidèle à la tradition d'hospitalité en vigueur dans la famille bénédictine, la communauté reçoit dans son hôtellerie les hommes (seulement) qui souhaitent effectuer une retraite dans le silence et la prière, et qui peuvent y bénéficier d'entretiens avec un moine ; l'isolement du site, la sobriété des bâtiments, le cadre verdoyant et paisible de la campagne du Cotentin, et la douceur du climat, tout concourt à favoriser l'intériorisation. La durée du séjour ne peut excéder une semaine, les frais en sont laissés à la discrétion de chacun. Pour les visiteurs, un montage audiovisuel relatant l'histoire de l'abbaye est présenté tous les après-midi.

ACCUEIL

S'adresser par écrit au frère hôtelier :
• 25 chambres individuelles avec lavabo • parking.

OFFICES

En français :
• 5 h : matines • 6 h : laudes (DF 7 h) • 8 h 15 : tierce, suivie de la concélébration de la messe (DF concélébration à 11 h) • 12 h 20 : sexte (au réfectoire) • 14 h 15 : none • 18 h : vêpres (DF 15 h 30) • 20 h : complies et salve.

ACCÈS

• RN 13 (Paris/Cherbourg), puis D 902 à partir de Valognes.
• SNCF à Valognes (ligne Paris Saint-Lazare/Cherbourg), puis taxi (12 km).
• Car de Cherbourg à Coutances, arrêt à Bricquebec (à 1 500 m de l'abbaye).

♦ **CORRÈZE**

41, avenue Edmond-Michelet 19100 Brive-la-Gaillarde

BRIVE-LA-GAILLARDE
MAISON D'ACCUEIL SAINT-ANTOINE

♦ Téléphone : 05.55.74.03.00
♦ Fax : 05.55.17.18.50

En 1226, tandis qu'il sillonne la France pour y prêcher l'Évangile, frère Antoine, disciple de François d'Assise et supérieur des Frères Mineurs en Limousin, fait étape à Brive-la-Gaillarde ; il y fonde un couvent et, dans les rares temps de répit que lui laissent ses activités apostoliques, il se retire dans des grottes voisines de la cité pour y jouir de la solitude, s'y livrant à la pénitence et à la contemplation. Rappelé en Italie en 1227, il se fixe à Padoue, où il meurt en réputation de sainteté quatre ans plus tard : il a 36 ans à peine. Canonisé moins d'un an après sa mort, Antoine de Padoue – c'est de lui qu'il s'agit – devient aussitôt un des saints les plus populaires, son culte se répand dans le monde entier ; à Brive, on construit un ermitage à sa mémoire, une des grottes est aménagée en oratoire, but de pèlerinages qui jusqu'à nos jours ne se sont jamais interrompus.

Le souvenir de ce thaumaturge, ami des humbles et des pauvres, s'est conservé à Brive ; les grottes de Saint-Antoine y sont aussi visitées que l'église (xii-xive s.) entourée de vieilles maisons à tourelles du Moyen Age, et que l'abbatiale cistercienne d'Aubazine (xiie s.), à proximité de la ville, dans la vallée de la Corrèze ; la légende dit que le saint y a fait jaillir une source dont les eaux guérissent les malades. Acquis au siècle dernier par les franciscains, le site est aujourd'hui le centre national du culte de saint Antoine ; à côté du sanctuaire, consacré en 1895, une hôtellerie entourée d'un grand parc verdoyant accueille pèlerins et groupes pour des récollections, des sessions et des retraites, mais aussi toute personne qui recherche un temps fort de recueillement ; la maison, située à l'extérieur de la ville, offre la possibilité de séjours paisibles, où chacun peut se ressourcer dans un climat tout franciscain de simplicité fraternelle ; la disposition des lieux et la beauté du cadre permettent de savourer le silence et la quiétude du sanctuaire.

ACCUEIL

Fermé du 1er au 15 septembre. Écrire au frère hôtelier :
• 17 chambres individuelles et 15 chambres doubles avec lavabo, sanitaires à l'étage • accueil des personnes handicapées • possibilité d'accompagnement et d'échanges spirituels • parking.

OFFICES

Se renseigner sur place pour les horaires :
• 11 h 45 : messe (sauf le mardi 15 h, et DF 11 h).

ACCÈS

• Brive est au croisement de la N 89 (Périgueux/Tulle) et de la N 20 (A 20) (Limoges/ Cahors) ; le sanctuaire est sur la D 920, à la sortie de la ville vers Cahors.
• SNCF à Brive (lignes Périgueux/Tulle et Limoges/Brive), puis taxi (1 km).

a b c

Seine-et-
Marne

1 bis, avenue
Victor-Thiébaut
77177
Brou-sur-
Chantereine

**BROU-SUR-CHANTEREINE
PRIEURÉ SAINT-JOSEPH**
Communauté monastique de Jésus-Crucifié

♦ Téléphone : 01.60.20.11.20
♦ Fax : 01.60.20.43.52

En 1930, le père Maurice Gaucheron et Suzanne Wrotnoska conçoivent un institut de vie régulière susceptible d'accueillir les jeunes filles qu'une santé fragile empêche de suivre les observances rigoureuses des grands Ordres religieux. C'est de cette intuition qu'est née la congrégation des sœurs de Jésus-Crucifié, appelée au fil des années à évoluer jusqu'à devenir une branche de l'Ordre bénédictin, la Communauté monastique de Jésus-Crucifié ; elle compte aujourd'hui une dizaine de maisons en France, mais aussi à l'étranger. Qu'elles soient bien portantes ou atteintes dans leur santé, toutes les sœurs partagent une vie fraternelle, monastique, dans la tradition de saint Benoît ; cet idéal de vie consacré est partagé par des oblates séculières et une Union de Jésus-Crucifié, qui portent dans le monde le message de la victoire de l'Amour sur toute souffrance. Dans leur maison générale, à Brou-sur-Chantereine (diocèse de Meaux), les bénédictines de Jésus-Crucifié organisent des week-ends animés par un moine bénédictin ; elles accueillent également, pour un ressourcement dans un climat de prière, les personnes en quête d'un temps de réflexion. Le monastère, situé dans un grand parc calme, offre la possibilité de séjours dans le silence, où les hôtes sont invités à s'unir à la prière de la communauté.

ACCUEIL

Écrire à la sœur hôtelière :
• 9 chambres individuelles, 3 chambres doubles, avec lavabo, sanitaires à l'étage • accueil des personnes handicapées • salle de réunion et de travail, petite bibliothèque • possibilité d'accompagnement et d'échanges spirituels • parking • vente d'icônes collées sur bois.

OFFICES

Chantés en français :
• 7 h 15 : office des lectures (sauf le dimanche) • 9 h : laudes • 11 h 50 : eucharistie (DF 11 h, vendredi 9 h 30) • 15 h 20 : heure médiane (DF 15 h 45, vendredi 12 h 15) • 18 h 30 : vêpres (DF 18 h 15) • en fin de soirée, complies ou vigiles, selon les jours.

ACCÈS

• N 34 (Paris/Coulommiers).
• SNCF à Vaires-Torcy (ligne Paris gare de l'Est/Meaux), puis taxi.

♦ **CALVADOS**

14160 Brucourt

BRUCOURT
MONASTÈRE DE L'ANNONCIADE

♦ Téléphone : 02.31.91.07.28

Les moniales de l'Annonciade – ordre religieux fondé par sainte Jeanne de France, fille de Louis XI – sont établies dans un riant village du pays d'Auge, à proximité de Dives-sur-Mer, d'où Guillaume le Conquérant s'embarqua en 1066 pour l'Angleterre. Le charme d'une campagne typique (pommiers fleuris en mai et opulentes prairies) et la beauté du site (un parc arboré entoure d'élégants bâtiments de facture classique), constituent un cadre serein où dames et jeunes filles en quête de silence et de prière peuvent se ressourcer. À Dives-sur-Mer, l'église (XIV-XVᵉ s.) et la halle en bois (XV-XVIᵉ s.) méritent d'être vues, et la proche station balnéaire de Cabourg – la Balbec de Marcel Proust – est célèbre pour ses villas normandes début de siècle.

ACCUEIL

S'adresser à la sœur hôtelière :
• séjours d'une semaine au maximum • chambres dans le monastère et dans un pavillon indépendant à l'entrée du parc.

OFFICES

En français :
• 9 h : messe (DF 18 h) • pour les autres offices, se renseigner sur place.

ACCÈS

• A 13 (autoroute de Normandie Paris/Caen), sortie Brucourt/Dives-sur-Mer, puis D 400 ; ou N 175 (Caen/Pont-L'Évêque), puis D 400.
• SNCF à Dives-sur-Mer/Cabourg (6 km), puis taxi ; ou Caen (20 km), puis autocar.

♦ CÔTE-D'OR

21360
La Bussière-
sur-Ouche

LA BUSSIÈRE-SUR-OUCHE
ABBAYE NOTRE-DAME DE LA PAIX

♦ Téléphone : 03.80.49.02.29 et 03.80.49.06.21
(fraternité contemplative)
♦ Fax : 03.80.49.05.23

Au sud-ouest de Dijon, la petite vallée de l'Ouche égrène le long de la rivière, que double le canal de Bourgogne, quelques châteaux qui ajoutent à son charme champêtre : Lantenay, puis Montculot, tous deux du XVIIIᵉ siècle ; plus loin, en surplomb, les ruines du château médiéval de Marigny. Après La Bussière, la vallée, enjambée par l'immense viaduc de l'autoroute, s'élargit sur la forêt de Bligny qui borde la localité du même nom, où l'on peut voir une charmante église gothique au clocher roman.

HISTOIRE

En 1130, douze moines de Cîteaux s'établissent au lieudit Aseraule (aujourd'hui Loiserolles), puis, un incendie ayant ravagé leur maison, ils émigrent un peu plus bas : telle est l'origine de l'abbaye de la Bussière, dont les débuts sont encouragés par les seigneurs de Sombernon. Jusqu'à la guerre de Cent Ans, la communauté connaît une grande prospérité, dont témoignent les constructions qui subsistent : la chapelle (1140), le cellier, le moulin, le colombier (XIIIᵉ s.). Les moines vivent du travail de la terre (le sol est fertile et bien arrosé) et pratiquent l'hospitalité envers pèlerins et voyageurs, nombreux dans cette zone de passage. Obligée de se replier sur Dijon, la communauté revient après le départ de l'Anglais, mais les troubles religieux, puis le régime de la commende et la raréfaction des vocations entraîne le déclin de l'abbaye. Au milieu du XVIIIᵉ siècle, la communauté ne compte plus qu'une dizaine de moines, et sa suppression est envisagée ; finalement, c'est la Révolution qui met un terme à six siècles et demi de vie monastique, les bâtiments sont mis en vente, les religieux dispersés. L'église abbatiale est remise à la commune pour servir d'église paroissiale.

SPIRITUALITÉ

En 1925, le marquis de Ségur, propriétaire des lieux et désireux de restituer l'abbaye à sa vocation de prière, met les bâtiments à la disposition de l'évêque de Dijon, pour en faire une maison de retraites. Une association – « Les Amis de la Bussière » – devient en 1954 propriétaire du domaine ; elle continue d'en assurer la gestion et organise à dates fixes sessions, retraites spirituelles et conférences. L'accueil est assuré par les sœurs de la Sainte-Croix de Jérusalem, qui mènent dans un climat fraternel une vie simple et joyeuse au service de la charité, à l'écoute des appels du monde, notamment des jeunes. Fidèles au charisme de leur fondateur, le père Sevin (1882-1951), qui fonda également le scoutisme catholique en France, elles s'efforcent ainsi de témoigner de l'Évangile et d'annoncer Jésus-Christ. Si la fraternité d'accueil reçoit des groupes pour des retraites organisées, la fraternité contemplative propose aux personnes qui le souhaitent des partages de vie dans le silence et la prière, favorisés par la sobre beauté des lieux et leur isolement dans un grand parc ombragé qu'agrémente un cours d'eau paisible.

ACCUEIL

Écrire au secrétariat de l'abbaye :
• 26 chambres individuelles avec lavabos, sanitaires à l'étage
• possibilité de pension complète ou de demi-pension • bibliothèque • possibilité d'accompagnement et d'échanges spirituels
• parking.

OFFICES

Se renseigner sur place pour les horaires.

ACCÈS

• A 6 (autoroute Paris/Lyon), A 38 (échangeur à Pouilly), puis D 33 jusqu'à La Bussière.
• A 31 (Nancy/Beaune), puis A 1 (échangeur à Beaune) et D 33.
• SNCF à Dijon, puis taxi (30 km).

♦ CALVADOS

51, avenue
Georges-
Clemenceau
14000 Caen

CAEN
MONASTÈRE DES CARMÉLITES

♦ Téléphone : 02.31.93.66.63

Fondé en 1616, le couvent des Carmélites de Caen bénéficie d'emblée de l'héritage thérésien, par sa prieure Marie d'Hannivel qu'a formée Anne de Jésus, disciple de sainte Thérèse d'Avila. Il est situé dans la partie nord-est de la ville, non loin de l'abbaye aux Dames – dont les bâtiments aux façades lumineuses abritent le Conseil régional –, et de l'église romane de la Trinité (XIe s.). Les moniales y mènent une existence partagée entre la prière et le travail (on peut acquérir sur place édredons, jetés de lit matelassés, images, icônes, etc.) ; les offices liturgiques sont accessibles à tous, un accueil individuel est proposé aux personnes en quête de silence et de contemplation.

ACCUEIL

S'adresser à la sœur hôtelière : les possibilités d'accueil sont très limitées.

OFFICES

En français :
• 11 h 15 : messe (DF 10 h) • 17 h 30 : vêpres.

ACCÈS

• A 13 (autoroute de Normandie Paris/Caen).
• SNCF à Caen. Le carmel est dans l'agglomération, sur la route de l'ancien hôpital CHR.

♦ CALVADOS

3, rue de
l'Abbatiale
14000 Caen

CAEN
MONASTÈRE DE LA VISITATION

♦ Téléphone : 02.31.86.19.40
♦ Fax : 02.31.50.05.75

Le monastère de Dol-de-Bretagne, institué en 1627 du vivant de sainte Jeanne de Chantal, fondatrice de la Visitation, a été transféré à Caen quatre ans plus tard. Il est situé dans un parc silencieux au centre de la ville, non loin du prestigieux ensemble architectural que constituent l'abbaye aux Hommes (bâtiments reconstruits au XVIIIe siècle, abritant aujourd'hui l'hôtel de ville), et l'église romane Saint-Étienne à l'austère et élégante façade surmontée de deux tours élancées coiffées de flèches octogonales. La crypte de la chapelle abrite le tombeau de Léonie Martin, sœur de sainte Thérèse de l'Enfant-Jésus, qui a vécu dans le monastère de 1899 à 1941 (visite sur demande). Les religieuses ont renoncé à l'accueil d'hôtes, hormis les dames et jeunes filles en quête d'une orientation spirituelle ; mais leurs offices sont ouverts à tous, et elles proposent les produits de leurs travaux : reliure artisanale et, sur commande, layettes, tricots d'enfants, etc.

ACCUEIL

Faute de place (4 chambres individuelles et 2 chambres doubles avec lavabo), limité aux dames et jeunes fille souhaitant approfondir une vocation religieuse.

OFFICES

En français :
• 8 h : eucharistie (DF 9 h) • 11 h 30 : office des lectures • 14 h : office du jour • 17 h : vêpres.

ACCÈS

• A 13 (autoroute de Normandie Paris/Caen).
• SNCF à Caen, puis bus n° 1 (arrêt : place des Boucheries).

♦ **MORBIHAN**

**56800
Campénéac**

**CAMPÉNÉAC
ABBAYE « LA JOIE NOTRE-DAME »**

♦ Téléphone : 02.97.93.42.07
♦ Fax : 02.97.93.11.23

La Joie Notre-Dame est la plus jeune des abbayes bretonnes : établie depuis 1953 à Campénéac, dans le Morbihan, elle perpétue la tradition de *La Joye Notre-Dame d'Hennebont*, abbaye cistercienne fondée vers 1275, qui s'éteint en 1792.

HISTOIRE

Après la dispersion engendrée par la Révolution, les moniales cisterciennes se réfugient en Suisse, puis doivent reprendre durant cinq années leur exode à travers l'Europe de l'est. Rentrées enfin en France, elles ne reviennent en Bretagne qu'en 1920 : la fondation de Notre-Dame de Bonne Garde de Keranna, à Sainte-Anne d'Auray, se fait dans des conditions difficiles, mais la communauté prospère malgré soucis matériels et fatigues, qu'aggrave la dernière guerremondiale. En 1953 – 8e centenaire de la mort de saint Bernard – les moniales peuvent se transférer à Campénéac, où les moines trappistes de Timadeuc, fidèles à leur vocation de bâtisseurs, ont aménagé le domaine de la Ville-Aubert, acquis six ans plus tôt, pour en faire un monastère. La tâche était ardue : il fallait construire une abbaye, attenante au manoir de schiste violet, et créer l'exploitation agricole qui lui permettrait de vivre !

SITE

Aujourd'hui, le quadrilatère de l'abbaye, d'une ligne simple conforme à l'idéal cistercien de dépouillement, apparaît comme une « tache de lumière dans un océan de verdure », dans un site pittoresque à l'orée de la forêt de Brocéliande : la lande, fleurie ou dénudée au gré des saisons, s'étend entre des crêtes rocheuses de schiste violacé ; un antique calvaire de granit, aux deux faces sculptées, précède la Vierge assise en bois massif, œuvre de Fréour, qui, sous l'auvent du porche, accueille pèlerins et visiteurs dans ce cadre attrayant. L'abbaye ne se visite pas, mais les hôtes peuvent découvrir la vie monastique grâce à un diorama, et jouir des agréments d'un beau parc ombragé. Ils admireront, sous le cloître près de la porte sud de l'église abbatiale, un bénitier de granit du XIIIe siècle, et, dans le jardin, un puits sculpté sur toutes ses faces.

SPIRITUALITÉ

Les moniales cisterciennes mènent en ces lieux leur vie contemplative, centrée sur l'eucharistie et rythmée par la célébration de l'office divin. À la *lectio divina* – lecture méditée de l'Écriture –, à la prière personnelle et aux études, elles allient le travail manuel, dont certains produits sont en vente sur place et dans les boutiques de l'artisanat monastique : biscuiterie et chocolats, mais aussi artisanat local, cassettes et produits d'autres abbayes.

La communauté accueille, pour un séjour d'une semaine environ, les personnes qui aspirent à une halte de silence et de recueillement. Elles peuvent s'associer à la prière liturgique des moniales, et rencontrer l'une ou l'autre pour un dialogue, un partage.

ACCUEIL

Écrire à la sœur hôtelière :
• Une trentaine de chambres individuelles confortables, sanitaires

à l'étage • possibilité d'accompagnement et d'échanges spirituels. • parking.

OFFICES

En semaine, les horaires des messes et offices varient suivant les saisons. Le dimanche, la messe est célébrée à 11 h 15.

ACCÈS

• RN 24 (Ploërmel/Rennes) ou D 766 (Ploërmel/Saint-Malo), puis D 134. L'abbaye est située à 2,7 km du bourg de Campénéac.
• SNCF à Rennes (50 km), puis car.

♦ ALPES-MARITIMES

16, avenue Isola-Bella 06400 Cannes

CANNES
VILLA SAINT-BENOÎT
MONASTÈRE DES DOMINICAINES DE SAINTE-CATHERINE-DE-RICCI

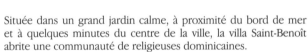

♦ Téléphone : 04.93.38.06.09
♦ Fax : 04.93.39.71.40

Située dans un grand jardin calme, à proximité du bord de mer et à quelques minutes du centre de la ville, la villa Saint-Benoît abrite une communauté de religieuses dominicaines.

HISTOIRE ET SPIRITUALITÉ

La congrégation des dominicaines de Sainte-Catherine-de-Ricci est fondée au lendemain de la Première Guerre mondiale par le père Bernardot, o.p., et mère Marie-Madeleine Morard. Au cours d'un séjour au monastère de Prato, près de Florence, le père Bernardot a découvert sainte Catherine de Ricci (1522-80), religieuse dominicaine qui, à l'époque de la Renaissance, oppose à l'agitation ambiante une sérénité suave et joyeuse, dont le secret se trouve dans l'amoureuse contemplation du Sauveur crucifié. Elle est disciple de Savonarole, le brûlant prédicateur dominicain qui appelle la colère divine sur la corruption de la cité des Médicis, si imbue d'elle-même et dédaigneuse des pauvres ; mais aussi, à travers lui,

de sainte Catherine-de-Sienne, la *douce Maman*, et de saint Thomas d'Aquin, le *Docteur angélique* ; sa vocation à elle, c'est l'amour, en particulier l'amour des pécheurs, à l'instar de son père Dominique, pour lequels elle accepte joyeusement de porter la croix à la suite du Christ : elle est bien de son temps, passionnément éprise d'amour pour Dieu et pour ses frères, compatissante mais aussi

réaliste, simple et droite, mesurée en tout. Elle exerce une remarquable influence sur l'Église et la société de son temps. C'est ce charisme, empreint de joie et de fraîcheur, que le père Bernadot désire communiquer à sa jeune communauté, érigée canoniquement en 1929.

Une dizaine d'années plus tard, la famille de la petite Anne de Guigné cède à la nouvelle famille religieuse la villa Saint-Benoît, à la seule condition que la chambre où Anne est morte en 1922 soit laissée en l'état et accessible aux visiteurs : cette fillette, morte en réputation de sainteté dans sa onzième année, exerce un extraordinaire rayonnement sur toute une génération de chrétiens ; actuellement, sa cause de béatification est en cours et, avec la déclaration d'héroïcité des vertus, cette attachante figure d'enfant connaît de nos jours un regain d'intérêt.

Aujourd'hui, les dominicaines de Sainte-Catherine-de-Ricci continuent de mener, dans l'esprit que leur a insufflé leur fondateur, leur vie contemplative inscrite dans la tradition dominicaine. À la prière, elles ajoutent l'apostolat de l'accueil, proposant pour des retraites individuelles, des séjours de ressourcement ou de détente spirituelle dans un climat de prière, le cadre agréable de leur maison. La chambre où est morte la Vénérable Anne de Guigné est ouverte aux fidèles tous les jours, entre 13 et 17 h.

ACCUEIL

Écrire auparavant :
• 13 chambres individuelles ou doubles, avec lavabo, douches et WC • possibilité de pension complète ou de demi-pension • bibliothèque • possibilité d'accompagnement et d'échanges spirituels • jardin, ermitage • parking.

OFFICES

En français :
• 8 h 15 : eucharistie (DF 10 h) • 17 h : vêpres • 20 h 30 : office du soir • tous les vendredis après-midi, adoration eucharistique.

ACCÈS

• A 8 (Marseille/Nice).
• SNCF à Cannes, puis car ou taxi (1 km).

♦ Aisne

02810 Brumetz

CERFROID
LES PÈRES TRINITAIRES
Maison de la Trinité de Cerfroid

♦ Téléphone : 03.23.71.44.39
♦ Fax : 03.23.71.23.04

À l'écart des grandes routes, Cerfroid offre dans la vallée du Clignon un havre de paix au promeneur attiré par la tranquillité et la beauté de la campagne étale entre Château-Thierry et La Ferté-Milon ; surpris, il découvre que le site abrite une maison religieuse, dont les bâtiments enclosent des ruines séculaires, témoins d'une histoire aussi mouvementée qu'ancienne. En effet, c'est ici le berceau de l'Ordre des trinitaires, fondé à la fin du XIIe siècle à partir de l'intuition de Jean de Matha et de quelques ermites qui l'ont suivi dans cette solitude.

ORIGINE

Le nom même du lieu a été en quelque sorte désigné par le Ciel : alors que Jean de Matha se désaltère à l'eau fraîche d'une source, un cerf vient y boire aussi, tout blanc, portant entre ses bois une croix lumineuse aux branches de pourpre et d'azur ; Jean y voit le signe qu'il doit établir là le berceau de la famille religieuse dont il

mûrit la fondation, l'Ordre de la Trinité pour la rédemption des captifs. Nous sommes alors à une époque passionnante, mais difficile : deux mondes et deux cultures s'affrontent – la Chrétienté et l'Islam –, souvent dans la violence, stimulés par une commune recherche de changements, de transformations. Jean et ses compagnons comprennent qu'il leur faut dépasser les horizons connus de la société occidentale, qu'ils sont appelés à rencontrer l'autre dans sa différence respectée, dans le dialogue, à la lumière d'une expérience spirituelle bouleversante : la présence en chaque homme de Dieu-Trinité aimé en liberté. Si le but initial de l'Ordre est l'apostolat rédempteur et de miséricorde auprès des chrétiens en danger de perdre la foi à cause des persécutions, il s'élargit bien vite à l'engagement en faveur de tout homme menacé dans sa dignité et sa vocation de fils de Dieu.

HISTOIRE

Berceau de l'Ordre pendant des siècles, Cerfroid est dès l'origine un lieu de louange, mais aussi de passage et d'accueil : pèlerins en route vers Saint-Jacques de Compostelle, rois de France se rendant à Reims... mais aussi combattants, au cours des guerres dont la région, par sa situation stratégique, subit de plein fouet les effets immédiats. Sécularisés à la Révolution, les bâtiments changent plusieurs fois de propriétaire, se délabrent peu à peu, sont finalement abandonnés. En 1943, l'opportunité s'offre aux religieuses trinitaires de Paris d'acquérir le site. C'est la guerre, les difficultés semblent insurmontables. Avec l'aide du Conseil général de l'Ordre, de l'évêque de Soissons et du clergé local, les sœurs de Paris installent le 8 septembre 1946 une petite communauté à Cerfroid ; elles répondent à un des besoins de la région par la création d'un centre ménager rural, qui doit cesser ses activités en 1976 ; mais les sœurs restent sur place, ouvrant leur maison à un accueil diversifié. En 1986, les pères trinitaires s'installent à leur tour à Cerfroid et y fondent un noviciat, recréant une « Maison de la Trinité » (religieux, religieuses, aidés par des laïcs) ; ils renouent ainsi avec le passé tout en se tournant résolument vers l'avenir.

SPIRITUALITÉ

Respectueuses de leur indépendance et de leur autonomie mutuelles, les deux communautés construisent ensemble une vie fraternelle qui permet la libre expression de chacun, dans la fidélité à leur charisme fondateur : le ressourcement dans la vie même de la Trinité, telle que le Christ l'a manifestée. Leur premier apostolat voudrait être un prolongement de cette vie trinitaire fondée sur le dialogue personnel avec Dieu dans la prière et la méditation, et s'ouvrant dans le partage du travail, avec ses joies et ses peines, dans la convivialité fraternelle, dans l'accueil.

Une trentaine de chambres individuelles, bien équipées, sont à la disposition des personnes qui aspirent à une halte de silence et de ressourcement, que ne trouble en rien l'apostolat propre aux Trinitaires (service paroissial, visites aux personnes âgées ou malades, pour les sœurs ; responsabilité du secteur paroissial, d'aumôneries de jeunes et de l'aumônerie de la prison de Château-Thierry, pour les religieux) : la maison tient de plus en plus son rôle de lieu de prière et de spiritualité trinitaire ; la « Bergerie » est un lieu d'accueil et d'accompagnement pour les personnes en difficulté (recommandées par les amis de Cerfroid). Un parc de trois hectares garantit aux hôtes la tranquillité et le silence. On découvrira, au fil d'un séjour, la source où saint Jean-de-Matha se trouva en face du cerf mystérieux (restaurée en 1993), les murs d'enceinte du XIVᵉ siècle et la tour du XVIIᵉ siècle, la cave médiévale, le réfectoire, l'antique chapelle, que les fouilles archéologiques, les recherches historiques et les travaux de restauration ont su remettre en valeur, et dont les aménagements et réalisations d'aujourd'hui soulignent l'intérêt.

ACCUEIL

Écrire au père hôtelier : • chambres individuelles avec lavabo, sanitaires à l'étage • possibilité d'accompagnement et d'échanges spirituels • parking.

OFFICES

En français :
- 7 h : laudes • 8 h : messe (DF 9 h, le jeudi à 18 h) • 11 h 45 : sexte
- 18 h 30 : vêpres • 20 h 45 : complies.

ACCÈS

- A 4, sortie à Montreuil-aux-Lions, puis D 9.
- SNCF à Crouy-sur-Ourcq (5 km), où un membre de la maison de la Trinité vient chercher les hôtes.

♦ **VENDÉE**

4, rue de
la Roseraie
B.P. 4
85450 Chaillé-
les-Marais

CHAILLÉ-LES-MARAIS
CENTRE SPIRITUEL « L'IMMACULÉE »

♦ Téléphone : 02.51.56.72.06
♦ Fax : 02.51.56.79.71

Au sud de la Vendée, le centre spirituel « L'Immaculée » est un lieu de recueillement et de prière. La petite agglomération de Chaillé-les-Marais, au cœur de laquelle est situé le centre, est une ancienne île de ce qui fut le golfe des Pictons : du haut des falaises qui cintrent le parc de la maison, la vue s'étend sur l'immensité du marais, *espace né de la mer* ; en direction de La Rochelle, la baie de l'Aiguillon est à vingt minutes en voiture.

Luçon, cité épiscopale illustrée par Richelieu, offre à 17 km au nord le bel ensemble de sa cathédrale (XIII-XIVe s.) et du cloître Renaissance de l'évêché. La Rochelle et l'Ile de Ré, à 35 km au sud, sont des lieux de tourisme et de villégiature appréciés.

HISTOIRE ET SPIRITUALITÉ

Le centre de l'Immaculée est animé par une communauté de

missionnaires de la Plaine et de religieuses oblates de Sainte-Thérèse, instituts religieux fondés par le père Gabriel Martin : dans le premier quart du xxᵉ siècle, ce prêtre, saisi par la désolation spirituelle du sud de la Vendée qui contraste avec la ferveur du Bocage, suscite pour l'évangélisation de cette région de plaine et de marais une congrégation qui se met à la disposition de l'évêque en vue de toute mission apostolique. Ayant découvert le message de sainte Thérèse de Lisieux, il en fait l'inspiratrice de ses entreprises : après les missionnaires de la Plaine et de Sainte-Thérèse, il institue en 1933 les oblates de Sainte-Thérèse, puis en 1947 les frères missionnaires de Sainte-Thérèse, à Bassac.

Ouvert en 1936, le centre est dédié à Notre-Dame de la Miséricorde et à sainte Thérèse de Lisieux (pèlerinage en septembre). La chapelle a été restaurée en 1976 par René Roche, un artiste-artisan qui lui a conféré son cachet très personnel. La maison accueille des groupes, mais aussi des personnes qui aspirent à vivre un temps fort de silence.

ACCUEIL

Fermeture en juin. Écrire au centre :
• 60 chambres : 55 simples, 5 doubles, avec lavabo, sanitaires à l'étage • pension complète • accueil de personnes handicapées • bibliothèque • possibilité d'accompagnement et d'échanges spirituels • parking.

OFFICES

Chaque jour, le matin à 8 h et le soir à 18 h 45. Eucharistie à midi en semaine (pour le dimanche, se renseigner).

ACCÈS

• RN 137 (Nantes/La Rochelle, à 35 km de La Rochelle).
• SNCF à Luçon (17 km).

♦ HAUTE-LOIRE

LA CHAISE-DIEU
PRIEURÉ SAINT-JEAN

Place de l'Écho
43160
La Chaise-Dieu

♦ Téléphone : 04.71.00.05.55
♦ Fax : 04.71.00.05.12

Ce village d'Auvergne, isolé au cœur d'une vaste région forestière aux confins du Velay, doit son nom à une « Maison-Dieu », *Casa Dei*, qui eut au Moyen Âge un rayonnement considérable.

HISTOIRE

L'ermitage établi en 1043 par le solitaire Robert de Turlande et ses deux compagnons attire de nombreux disciples épris de silence et de solitude, si bien que moins de dix ans plus tard, la communauté est érigée en abbaye ; elle ne cesse de s'accroître, et durant les quinze années de gouvernement de Robert, elle essaime en de nombreux prieurés et couvents : on en compte plus de cinquante

à la fin du XIe siècle, dont les deux tiers dans le Livradois. La fidélité de l'Ordre à ses origines érémitiques incite saint Bruno à affilier durant quelque temps (1087-1090) son ermitage de la Grande-Chartreuse à l'abbaye de la Chaise-Dieu. Au XIIe siècle, l'abbaye compte trois cents moines, elle est à la tête d'une douzaine de monastères et d'une cinquantaine de prieurés, sans compter divers prieurés ruraux et cinq monastères de femmes ; elle accueille en 1132 le pape Innocent II qui, confronté à un schisme, a dû quitter Rome. Mais déjà s'amorce le déclin, qu'une tentative de réforme enraye quelque peu. L'accession de Pierre Roger, moine de La Chaise-Dieu, au pontificat suprême, jette un dernier éclat sur l'histoire de l'abbaye : devenu le pape Clément VI, il fait édifier l'église abbatiale Saint-Robert, superbe édifice gothique d'une majestueuse sobriété ; l'intérieur, impressionnant, sera coupé plus tard par un jubé flamboyant (XVe s.) qui délimitera le chœur des moines ; au fil des années, l'église s'enrichit d'œuvres magnifiques : le tombeau de Clément VI, de remarquables stalles gothiques, la peinture murale de la *Danse Macabre* (XVe s.), une série de tapisseries du XVIe siècle. Le régime de la commende, introduit en 1518, est désastreux pour l'abbaye, qu'une ultime tentative de réforme ne parvient pas à ramener à l'observance régulière ; aussi le cardinal de Richelieu, devenu abbé commendataire en 1629, installe-t-il dans les lieux des bénédictins de Saint-Maur, qui y restent jusqu'à la Révolution, édifiant encore de beaux bâtiments conventuels (XVII-XVIIIe s.).

À VOIR

L'ensemble a été relativement préservé jusqu'à nos jours, à l'exception du cloître, dont il ne subsiste que deux galeries. Au chevet de l'église abbatiale, la tour Clémentine, véritable donjon massif, se profile dans le ciel ; et, dans le sous-sol d'un bâtiment conventuel, l'étrange salle de l'Écho attire les curieux : deux personnes qui se placent aux angles opposés de la salle peuvent converser entre elles en parlant à mi-voix contre le mur... Depuis quelques années, l'église abbatiale de La Chaise-Dieu accueille, grâce à ses excellentes conditions acoustiques, un festival de musique de réputation internationale (fin août-début septembre).

SPIRITUALITÉ

Les frères de Saint-Jean ont établi dans un bâtiment voisin de l'abbaye un prieuré où, tout en menant la vie communautaire, ils assurent la desserte de la paroisse et de ses filiales, et d'où rayonne leur apostolat de prédication, d'accueil et d'accompagnement spi-

a b c

rituel. Ils peuvent recevoir à titre individuel les personnes qui aspirent à un temps fort de silence et de réflexion : l'isolement du lieu, les vastes étendues de champs et de forêts aux alentours, permettent de trouver là les conditions idéales pour un séjour tonifiant dans le calme, le recueillement (éviter la période du festival !).

ACCUEIL

S'adresser au père hôtelier :
• plusieurs chambres individuelles dotées d'un confort simple, sanitaires à l'étage • repas pris en silence et en solitude, ou avec la communauté • petite bibliothèque • possibilité d'accompagnement et d'échanges spirituels • parking.

OFFICES

En français, dans la chapelle du prieuré :
• 7 h : laudes • 12 h : messe (DF 11 h, dans l'église abbatiale en été)
• 18 h : vêpres.

ACCÈS

• À partir du Puy, N 102 (direction Brioude), puis D 906 (direction Ambert).
• SNCF au Puy (départ de Saint-Étienne) ou à Craponne (ligne Lyon/Clermont-Ferrand), puis car SNCF.

♦ **INDRE-ET-LOIRE**

CHEZELLES
FOYER MONTFORTAIN

37220
Chezelles

♦ Téléphone : 02.47.58.53.01
♦ Fax : 02.47.58.53.97

Au cœur de la Touraine, le Foyer montfortain de Chézelles est situé dans une commune de 144 habitants, proche de l'Ile-Bouchard,

68

que l'on atteint en suivant le cours verdoyant de la Bourouze, et où l'on peut admirer de belles églises : Saint-Maurice (XIVᵉ-XVᵉ s.), qui renferme une chaire sculptée du XVIᵉ siècle, les ruines romanes de Saint-Léonard aux élégants chapiteaux, et Saint-Gilles (XIᵉ-XIIᵉ s.), où l'on vient invoquer *Notre-Dame de la Prière*, apparue là à quatre fillettes en 1947. Tout proches aussi, les modestes villages de Cravant-les-Coteaux, dont l'église recèle des éléments carolingiens, et de Tavant, dont l'église du XIᵉ siècle abrite une crypte ornée de peintures romanes.

La maison principale du foyer est un château datant du XVIIIᵉ siècle, restauré au siècle dernier. La congrégation des montfortains, qui l'occupe depuis 1936, en a fait un centre spirituel en 1972. Le Foyer montfortain y organise retraites et week-ends spirituels ouverts à tous, qui se déroulent dans le silence et l'adoration, avec deux moments d'enseignement par jour. Mais le foyer est également ouvert à ceux qui souhaitent effectuer à titre individuel une retraite spirituelle dans le silence et en solitude : le grand parc qui entoure les bâtiments se prête aux promenades et à la méditation.

SPIRITUALITÉ Les montfortains (pères, frères, filles de la Sagesse) vivent la spiritualité de leur fondateur, saint Louis-Marie Grignion de Montfort, apôtre de l'ouest de la France, mort à 43 ans en 1716 : « C'est un saint qui va directement à l'essentiel : le mystère de la Sainte Trinité et le mystère de l'Incarnation. Vous dites avec lui à *Jésus par Marie*, et vous avez bien raison ; Jésus est venu à nous par Marie, il est normal que nous retournions à Jésus par Marie. Mais votre fondateur dit aussi *à Marie par Jésus*. C'est dans la mesure où l'on approfondit le mystère de Jésus que l'on trouve et que l'on approfondit le mystère de Marie » (Jean-Paul II, aux monfortains). Ce mystère d'adoration dans le recueillement et le silence est proposé par le Foyer de Chézelles.

ACCUEIL Écrire auparavant :
• 45 chambres à 1 ou 2 lits avec lavabo, dont 19 au château avec ascenseur • accueil des personnes handicapées • salles de réunion et de travail • parking.

OFFICES Se renseigner sur place pour les horaires.

ACCÈS
• A 10 (Paris/Bordeaux), sortie à Sainte-Maure, puis D 760 (direction Chinon) jusqu'à l'Ile Bouchard, et de là D 110 jusqu'à Chézelles ; ou D 760 et D 58 (direction Richelieu), puis D 110 à Verneuil-le-Château.
• SNCF à Sainte-Maure-Noyant de Touraine (ligne Tours/Poitiers), puis taxi (18 km).

♦ Puy-
de-Dôme

**CHAMALIÈRES
CENTRE D'ACCUEIL SPIRITUEL**

13, rue
de Richelieu
63400
Chamalières

♦ Téléphone : 04.73.37.35.78

À la périphérie de Clermont-Ferrand, cet ancien centre industriel s'est mué en une charmante ville résidentielle à partir de laquelle on peut gagner, toute proche, la station thermale de Royat ; plus loin, de belles excursions conduisent, par gorges et vallons verdoyants, jusqu'au Puy-de-Dôme (1 465 m), point culminant de la chaîne des Puys qui domine un immense panorama. Outre les établissements très typés du parc thermal, où l'on peut effectuer d'agréables promenades, Royat possède une église fortifiée (XIIe-XIIIe s.) autour de laquelle s'est développé le vieux bourg. Achevée à la même époque, l'église de Chamalières se signale par son chœur à déambulatoire qui s'est ajouté à la nef et au narthex carolingiens préexistants.

Entre le 15 septembre et le 30 juin, la communauté des sœurs de Saint-Joseph reçoit, dans le centre d'accueil spirituel, les personnes qui souhaitent effectuer une retraite individuelle guidée ; on y trouvera aussi la possibilité de s'initier à la prière des psaumes, ou à la spiritualité ignatienne. Le centre est un lieu de silence, qui favorise la réflexion et le recueillement.

ACCUEIL

Écrire auparavant :
• 20 chambres confortables et silencieuses, sanitaires à l'étage
• bibliothèque • possibilité d'accompagnement et d'échanges spirituels.

OFFICES

Se renseigner sur place pour les horaires.

ACCÈS

• D 68, à l'ouest de Clermont-Ferrand (5 km).
• SNCF à Clermont-Ferrand, puis taxi ; ou à Royat (à partir de Clermont-Ferrand), puis autobus.

♦ PUY-DE-DÔME

11, avenue
de Villars
63400
Chamalières

CHAMALIÈRES
MONASTÈRE DES CLARISSES

♦ Téléphone : 04.73.37.73.11

Fondée en 1827 à Lorgues, dans le Var, la communauté des clarisses-capucines s'est transférée à Chamalières en 1930. Les moniales y mènent, dans la paix du cloître, une vie de prière et de travail empreinte de la simplicité et de la joie propres à la famille de saint François et de sainte Claire d'Assise. Elles reçoivent, pour un temps de retraite spirituelle n'excédant pas une semaine, les personnes qui aspirent à un temps fort de réflexion que favorise le calme des bâtiments et du jardin.

ACCUEIL

Sauf durant la Semaine sainte, écrire à la sœur hôtelière :
• 8 chambres individuelles avec lavabo, sanitaires à l'étage • possibilité pour les retraitants de faire eux-mêmes leurs repas • possibilité d'accompagnement et d'échanges spirituels.

OFFICES

Ouverts à tous : les horaires sont disponibles sur place.

ACCÈS

Cf. *p. 70.*

♦ EURE-ET-LOIR

28300
Champhol

CHAMPHOL
MONASTÈRE DES CARMÉLITES DE CHARTRES

♦ Téléphone : 02.37.21.36.46
♦ Fax : 02.37.36.01.07

Le carmel de Chartres, fondé en 1620, s'établit près de la cathédrale, où il subsiste jusqu'à la Révolution. La communauté est alors dispersée ; elle se regroupe en 1802 et, les locaux étant devenus exigus, elle construit un nouveau monastère, y menant la vie régulière jusqu'en 1901. Les lois anticléricales la contraignent alors à l'exil ; les moniales se fixent aux Pays-Bas, d'où un petit groupe revient en 1920 à Chartres et retrouve le monastère d'origine. En 1979, la communauté s'installe à Champhol, petite localité paisible à l'écart de la capitale beauceronne alors en pleine expansion ; là, un cadre privilégié, où les bâtiments modernes aux lignes simples se fondent dans la verdure, abrite la vie de prière et de travail des moniales. Celles-ci peuvent y recevoir des personnes qui souhaitent passer quelques jours dans une atmosphère de solitude et de silence, et partager leur prière.

ACCUEIL

Écrire à la mère prieure :
• 3 chambres simples, mais confortables • possibilité d'accompa-

gnement et d'échanges spirituels • vente sur place et dans les boutiques de l'artisanat monastique des produits du travail des moniales : porcelaine décorée. Sur commande, travaux de cannage, confection de couvre-lits, rideaux et voilages.

OFFICES	Ouverts à tous : • 7 h 30 : laudes • 8 h 30 : eucharistie • 11 h 45 : heure médiane • 18 h : vêpres • 21 h : vigiles.
ACCÈS	• A 11 (L'Océane, Paris/Nantes), ou N 154 (Dreux/Chartres). • SNCF à Chartres (ligne Paris Montparnasse/Chartres).

♦ ALLIER

CHANTELLE
ABBAYE SAINT-VINCENT

Rue Anne-
de-Beaujeu
03140
Chantelle

♦ Téléphone : 04.70.56.62.55
♦ Fax : 04.70.56.62.69

Chantelle est une charmante agglomération qu'arrose la Bouble, avant de poursuivre son cours capricieux vers Saint-Pourçain à travers les vignobles dominés par de fiers châteaux, comme ceux de Chareil-Cintrat, datant de la Renaissance (belles peintures murales du XVIᵉ siècle), et de Montfan ; la cité médiévale de Saint-Pourçain resserre ses maisons autour d'une antique abbatiale romane dont

les remaniements successifs, au fil des siècles, ont défiguré les bâtiments, et d'un beffroi du XVe siècle ; Chantelle, au contraire, étage quelques demeures anciennes au pied de l'église Saint-Vincent, de style roman auvergnat, qui a été bien restaurée. La région se signale par quelques églises romanes très intéressantes : celle de Saulcet, coiffée d'un beau clocher du XIVe siècle, recèle de grandes peintures murales (XII-XIVe s.) ; celle de Verneuil-en-Bourbonnais le dispute en pittoresque à l'antique église de Notre-Dame-sur-l'Eau (Xe s.) ; celle de Bellenaves montre des sculptures où se décèle nettement l'influence de l'art bourguignon.

SPIRITUALITÉ

En 1853, les moniales bénédictines y ont rétabli la vie monastique sur le site d'un prieuré fondé en 937 par saint Odon, abbé de Cluny. Les bâtiments, réédifiés au XVe siècle, ont abrité jusqu'à la Révolution des chanoines de Saint-Augustin ; devenus bien national, ils ont été préservés de la destruction et constituent aujourd'hui un bel ensemble que l'on peut visiter. C'est dans ce cadre que les moniales mènent dans le silence leur vie contemplative, partageant leur temps entre l'office divin, la *lectio divina* et le travail. Elles reçoivent, dans leur hôtellerie, les familles des religieuses, des retraitants et, dès lors qu'il reste de la place, des personnes moins motivées spirituellement, qui sont en quête de calme et de solitude. Tous s'engagent à respecter le silence, au cours de leur séjour qui ne peut excéder une semaine.

ACCUEIL

Écrire à la sœur hôtelière :
• une vingtaine de chambres, dont plusieurs individuelles, douche à l'étage • accueil des personnes handicapées • bibliothèque • possibilité d'accompagnement et d'échanges spirituels • parking • vente de produits de toilette réputés, élaborés par les religieuses : savons, bains moussants, crèmes, lait de Chantelle, eau de Cologne, eau de lavande, lotions après-rasage, etc. (vente au magasin, et catalogue sur demande).

OFFICES

En français, avec des pièces de grégorien à la messe :
• 2 h 30 : matines • 6 h 30 : laudes • 8 h : messe (DF 8 h 30)
• 11 h 40 : heure médiane • 17 h 30 : vêpres • 20 h : office du soir.

ACCÈS

• A 71 (Bourges/Clermont-Ferrand), sortie à Montmarault et D 46 vers Saint-Pourçain, puis D 42 jusqu'à Chantelle ; ou sortie à Gannat, puis D 998 jusqu'à Gannat, et de là N 9 jusqu'à Saulzet où l'on bifurque à gauche sur la D 42 jusqu'à Chantelle.
• À partir de Vichy (25 km), par la N 209 jusqu'à Gannat, et de là la D 42.
• SNCF à Bellenaves (ligne Roanne/Montluçon), puis taxi (7 km).

abc

♦ **OISE**

**B.P. 219 - Route
de Gouvieux
60631
Chantilly**

**CHANTILLY
CENTRE CULTUREL « LES FONTAINES »**

♦ Téléphone : 03.44.57.24.60
♦ Fax : 03.44.57.31.33

Situé dans un magnifique parc de cinquante hectares agrémenté d'un étang, le centre des Fontaines est animé par une équipe de jésuites et de laïcs. S'il est avant tout un centre culturel organisant sessions, carrefours et rencontres sur de multiples sujets (problèmes de société, relations humaines, dialogue inter-culturel et inter-religieux, etc.), les conditions de séjour qu'il propose en font aussi un cadre idéal pour des retraites de silence et de solitude.

Le centre est à l'écart de Chantilly, mais pas si éloigné qu'on ne puisse – si on le souhaite – profiter du charme et des richesses culturelles de la ville (le château des Condé, avec son musée, les grandes écuries, etc.) À une quinzaine de kilomètres vers le sud, l'abbaye de Royaumont, fondée par saint Louis, mérite une visite : outre les ruines de l'église, qui donnent une idée de la splendeur de l'édifice, le cloître et les bâtiments abbatiaux évoquent la prospérité passée de la fondation ; actuellement, Royaumont abrite le centre culturel de Rencontre, qui propose concerts et expositions de grande qualité.

ACCUEIL

Au centre même, de nombreuses chambres individuelles avec lavabo (douches, salles de bains et sanitaires à l'étage) accueillent les retraitants. L'ampleur des bâtiments, leur situation dans un vaste espace de verdure, offrent des conditions de silence et de solitude appréciables. Les repas se prennent dans la salle à manger commune, mais on dispose également d'un self. Une bibliothèque exceptionnelle, regroupant 600 000 volumes (philosophie, spiritualité, histoire et sciences), fera le bonheur du chercheur solitaire. S'ils le désirent, les hôtes peuvent participer aux offices liturgiques (eucharistie quotidienne, offices divers animés par l'équipe en place ou les groupes de passage) ; un accompagnement spirituel est possible.

ACCÈS

- Autoroute A1 (sortie Orry-la-Ville / Chantilly), et RN 16, RN 17.
- SNCF : gare de Chantilly, puis taxi (2 km).

♦ ORNE

61400
La Chapelle-
Montligeon

LA CHAPELLE-MONTLIGEON
L'ERMITAGE DE LA BASILIQUE NOTRE-DAME
DE MONTLIGEON

♦ Téléphone : 02.33.85.17.00
♦ Fax : 02.33.83.60.49

Il y a juste cent ans, la basilique Notre-Dame de Montligeon, *Cathédrale dans les champs*, sortait de terre au cœur du Perche, en bordure de la forêt de Réno-Valdieu, l'une des plus belles de France (chênes et hêtres y atteignent 40 m de haut) ; elle mire aujourd'hui ses flèches hardies dans les eaux calmes de l'Huisne.

HISTOIRE

Ce sanctuaire, haut-lieu qui rayonne dans le monde entier, est dû à l'intuition de l'abbé Paul Buguet, nommé curé de Montligeon en

1878 : hanté par le sort des défunts, il souhaitait prier et faire prier pour eux ; anxieux de l'avenir de sa paroisse, qui se dépeuplait, il espérait trouver une activité économique qui fixerait les habitants

à leur localité. C'est ainsi que sont nées l'Œuvre visant à « faire célébrer des messes pour les défunts, sous le patronage de Marie libératrice » (1884), puis une imprimerie qui, devenue au fil des ans très performante, emploie actuellement plus de deux-cents personnes. La rapide expansion de l'Œuvre, entraînant des pèlerinages de plus en plus nombreux, est à l'origine de la construction de la basilique : édifiée de 1896 à 1911, elle est un haut-lieu de prière et de pèlerinages internationaux (1er mai, Ascension, 15 août, et novembre), et le cœur d'une vaste fraternité à laquelle se rattachent de multiples groupes de prière en Afrique, au Liban, aux Antilles, au Canada et dans les différents centres d'Europe.

SPIRITUALITÉ

Dans ce lieu d'église, *sanctuaire de l'espérance*, les croyants apprennent la « prière de fidélité » pour les défunts et trouvent le réconfort lorsque les frappe le deuil. Ils y prient aux pieds de la statue en marbre de Carrare de Notre-Dame libératrice des « âmes du Purgatoire », et peuvent admirer une étonnante série de vitraux, véritable livre ouvert sur l'art et l'histoire du vitrail de la fin du XIXe à la fin du XXe siècle.

SITE

À proximité, l'ermitage de la basilique constitue une halte dans un site enchanteur ; l'hôtellerie, ouverte toute l'année, se prête aussi bien à l'accueil de groupes ou de familles qu'à celui de personnes recherchant un temps fort de silence, favorisé par le calme du lieu et des environs. La forêt voisine offre la possibilité de belles randonnées pédestres (circuits balisés), de promenades à vélo (location de vélos) vers les manoirs et châteaux du Perche. Toutes proches, les villes d'Alençon et de Sées – avec sa grandiose cathédrale gothique – sont d'agréables étapes touristiques.

L'ermitage offre à ses hôtes un cadre confortable, divers services, un jardin d'agrément, une librairie. Ceux qui le désirent peuvent participer à l'eucharistie, célébrée chaque jour dans la basilique, et à la prière des heures, qu'assure trois fois par jour une communauté de bénédictines de Montmartre ; prêtres et religieuses sont toujours disponibles pour une rencontre ou un échange.

ACCUEIL	S'adresser à l'ermitage de la basilique : • 26 chambres individuelles pourvues de confort • bibliothèque • parking.
OFFICES	À la basilique (pour les horaires, se renseigner sur place).
ACCÈS	• N12 (Alençon/Verneuil-sur-Avre), puis D 5 à hauteur de Tourouvre, par Feingts. • A11 (Paris/Nantes), sortie Chartres, puis N 23 (direction Nogent-le-Rotrou) et D 10 par Condé-sur-Huisne. • SNCF à Condé-sur-Huisne ou Nogent-le-Rotrou (ligne Paris Montparnasse/Le Mans). Service de cars (demander les horaires à l'ermitage).

♦ ORNE

**61400
La Chapelle-
Montligeon**

LA CHAPELLE-MONTLIGEON
COMMUNAUTÉ DE LA NOUVELLE-ALLIANCE
PRIEURÉ DE LA MISÉRICORDE

♦ Il n'y a pas de téléphone, afin de préserver le silence de la communauté.
♦ Fax : 02.33.83.57.26

Cette communauté de contemplatives est une jeune fondation, reconnue en 1994 par Mgr Dubigeon, évêque de Sées. Établie à proximité du sanctuaire de Notre-Dame de Montligeon (cf. *p. 76*), elle « entend servir la Miséricorde divine dans la simplicité et la joie ». Les sœurs vivent, dans le rayonnement de sainte Gemma Galgani – une laïque mystique italienne (1878-1903) dont la vie exprima la simplicité évangélique et la joie de l'offrande –, selon un mode de vie monastique et suivent la Règle de saint Benoît. Elles proposent à leurs visiteurs un accueil spirituel et une intercession, notamment par l'accompagnement spirituel de personnes effectuant un chemin intérieur de guérison.

La liturgie et l'adoration de la communauté sont ouvertes à toute personne en quête de silence et d'intériorisation. Les sœurs dirigent également une petite école de prière pour enfants et adultes, et elles s'adonnent à des travaux de sculpture, de peinture d'icônes, de restauration, etc. Pour vivre un temps de retraite et de rencontre, il convient d'écrire à la communauté.

ACCUEIL

Les capacités d'hébergement (dans des conditions de grande austérité) étant très réduites, les hôtes peuvent loger à l'ermitage de la basilique, tout proche.

OFFICES

Tous les jours, sauf le vendredi, à la chapelle du prieuré :
• 17 h 50 : vêpres, suivies de l'heure d'adoration (18 h 15-19 h 15).

ACCÈS

L'accès est identique à celui indiqué pour l'ermitage de la basilique (cf. *p.* 77).

♦ **ORNE**

61270 La
Chapelle-Viel

LA CHAPELLE-VIEL
FRATERNITÉ DE LA BRAUDIÈRE

♦ Téléphone : 02.33.34.34.90

Non loin de l'abbaye de la Grande Trappe, la modeste fraternité de la Braudière réunit autour d'un prêtre quelques religieuses engagées dans un apostolat local d'écoute et de service. Elle vit dans le rayonnement de la mystique Marie-Yvonne-Aimée de Jésus (1901-1951), moniale augustine hospitalière de Malestroit (Bretagne), dont le père Labutte, qui dirige la communauté, est le fils spirituel. L'accent est mis sur la prière, l'accueil et la disponibilité, dans une spiritualité simple et chaleureuse d'abandon à la Providence.

La fraternité accueille des personnes en quête d'intériorisation, disposées à partager ses conditions de vie très sobres. L'isolement du site, au cœur du pays d'Ouche, favorise la réflexion ; la campagne se prête à des randonnées jusque vers la vallée de l'Iton, dont le cours mélancolique souligne la douceur du paysage.

ACCUEIL

Se renseigner par écrit auprès de la sœur hôtelière :
• quelques bungalows tout simples, disséminés dans une large prairie, constituent des ermitages rustiques très silencieux • possibilité d'accompagnement et d'échanges spirituels • parking.

OFFICES

Les horaires sont disponibles sur place.

ACCÈS

• N 26 (Argentan/L'Aigle), puis D 918 à L'Aigle, puis D 930 vers Mortagne-au-Perche.
• N 12 (Mortagne-au-Perche/Verneuil-sur-Avre), puis D 32 par Tourouvre et D 930.
• SNCF à L'Aigle (ligne Paris/Alençon), puis taxi (12 km).

♦ DRÔME

**B.P. 11
26330
Châteauneuf-
de-Galaure**

CHÂTEAUNEUF-DE-GALAURE
FOYER DE CHARITÉ

♦ Téléphone : 04.75.68.79.00
♦ Fax : 04.75.68.66.91

Inspirée par la mystique Marthe Robin (1902-81) et réalisée par son père spirituel, le chanoine Georges Finet, l'œuvre des *Foyers de Charité* débute en 1936 avec la prédication de retraites de cinq jours à des femmes, puis à des groupes mixtes. Cela se passe dans un village obscur de la Drôme, où déjà Marthe Robin est parvenue à fonder une école pour les fillettes de la campagne.

SPIRITUALITÉ

La construction du foyer proprement dit, à Châteauneuf-de-Galaure, est menée à terme en pleine guerre, en dépit d'obstacles de tout genre ; depuis plus d'un demi-siècle, les foyers de Charité se sont multipliés dans le monde entier, on en compte plus de soixante à l'heure actuelle. Marthe Robin définissait ainsi leur fonction : « Chaque foyer aura son caractère particulier pour travailler au salut, rechristianiser les foules. Il agira en collaboration avec le centre (foyer-centre) pour l'union de la famille et des paroisses, des peuples et de l'Église... Cette famille ne s'enfermera pas en d'étroites frontières, mais les débordera... Les hommes qui y viendront seuls, ou en groupes d'une nation ou d'une autre, devront être reçus de la même manière au foyer, car ils gardent dans un langage différent et sous d'autres costumes le même appel à l'unité... Que cette variété de richesse et de génie des différentes nations y serve au progrès commun de toute l'humanité, comme la variété des biens et des talents sert à la prospérité d'un pays, comme la variété des dons dans une famille sert à la vie du foyer... »

Ni couvent, ni monastère, ni simple lieu de rencontre, le foyer de Charité réunit une communauté de baptisés qui, mettant en commun tous leurs biens, sont unis par le seul amour du Christ : leur vocation est de « vivre à fond » leur baptême, de proclamer et de vivre le message de l'Évangile, et d'être par là les témoins de l'Amour; ils ont pour tâche plus particulière d'accueillir les retraitants.

Le foyer de Charité propose divers types de retraites à des groupes variés, de toutes conditions et de tous milieux : elles durent cinq jours pleins, et s'adressent à tous ceux qui éprouvent un besoin de paix, de recueillement, qui aspirent à découvrir le Dieu Vivant ou à approfondir leur amour du Christ dans une rencontre plus intense ; retraites de chrétienté, retraites fondamentales (enseignement et spiritualité), récollections pour les couples et les jeunes, etc. constituent un programme particulièrement riche, qui se déroule entièrement dans le silence, condition au renouvellement intérieur. Mais, à côté de ces retraites organisées, le foyer de Charité s'ouvre depuis peu à des séjours individuels, toujours dans un climat de profond silence et de recueillement. D'autres foyers de Charité proposent également ce type d'accueil (se renseigner à Châteauneuf-de-Galaure).

ACCUEIL

Écrire au père directeur :
• logement en chambres simples ou doubles avec lavabo, sanitaires à l'étage • accueil des personnes handicapées • séjour dans le plus grand silence, repas en silence • bibliothèque et salle de travail • possibilité d'accompagnement et d'échanges spirituels • librairie, carterie, magasin • parking.

On mettra à profit un séjour à Châteauneuf-de-Galaure pour admirer la puissance et la majesté des bâtiments (le foyer, l'église moderne inondée de lumière), parfaitement intégrés dans un site austère qui ne manque pas de charme ; pour parcourir les stations du chemin de croix dans la campagne voisine ; pour se rendre sur le plateau à 2 km, à la ferme des Moïlles, où Marthe Robin vécut durant cinquante ans sa condition de stigmatisée, nourrie uniquement par l'eucharistie (on peut se recueillir dans sa chambre, transformée en oratoire) ; pour pousser jusqu'au cimetière de la localité voisine de Saint-Bonnet de Galaure (2 km), où la tombe de Marthe attire de nombreux pèlerins confiants en son intercession (la cause de béatification de Marthe Robin est en cours).

OFFICES

Horaires variables, se renseigner sur place.

ACCÈS

• A 7 (Lyon/Marseille), sortie à Chanas, puis N 7 jusqu'à Saint-Vallier, et D 151.
• SNCF à Saint-Vallier (ligne Lyon/Avignon), puis car ou taxi (20 km).

♦ DRÔME

B.P. 1
26750 Châtillon-
Saint-Jean

**CHÂTILLON-SAINT-JEAN
MONASTÈRE NOTRE-DAME DE TRIORS**

♦ Téléphone : 04.75.71.43.39
♦ Fax : 04.75.45.38.14

Toute récente, la fondation de Notre-Dame de Triors renoue avec un long passé monastique : en 1984, quatorze moines bénédictins de Fontgombault répondent à l'invitation qui leur est faite de s'établir dans le château de Triors, construit au XVIIᵉ siècle par Charles de Lionne, abbé commendataire de Saint-Calais, non loin de Solesmes. Le site, ample plateau verdoyant adossé au Vercors, se prête à la vie de silence et de travail des moines, qui y perpétuent la tradition monastique de la région.

HISTOIRE

En effet, dès le IXᵉ siècle, Barnard, archevêque de Vienne, fonde aux confins de son diocèse un monastère bénédictin qui est à l'origine de la ville de Romans ; deux siècles plus tard, les reliques de saint Antoine-le-Grand, patriarche de tous les moines (+ 356), sont rapportées d'Orient par les Croisés, suscitant la construction d'un sanctuaire confié aux bénédictins de Montmajour. Aujourd'hui, à quelque 20 km au nord, on peut aller en pèlerinage au foyer de Charité de Châteauneuf-de-Galaure (cf. *p. 79*) et visiter, site plus original, le *Palais idéal* du facteur Cheval (1836-1924), à Hauterives.

SPIRITUALITÉ

Les bénédictins de Triors ont dédié leur fondation à Notre-Dame dans le mystère de son Immaculée Conception, cette pureté originelle qui vient au secours des langueurs spirituelles de notre temps : par Elle, ils témoignent de l'absolu de Dieu, dans une vie de prière et de travail qui chante la présence de Dieu et la paix intérieure. Le château, aux lignes rigoureuses, a été intégré à un ensemble de constructions sobres et élégantes propices à la vie monastique : église (1993) – où le bois de la voûte en caissons se marie au béton blanc sablé des murs et des colonnes –, cloître avec ses bâtiments adjacents, hôtellerie et porterie. Tout a été possible grâce à la générosité des fidèles. La liturgie monastique est à l'image de ces réalisations concrètes : simple et belle, d'aujourd'hui et de toujours, de jeunes voix redisent la louange traditionnelle, en latin et grégorien. Les moines accueillent pour des temps de retraite et de ressourcement ceux qui, respectant le silence du monastère, savent se contenter de l'austérité qu'on y trouve et souhaitent participer aux principaux offices liturgiques. À la porterie, ils proposent les produits de l'artisanat monastique : grès, laine Mohair, confiseries (miel, nougat, noix), ainsi que des livres religieux et des enregistrements de grégorien.

ACCUEIL

Écrire au père hôtelier :
• quelques chambres au confort simple • possibilité d'accompagnement et d'échanges spirituels • parking.

Il est demandé aux hôtes de « respecter le silence du monastère ; se contenter de l'austérité qu'on y trouve ; assister aux principaux offices ».

OFFICES

En grégorien :
• 10 h : messe chantée • 18 h : vêpres en grégorien (DF 17 h).

ACCÈS

• N 92 (Romans/ Moirans) et D 538 (Romans/Vienne), bifurcation en direction de Châtillon-Saint-Jean.
• SNCF à Romans (10 km, car en période scolaire).

CHAVAGNES-EN-PAILLERS
CENTRE SPIRITUEL

B.P. 8
85250
Chavagnes-
en-Paillers

♦ Téléphone : 02.51.42.36.38
♦ Fax : 02.51.42.32.78

Chavagnes-en-Paillers est située au cœur du bocage en pleine Vendée militaire, dans la paisible vallée de la Maine. La région, agréablement vallonnée, est riche de sites aux noms évocateurs. À une vingtaine de kilomètres à l'est, la localité des Herbiers garde le

souvenir de l'incendie qui la ravagea en 1794, après la chute du mont des Alouettes tout proche : les Bleus la réduisirent en cendres, seule subsista l'église gothique au clocher roman. Plus loin vers le nord, Beaurepaire et son château en ruine, où l'on a découvert les restes d'une villa romaine ; et la Gaubretière, d'où partit l'insurrection. Au-delà, vers Cholet, la masse imposante du château de Tiffauges (XIIIᵉ-XVᵉ s.) domine la Sèvre nantaise, encore hantée par le fantôme de Gilles de Rais, le Barbe-Bleue de la légende, tandis que plus loin en amont du fleuve, la basilique de Saint-Laurent-sur-Sèvre entretient la mémoire de saint Louis-Marie Grignion de Montfort, l'apôtre de la région à la fin du règne de Louis XIV. Si l'on pousse vers le sud, on peut voir encore le cloître de l'abbaye de la Grainetière (XIIᵉ-XIIIᵉ s.), et les ruines du château du Parc-Soubise, incendié par les Bleus.

HISTOIRE

Dans ce pays mis à feu et à sang par la Révolution, un prêtre de la région entreprend, avant même la fin de la tourmente, une œuvre de reconstruction matérielle et spirituelle : Louis-Marie Baudoin a dû s'exiler en Espagne en 1792, mais il rentre clandestinement cinq ans plus tard, alors que la persécution sévit encore ; mesurant l'ampleur des dégâts, il appelle à le seconder, dès qu'il est nommé curé de Chavagnes-en-Paillers (1801), une ancienne religieuse, mère Saint-Benoît ; celle-ci devient ainsi la supérieure d'une communauté dont le père Baudoin attend qu'elle prenne en charge des écoles de filles dans les campagnes, mais aussi la catéchèse, l'aide aux paroisses et le soin des malades. Telle est l'origine des filles du Verbe Incarné, devenues plus tard les ursulines de Jésus. Le père Baudoin fonde également une congrégation masculine, les fils de Marie, destinés à former des prêtres et à ouvrir des séminaires.

SPIRITUALITÉ   Aujourd'hui, le Centre spirituel est un espace de prière et de silence où la communauté des ursulines de Jésus, en lien avec les fils de Marie, accueille les personnes qui recherchent un climat de silence, un cadre de prière, le partage fraternel de la vie des sœurs ou un accompagnement spirituel. Si les formes du service ont changé, compte tenu de l'évolution du monde et de la société, le caractère à la fois contemplatif et très apostolique de la congrégation a été conservé fidèlement ; aussi, à côté de retraites et de sessions organisées, les sœurs offrent-elles la possibilité à ceux qui le souhaitent d'effectuer dans leur maison, nantie d'un parc agréable, un séjour de silence.

ACCUEIL   Écrire auparavant :
• 60 chambres individuelles, 30 chambres doubles avec lavabo, sanitaires à l'étage • pension complète • accueil des personnes handicapées • bibliothèque • possibilité d'accompagnement et d'échanges spirituels • parking.

OFFICES   Pour les horaires, se renseigner sur place.

ACCÈS   • A 83 (Nantes/Niort), sortie Les Essarts/L'Hébergement, puis N 160 vers Les Herbiers/ Cholet ; et aux Quatre-Chemins-de-l'Oie, N 137 vers Montaigu.
• SNCF à Montaigu ou l'Hébergement (ligne Nantes/La Roche-sur-Yon), et voiture de la communauté sur demande, ou taxi.

♦ **DOUBS**

25530 Chaux-
lès-Passavant

CHAUX-LÈS-PASSAVANT
ABBAYE CISTERCIENNE NOTRE-DAME
DE LA GRÂCE-DIEU

♦ Téléphone : 03.81.60.44.45
♦ Fax : 03.81.60.44.18

Au cœur de la Franche-Comté, en bordure des plateaux du Jura, le vallon de la Grâce-Dieu offre le calme et la fraîcheur d'une nature protégée. Dans les environs, la grotte de la Glacière est le but d'agréables randonnées pédestres ; la vallée de la Loue, à une trentaine de kilomètres au sud-ouest, trace à partir d'Ornans un circuit pittoresque ponctué de belvédères qui, du sanctuaire de Notre-Dame du Chêne et du château de Cléron (XIVᵉ-XVIᵉ s.), mène jusqu'à la Saline royale d'Arc-et-Senans, dont les admirables bâtiments (1775) donnent une idée de ce qu'eût été la cité industrielle idéale conçue par l'architecte Ledoux.

HISTOIRE

Depuis près de neuf siècles, la Grâce-Dieu a une vocation monastique évidente : fondée en 1139 par des moines cisterciens, l'abbaye a rempli sa mission priante et laborieuse sans interruption jusqu'à la Révolution. En 1791 les moines sont expulsés, le domaine est vendu, industrialisé. Mais en 1844, les fils de saint Bernard rachètent les bâtiments et, les ayant restaurés, y habitent de nouveau. Cependant, suite à des difficultés d'ordre économique, ils doivent quitter le vallon en 1909, et ils se fixent à Tamié, en Savoie. En 1927, une communauté de moniales vient tirer de son sommeil le vieux moûtier franc-comtois, communauté au riche passé : Port-Royal ; on n'en retient le plus souvent que l'épisode dramatique de la scission de 1665, dont Montherlant a fait le sujet d'une pièce de théâtre. Fondée en 1204 dans la vallée de Chevreuse, au sud de Paris, l'abbaye cistercienne de Port-Royal-des-Champs est d'emblée très fervente ; heurs et vicissitudes se succèdent au fil des siècles, jusqu'au moment où la pratique de la commende entraîne le déclin de l'observance ; la réforme entreprise dès 1609 par l'abbesse Angélique Arnauld y remédie ; la communauté s'établit à Paris, la réforme gagne d'autres maisons de l'Ordre. Mais en 1665, lors de l'affaire du jansénisme, la communauté se scinde : douze sœurs, se rendant aux exigences de leur archevêque, poursuivent la vie monastique à Port-Royal de Paris. En septembre 1792, la Révolution chasse les 49 moniales alors sur place ; elles mènent, par petits groupes restant unis entre eux, une vie clandestine dans la capitale. Après la tourmente, la vie communautaire reprend à Paris, puis à Besançon de 1841 à 1927, date du transfert à la Grâce-Dieu ; à l'aube de l'an 2000, le vallon verdoyant où coule l'Audeux reste donc fidèle à son antique vocation monastique cistercienne.

ACCUEIL

L'hôtellerie accueille toute l'année groupes et personnes individuelles, pour des journées ou des séjours de réflexion, de ressourcement spirituel, dans une ambiance préservée de silence. Le magasin (tous les jours de 9 h 30 à 12 h et de 14 h 30 à 17 h 30), propose spécialités de l'abbaye et produits de nombreux monastères. L'église, rénovée tout récemment – lignes sobres et luminosité de l'architecture cistercienne – est ouverte à ceux qui souhaitent partager la prière des moniales.
Écrire auparavant à la sœur hôtelière :
• 30 chambres à 1 ou 2 lits, avec lavabo, chauffage, sanitaires à l'étage • bibliothèque • possibilité d'accompagnement et d'échanges spirituels • parking.

OFFICES

Chantés en français :
• 8 h 30 : eucharistie (DF 10 h 50) • 18 h : vêpres (d'octobre à juin, DF 17 h 30).

ACCÈS

• À la jonction D 464 (Besançon/Maîche) et D 492 (Ornans/Baume-les-Dames).
• SNCF à Besançon (30 km).

♦ **OISE**

60138 Chiry-Ourscamps

CHIRY-OURSCAMPS
SERVITEURS DE JÉSUS ET DE MARIE
ABBAYE NOTRE-DAME DE L'ASSOMPTION

♦ Téléphone : 03.44.75.72.00 et 03.44.75.72.14 (hôtellerie)
♦ Fax : 03.44.75.72.04

En 1941, un petit groupe de religieux – les « serviteurs de Jésus et de Marie » – prend possession de l'abbaye d'Ourscamps, à la lisière de la forêt du même nom qui s'étend au sud de Noyon : la communauté, de fondation récente, vient rendre à sa vocation initiale ce lieu chargé d'histoire.

HISTOIRE

La légende rapporte qu'en 641 saint Éloi, évêque de Noyon, pose la première pierre d'un oratoire sur le site actuel de l'abbaye ; or,

tandis que s'effectue le convoyage des matériaux de construction, un ours survient, qui tue le bœuf attelé au chariot ; saint Éloi le domestique et, l'ayant attelé à la place du bœuf, il le maintient sous le joug jusqu'à l'édification du sanctuaire. Le monastère ne s'élève qu'à partir de 1129. Douze moines cisterciens de l'abbaye de Clairvaux s'y installent et développent le domaine : une première abbatiale, longue de 102 m, large de 24 m et haute de 16 m, est édifiée entre 1154 et 1201 ; elle est contemporaine de la cathédrale de Noyon. Puis un hôpital est construit en 1220, qui sert de lazaret et de salle des morts : c'est l'actuelle chapelle. La communauté ne cesse de s'accroître, on estime à sept cents le nombre de moines qu'elle compte à son apogée. Mais sous la Jacquerie de 1358, l'abbaye est pillée et incendiée par des aventuriers navarrais ; elle ne s'en relèvera jamais tout à fait. La vie régulière se poursuit cependant, deux bâtiments sont construits en 1677 et 1748 pour constituer le logis abbatial. En 1792, les dix-huit moines encore présents sur les lieux préfèrent quitter le domaine plutôt que de se plier aux lois révolutionnaires. Le domaine est vendu, le nouveau propriétaire fait abattre les deux abbatiales, « en conservant certaines parties en ruine par goût du pittoresque » : la mode est en effet aux *paysages antiques*, les bâtiments sont aménagés en demeure de plaisance. Plus tard, ils sont convertis en manufacture, et des « maisons neuves » servent au logement du personnel. Enfin, durant la Première Guerre mondiale, le site, dans lequel se sont retranchés les Allemands, est pilonné par l'artillerie française.

SPIRITUALITÉ

Quelques années plus tard, en dépit de l'occupation allemande, les serviteurs de Jésus et de Marie s'installent donc dans les lieux pour y ressusciter la vie religieuse. La congrégation a été fondée en 1927 par le père Lamy, qui avait été curé de La Courneuve de 1900 à 1923 et que, le comparant au curé d'Ars à cause de son inlassable charité, de sa profonde humilité et de sa vive dévotion mariale, on appelait « le saint curé ». Sa mort, en 1931, n'a pas empêché la fondation de la communauté dix ans plus tard. Les frères, héritiers de l'esprit de leur fondateur, mènent une vie consacrée à la prière et à l'apostolat, spécialement auprès des jeunes. La communauté accueille toute personne qui désire rencontrer Dieu dans le silence et la prière, et chacun est invité à prendre part à la prière des frères : la messe, l'office liturgique et le chapelet. Le site, d'une calme beauté, se prête à de longues promenades solitaires.

ACCUEIL

Écrire à l'hôtellerie :
• 20 chambres à deux lits, et des dortoirs pour les groupes de jeunes • possibilité d'accompagnement et d'échanges spirituels • possibilité de partager le travail des frères.

OFFICES

Ouverts à tous :
• 7 h : laudes (DF 7 h 45) • 10 h : messe DF • 12 h 15 : sexte • 16 h : vêpres DF • 18 h 15 : vêpres, suivies de la messe, en semaine.

ACCÈS

• A 1 (Paris/Lille), sortie à Chevrières ou Arsy, puis N 31 jusqu'à Compiègne, et N 32 (direction Noyon) jusqu'à Ribécourt ; 3 km après Ribécourt, sur la D 64 (direction Noyon), prendre la D 48.
• SNCF à Ourscamps ou Noyon (ligne Paris Gare du Nord/Saint-Quentin/Maubeuge).

♦ **PYRÉNÉES-ORIENTALES**

CODALET
ABBAYE SAINT-MICHEL DE CUXA

Route
de Taurinyà
66500 Codalet

♦ Téléphone : 04.68.96.02.40

Confisquée à la Révolution et devenue bien national, l'abbaye a pu être acquise en 1919 par les moines cisterciens de Fontfroide qui rentraient d'exil ; ils y sont restés jusqu'en 1965, puis c'est une communauté de bénédictins venus de l'abbaye de Montserrat, en Espagne, qui a pris la relève, poursuivant la vie monastique dans ce lieu chargé d'histoire.

HISTOIRE

Des bénédictins s'établissent en 878 dans ce site majestueux que domine de ses 2784 m le pic du Canigou, et y entreprennent la construction d'un monastère dédié à saint Michel ; l'église aux amples proportions, caractéristique de l'architecture wisigothique préromane d'inspiration byzantine, est consacrée en 974 ; le maître-autel est une pierre taillée d'époque romaine. Quelques années plus tard, Pierre Orseolo, doge de Venise, se fait moine à Saint-Michel de Cuxa, où il meurt en 988 en tel renom de sainteté que le concile d'Elne le canonise peu après. Sous l'abbatiat d'Oliba (1008-1024), on aménage une crypte circulaire destinée à accueillir des reliques de la crèche de Bethléem, dont le pilier central abrite la statue de Notre-Dame *du Pessebre* (la crèche, en occitan). Puis on bâtit l'atrium et la chapelle de la Trinité, ainsi que deux tours carrées aux extrémités du transept (un seul de ces clochers romans subsiste). En 1023, l'abbé Oliba préside la session du concile de Toulouse où est décrétée la « Paix et Trêve de Dieu ». Son successeur, Grégoire, fait édifier le cloître de marbre rose de Conflent, aux chapiteaux sculptés de motifs végétaux et de figures mythiques : il en reste deux galeries, les éléments des deux autres ayant été pour la plupart emportés aux États-Unis ; il orne également l'église abbatiale d'une tribune taillée dans la même pierre. Après lui, l'abbaye connaît un lent déclin, que précipite l'annexion du Roussillon par la France à la suite du traité des Pyrénées (1659) : le régime de la commende est établi et, à la veille de la Révolution, le monastère est presque dépeuplé.

SPIRITUALITÉ

Aujourd'hui, les moines venus de Montserrat ont rendu le site à sa vocation première. Ils en ont fait un haut-lieu de spiritualité où, dans la régularité de leur vie contemplative, ils s'efforcent de trouver Dieu dans la prière et la *lectio divina*, les études, les travaux manuels ; la célébration de l'office divin rythme leurs journées silencieuses. Mais ils ont voulu également que Saint-Michel de Cuxa soit un lieu de paix et d'accueil, de rencontre et de dialogue : attentifs aux besoins du monde actuel, fidèles à la tradition de l'hospitalité bénédictine, ils organisent des retraites prêchées, reçoivent des groupes pour des séminaires et des stages (sauf en été), et accueillent les hôtes qui veulent s'immerger durant quelque temps dans une atmosphère de silence, et partager la vie et la prière de la communauté.

ACCUEIL

Écrire au père hôtelier :
• 13 chambres doubles avec lavabo, sanitaires à l'étage • possibilité d'accompagnement et d'échanges spirituels • vente sur place des produits de l'artisanat monastique : confitures, fromages de brebis, vins du domaine, céramiques • possibilité de visiter les bâtiments monastiques (voir horaires sur place).

OFFICES

En français avec pièces de grégorien :
• 7 h : laudes • 12 h : messe (DF 13 h) • 19 h : vêpres.

ACCÈS

• N 116 (Perpignan/Puigcerda), puis à Prades D 27 vers Taurinyà.
• SNCF à Prades (ligne Perpignan/Font-Romeu), puis taxi (3 km).

♦ **AVEYRON**

CONQUES
ABBAYE SAINTE-FOY

12320 Conques

COMMUNAUTÉ DES CHANOINES RÉGULIERS
DE L'ORDRE DES PRÉMONTRÉS

♦ Téléphone : 05.65.69.85.12
♦ Fax : 05.65.72.81.01

Dominant les gorges de l'Ouche, le village médiéval de Conques étage ses vieilles maisons à colombages sous la protection de la grandiose abbatiale qui marquait – et marque toujours – une importante étape sur le chemin de Saint-Jacques de Compostelle. La localité doit son origine à un ermite, Dadon, qui édifie au VIIIe siècle un oratoire dans cette vallée étroite en forme de coquille (d'où son nom) ombragée de châtaigniers. Ses disciples constitués en une communauté bénédictine élèvent une abbaye dont l'église, initialement dédiée à saint Sauveur, accueille en 866 les reliques de sainte Foy, jeune vierge martyrisée à Agen en 303. C'est la prospérité pour l'abbaye : par ses miracles, sainte Foy attire d'innombrables pèlerins, la foule « des chercheurs de Dieu et des passeurs de frontières ». Aujourd'hui encore, ce haut-lieu est très visité, il a accueilli en 1992 plus de 400 000 visiteurs.

SITE

L'abbaye est une œuvre majeure de l'art roman, qui parvient ici à son apogée : héritière de Saint-Martin de Tours et des premières réalisations du roman auvergnat, elle a inspiré la construction de monuments aussi prestigieux que la basilique Saint-Sernin, à Toulouse, et l'abbaye Saint-Martial de Limoges, dont il ne reste que

la crypte. Le tympan de l'église abbatiale, pièce unique d'une rare originalité, propose une lecture tout à fait intéressante d'un thème classique, le Jugement dernier ; à l'intérieur, les statues de l'Annonciation et les chapiteaux sont caressés par la lumière subtile que diffusent les sobres vitraux contemporains de Gérard Soulages. Le cloître s'adosse à l'ancien réfectoire des moines, qui abrite un musée lapidaire, et on peut admirer le trésor, ensemble de reliques et de reliquaires de sainte Foy, préservé dans son ensemble depuis plus de douze siècles. On peut voir encore, à l'écart dans les bois, la chapelle Sainte-Foy, récemment restaurée, et la chapelle Saint-Roch qui, d'un monticule, domine la localité et la vallée voisine du Dourdou.

SPIRITUALITÉ

Depuis 1887, une communauté des chanoines réguliers de l'ordre de Prémontré (fondé au XIIe siècle par saint Norbert) est présente à Conques : dans leur centre d'accueil situé près de l'abbatiale, les frères Prémontrés reçoivent les personnes en quête d'une halte de recueillement ; la prière et la vie fraternelle sont leur premier apostolat, qui leur donne les moyens de leur mission : faire de Conques un lieu vivant de rencontre avec Dieu où tout homme-pèlerin soit accueilli comme le Christ (cf. Matthieu, 10, 40-42). La prière chorale de l'office divin rythme la journée, et un frère prêtre peut accompagner les retraitants, s'ils le souhaitent.

ACCUEIL

Écrire au frère hôtelier :
• 12 chambres doubles avec lavabo, sanitaires à l'étage • 2 dortoirs pour les jeunes et les pèlerins • restauration sur place, en pension ou demi-pension • possibilité d'accompagnement et d'échanges spirituels • parking • librairie religieuse « Saint Norbert ».

OFFICES

En français :
• 7 h 45 : laudes • 8 h 15 : messe (DF 11 h, 11 h 30 en juillet-août)
• 8 h 45 : bénédiction des pèlerins (8 h 15 en juillet-août) • 12 h :
sexte (sauf le lundi) • 18 h 30 : vêpres • 20 h 30 : vigiles (20 h le
vendredi, 21 h en juillet-août) • d'octobre à mars, il n'y a pas d'office le lundi, hormis la messe à 8 h 15.

ACCÈS

• D 920 (Aurillac/Espalion), puis D 601 à partir de Granouillère, et
  D 901.
• D 663 (Maurs/Decazeville), puis D 42 à partir de Flagnac, et
  D 901.
• Car Rodez/Conques A.R. (Téléphone : 05.65.72.85.00).
• SNCF à Saint-Christophe (ligne Figeac/Rodez), puis taxi (25 km).

♦ **EURE**

27120 Croisy-
sur-Eure

CROISY-SUR-EURE
MONASTÈRE SAINT-PAUL DE LA CROIX

♦ Téléphone : 02.32.36.16.63

Situé à la périphérie d'un village riant, ce monastère est un ancien
cottage normand, des bâtiments à colombages entourés de plates-
bandes fleuries précèdent la chapelle. La campagne proche, avec
ses chemins creux le long de champs étalés mollement à flanc de
colline, et ses bosquets de feuillus, offre la possibilité d'agréables
balades à pied, jusqu'aux pittoresques églises des localités voisines
(celle de Pacy-sur-Eure abrite quelques œuvres d'art moderne) ; çà
et là, au-delà de hautes grilles de fer forgé, la façade de briques
roses d'un manoir éclaire d'une tache vive le paysage.

Les moniales passionistes y sont établies depuis 1976. Contemplatives, elles perpétuent dans le silence et le travail l'esprit de leur
fondateur, saint Paul de la Croix (1694-1775) : la commémoration
de la Passion du Christ Sauveur qui débouche sur la lumière du
mystère Pascal. Elles privilégient également l'accueil et l'écoute de
ceux qui frappent à leur porte.

ACCUEIL

Écrire auparavant :
Les moniales proposent un accueil individuel, pour des retraites
en silence et solitude. Elles mettent à la disposition de leurs hôtes
des chambres simples mais confortables ; les repas se prennent
dans la petite salle à manger des hôtes.

Un accompagnement spirituel est possible. Pour les conditions, se
renseigner par téléphone au monastère.
• quelques chambres individuelles avec lavabo, sanitaires à l'étage
• possibilité de prendre ses repas en solitude • parking.

OFFICES

Chantés en français :
- 7 h 45 : office du matin (DF 8 h 30) • 11 h 15 : eucharistie (DF 10 h 30) • 18 h 30 : office du soir.

ACCÈS

- A 13 (autoroute de Normandie Paris/Caen), sortie à Chaufour, puis N 13 jusqu'à Pacy-sur-Eure et D 71 jusqu'à Croisy.
- SNCF à Vernon (ligne Paris Saint-Lazare/Rouen) puis taxi ou voiture de la communauté.

♦ **ISÈRE**

Currière-en-
Chartreuse
38380
Saint-Laurent-
du-Pont

CURRIÈRE-EN-CHARTREUSE
MONASTÈRE DE L'ASSOMPTION NOTRE-DAME
MOINES DE BETHLÉEM ET DE L'ASSOMPTION DE LA VIERGE

♦ Téléphone : 04.76.55.14.97

Currière-en-Chartreuse est le berceau des moines de Bethléem et de l'Assomption de la Vierge, qui y ont été fondés en 1976. On est là dans la solitude du massif de la Chartreuse, où saint Bruno jette en 1085 les bases du monastère qui deviendra la Grande Chartreuse, maison mère de son Ordre. Des cols pittoresques traversent cette rude région de montagnes et de forêts, au détour de routes qui serpentent en corniches au-dessus de gorges profondes et de vallées étroites on jouit çà et là d'une belle vue sur des sites grandioses : les sommets de Chamechaude qui culminent à plus de 2 000 m, la station de Saint-Pierre-de-Chartreuse dans son cadre de prairies et de bosquets de sapins, le belvédère des Sangles d'où la vue s'étend sur les gorges du Guiers Mort et le « Désert », domaine de la Grande Chartreuse : l'accès du couvent étant interdit, les touristes et les visiteurs sont accueillis à la Correrie, une dépendance où ils peuvent découvrir l'histoire et la vie des chartreux. La région est un enchantement pour les amateurs de randonnées et de promenades en forêt, et pour les skieurs de fond.

Les moines de Bethléem et de l'Assomption de la Vierge ont édifié leur monastère près de l'ancienne chartreuse de Currière, dont les bâtiments sont occupés depuis 1974 par la communauté des moniales de Notre-Dame du Buisson ardent.

SPIRITUALITÉ	Voir Boquen *p. 43.*

ÉCOUTE DE DIEU ET DES HOMMES

À l'écoute de la tradition d'hospitalité biblique, le monastère comporte deux espaces distincts :

– Dans la *Maison haute*, loin de tout regard, les moines demeurent cachés avec le Christ en Dieu, vaquant dans la solitude à leur vie de prière et de travail silencieux.

– À quelque distance, en dehors de la clôture, la *Maison basse* offre un accueil évangélique et silencieux à ceux qui frappent à la porte. Des ermitages de solitude y sont prévus pour ceux qui souhaitent partager, pendant quelques jours, la vie de silence et de solitude des moines. L'artisanat, vendu à la porterie du monastère, permet aux moines de gagner leur pain. Par l'art sacré, ils essaient de transmettre à leurs frères un reflet de la beauté de Dieu.

ACCUEIL

Écrire au moins un mois à l'avance :

• logement en silence et solitude dans un ermitage • repas en solitude dans l'ermitage • possibilité d'accompagnement et d'échanges spirituels • possibilité d'effectuer un travail manuel • vente d'icônes, céramiques, statues en bois, produits naturels de l'Étoile.

OFFICES

En français, dans la chapelle du monastère, accessibles uniquement aux retraitants : matines et eucharistie le matin, vêpres le soir, sauf le lundi, jour de désert.

ACCÈS

• D 512 (Grenoble/Saint-Pierre-de-Chartreuse), puis D 520 vers Saint-Laurent-du-Pont et route forestière du Col de la Charmette
• D 520 (Voiron/Les Échelles) jusqu'à Saint-Laurent-du-Pont, puis D 520 à la sortie de la localité et route forestière du Col de la Charmette.
• SNCF à Grenoble, Chambéry ou Voiron, puis car jusqu'à Saint-Laurent-du Pont et taxi (5 km).

d e f g

♦ **ALLIER**

03290
Dompierre-
sur-Besbre

DOMPIERRE-SUR-BESBRE
ABBAYE NOTRE-DAME DE SEPT-FONS

♦ Téléphone : 04.70.48.14.90

L'abbaye est sise dans la sinueuse vallée de la Besbre, à laquelle ses paysages ont valu le nom de Sologne bourbonnaise ; de nombreux châteaux se mirent dans les eaux calmes de la rivière ou, un peu à l'écart, se nichent dans des jardins verdoyants : ainsi, dans un rayon d'une trentaine de kilomètres, le donjon du Vieux-Chambord (XIIIᵉ s.), l'élégante architecture du château de la Cour (XV-XVIᵉ s.), aux croisillons de briques rouges et noires, typiquement bourbonnais, la gracieuse façade du château de Beauvoir (XVᵉ-XVIIᵉ s.), la petite forteresse de granit rose de Thoury (XVᵉ s.), pour ne citer qu'eux. Les parcs animaliers des Gouttes et du Pal soulignent, s'il en était besoin, combien la nature est préservée dans cette région.

HISTOIRE

Comme toute abbaye cistercienne, celle de Sept-Fons est consacrée à la Vierge Marie; quant aux Fons, ce sont des sources, car les moines recherchaient des lieux où ils pouvaient aménager des viviers, implanter des moulins. Saint Bernard lui-même aurait voulu cette fondation, en confiant le soin à des proches, Richard et Guillaume de Montbard : Notre-Dame de Saint-Lieu à Sept-Fons est fondée en 1132 par des moines de l'abbaye de Fontenay (1118), en Bourgogne, issue elle-même de Clairvaux (1115), fille de Cîteaux, la maison mère ; les origines en remontent donc au tout premier mouvement d'expansion de l'Ordre cistercien. Pendant longtemps, la vie monastique y est régulière, sans histoire : la communauté, établie dans un lieu paisible et des bâtiments modestes, vaque humblement à la prière et au travail. Puis, comme partout ailleurs, la ferveur diminue, les vocations se font rares, peut-être y eut-il un ou deux abbés commendataires; ce qui est certain, c'est que l'abbaye est sous un régime particulier, le roi nomme un Abbé «régulier», lequel doit faire un véritable noviciat suivi de la profession monastique; c'est grâce à l'un d'entre eux, Eustache de Beaufort, un jeune homme de 20 ans nommé par Louis XIV (1661), que l'observance régulière est rétablie : s'étant réformé lui-même, il ramène le monastère à sa vocation initiale, y entreprenant une réforme parallèle à celle que l'abbé de Rancé a introduite à l'abbaye de la Trappe; dès lors, jusqu'à la Révolution, Sept-Fons connaît une de ses plus belles périodes. Au XVIIIe siècle, les bâtiments sont restaurés, avec l'ordonnance paisible et les toits mansardés si harmonieux qu'on leur voit aujourd'hui.

En 1791, la communauté est expulsée, l'abbaye vendue comme bien national ; durant la Terreur, plusieurs moines confessent leur foi sur les pontons de Rochefort (deux d'entre eux sont parmi les soixante-quatre martyrs des Pontons béatifiés le 1er octobre 1995), d'autres s'exilent, certains meurent de misère. Au terme d'un long exode qui les a menés de refuges précaires en haltes provisoires à travers la Suisse, l'Allemagne et le nord de la France, les moines rachètent l'abbaye et y restaurent en 1845 la vie monastique : elle n'a pas cessé depuis. C'est de Sept-Fons que part en 1892 le mouvement de réunion en un seul ordre de la plupart des Cisterciens ralliés à la réforme de la Trappe : c'est l'origine de l'actuel Ordre cistercien de la stricte observance (trappistes), qui compte actuellement plus de cent cinquante monastères de moines et de moniales dans le monde.

SPIRITUALITÉ   Abbé de Sept-Fons de 1899 à 1935, Dom Jean-Baptiste Chautard a marqué de sa forte personnalité l'Église de France au début du siècle ; par son livre « L'Âme de tout Apostolat » , il a exercé une influence durable sur des générations de moines, de prêtres et de laïcs. La vitalité spirituelle de l'abbaye est illustrée par le père Jérôme (1907-1985) dont les écrits, publiés après sa mort, sont un témoignage sur la vie monastique telle qu'elle se vit aujourd'hui ; à son école a été formé le jeune frère Théophane, mort à 28 ans en 1989, au terme d'une brève course de géant. L'abbaye de Sept-Fons conserve également le souvenir d'un postulant qui ne put y réaliser sa vocation, parce qu'il était appelé à une étrange vie d'errance, de prière et de misère : saint Benoît-Joseph Labre, mort à Rome en 1783 à l'âge de 34 ans.

Sous la conduite de l'abbé, les moines cisterciens mènent dans le silence une vie communautaire rythmée par la prière liturgique et personnelle, la *lectio divina* et l'étude, le travail manuel et intellectuel ; la journée, ordonnée à « ne rien préférer à l'amour du

Christ » (saint Benoît), culmine dans la célébration de l'eucharistie. L'économie du monastère s'appuie sur l'agriculture et le moulin qu'a fondé Dom Chautard ; on y fabrique produits diététiques, compléments alimentaires et petits déjeuners à base de Germalyne, farine tonique au germe de blé élaborée en 1932, ainsi qu'une gamme étendue de confitures ; ces produits sont vendus sur place ou par correspondance.

Dans la paix et la beauté de l'abbaye (on ne la visite pas, mais un montage audiovisuel donne une bonne présentation des lieux et de la vie des trappistes), les moines accueillent dans un climat de silence toute personne en quête de paix, de ressourcement, ou en recherche intérieure ; l'hôtellerie dispose de chambres agréables, et l'église est accessible à tous pour les offices religieux.

ACCUEIL

Écrire au père hôtelier :
• 27 chambres individuelles pour hommes, 10 pour femmes et couples, avec lavabo • repas en silence • possibilité d'accompagnement et d'échanges spirituels • parking • vente de produits diététiques à base de Germalyne, et de confitures (porterie) • montage audiovisuel donnant une présentation de la vie des trappistes.

OFFICES

Se renseigner sur place pour le détail des horaires :
• 6 h 45 messe (DF 10 h 30).

ACCÈS

• À 31 km à l'est de Moulins, par la D 12 ou la 488.
• À 35 km au nord-ouest de Paray-le-Monial, par la N 79 (bifurquer à Diou).
• SNCF à Dompierre-Sept-Fons, puis taxi (4 km).

♦ VOSGES

88630
Domrémy-
la-Pucelle

DOMRÉMY
CARMEL DU BOIS-CHENU

♦ Téléphone : 03.29.06.93.56

En 1901, le carmel de Fourvière fonde un couvent dans ce village, le plus célèbre de la Lorraine : Jeanne d'Arc en partit en 1429, pour aller « bouter l'Anglais hors de France » . La modeste localité entretient le souvenir de notre sainte nationale ; de la basilique (1891-

1926), édifiée à l'orée du Bois Chenu où la bergère entendit ses voix célestes, on a une vue superbe sur la vallée de la Meuse, qui déploie son cours paresseux dans une large vallée, au pied de coteaux boisés. On peut voir encore la maison natale de Jeanne, très restaurée, qui évoque néanmoins les conditions de vie d'une famille de paysans aisés au XVᵉ siècle ; et, dans la petite église paroissiale, la cuve baptismale du XIIᵉ siècle. À l'écart des foules de pèlerins, les carmélites mènent dans le silence leur vie de contemplation, toute consacrée à la louange de Dieu par l'oraison, la célébration de la liturgie et le travail. Elles peuvent recevoir quelques personnes qui désirent effectuer une halte spirituelle, dans un climat de recueillement et de solitude.

ACCUEIL

Très limité ; écrire à la mère prieure :
• quelques chambres individuelles, simples et confortables • possibilité d'accompagnement et d'échanges spirituels • vente sur place des produits du monastère : caramels, linge de maison (également vendus dans les boutiques de l'artisanat monastique).

OFFICES

En français :
• 7 h 30 : messe • 8 h : laudes • 12 h 15 : sexte • 17 h : vêpres
• 20 h 30 : office des lectures, suivi de complies.

ACCÈS

• D 164, puis 964 (Neufchâteau/Verdun); A 31 (Metz/Dijon), sortie à Châtenois, puis D 166 jusqu'à Neufchâteau, et D 164 jusqu'à Domrémy.
• SNCF à Neufchâteau (à partir de Chaumont ou de Toul).

♦ **HAUTE-VIENNE**

10, rue
Saint-Michel
87210
Le Dorat

**LE DORAT
CARMEL NAZARETH**

♦ Téléphone : 05.55.60.73.65

On aperçoit de loin, dans le paysage vallonné de la Basse-Marche, la petite cité médiévale du Dorat : comme plusieurs villes de la région, elle est sise sur une colline que ceinturaient autrefois des remparts – il en reste des vestiges, notamment la porte Bergère, avec ses mâchicoulis (XVᵉ s.) –, et, au-dessus des toits, le clocher octogonal de l'église romane se profile dans le ciel ; haut de 60 m, il domine une nef élancée et un chœur inondé de lumière. Les coteaux qui s'abaissent en moutonnant vers la Gartempe abritent d'autres localités charmantes, d'où souvent la vue s'étend, pittoresque sur le cours de la rivière : à Châteauponsac subsistent, parmi les maisons anciennes, l'église des XII-XIVᵉ s. dont le chœur est clos par d'élégantes arcades, et un prieuré et une tour du XVᵉ siècle ; à Rançon, qui se resserre autour de son église romane for-

tifiée, on peut voir une curieuse lanterne des morts (XIIe s.), à Bellac, ville natale de Jean Giraudoux, un petit château du XVIe siècle abrite aujourd'hui l'hôtel de ville, et de la terrasse de l'église à deux nefs (romane et gothique), on jouit d'une belle vue sur la vieille ville et sur la vallée du Vincou.

Le couvent des carmélites a été fondé en 1856 ; située en ville, la maison est calme et bénéficie d'un environnement paisible qui permet aux moniales d'y mener leur vie silencieuse d'oraison et de travail, témoignant ainsi au cœur de la cité de l'importance de la contemplation. Dans la limite de leurs possibilités, elles reçoivent, hors clôture, toute personne en quête d'un temps de réflexion et de ressourcement dans le silence ; les hôtes sont invités à se pénétrer de l'atmosphère de recueillement des lieux et à participer à la prière des moniales.

ACCUEIL

Écrire à la mère prieure :
• 3 chambres individuelles, 2 chambres doubles, avec lavabo, sanitaires à l'étage • possibilité d'accompagnement et d'échanges spirituels • vente à la porterie des travaux des moniales : layettes, lingerie, vêtements liturgiques.

OFFICES

En français :
•7 h 45 : laudes • 8 h 30 : messe • 14 h : heure médiane • 17 h : oraison, suivie de l'office du soir (18 h) • 19 h 45 : complies.

ACCÈS

• D 675 (Châtillon-sur-Indre/Bellac); D 54 (Montmorillon/Le Dorat), ou D 942 par la N 147 (Poitiers/Limoges), embranchement à Bussière-Poitevine.
• SNCF au Dorat (ligne Limoges/Poitiers), puis taxi ou voiture de la communauté (800 m).

♦ ESSONNE

Les-Granges-
le-Roi
91410 Dourdan

DOURDAN
NOTRE-DAME DE L'OUŸE
MAISON D'ACCUEIL

♦ Téléphone : 01.60.81.96.01
♦ Fax : 01.64.59.70.51

Au cœur du Hurepoix, la ville de Dourdan – ancienne capitale de cette région agricole qui s'étend au sud de Paris – regroupe sur la place du Marché-aux-Grains les monuments qui attestent sa prospérité passée : une église des XII-XIII⁰ s., dont les flèches ont été ajoutées au XVII⁰ siècle, le donjon de Philippe-Auguste, le grenier à sel et les halles, et quelques beaux hôtels des XVII-XVIII⁰ s. Tout autour de la localité s'étend un terroir paisible, où de petites rivières coulent parmi champs et jardins dans des vallées riantes, avant de se perdre sous les frondaisons de la forêt de Dourdan. À quelque distance de la ville, dans ce paysage serein, on peut voir le château de Saint-Mesme (XVII⁰ s.) et les vestiges de l'abbaye de l'Ouÿe.

HISTOIRE

En 1163, dit la tradition, le roi Louis VII le Jeune donne les terres de l'Ouÿe aux moines de Grandmont, fondés par saint Étienne de Muret : une communauté de sept religieux – couramment appelés les Bonshommes – qui édifient des bâtiments conventuels et défrichent les lieux. Bientôt, le prieuré de l'Ouÿe acquiert un grand rayonnement, d'autant plus que Louis le Jeune et son épouse Adèle de Champagne attribuent à la prière des grandmontains la naissance de leur fils, le futur Philippe-Auguste. Celui-ci ne s'en montre guère reconnaissant puisque, le site lui plaisant, il en confisque une partie, que saint Louis restituera aux moines. Plus tard, les bâtiments ont à souffrir de la guerre de Cent Ans, puis la décadence spirituelle s'instaure, avec le régime des abbés commendataires. Les moines n'en effectuent pas moins divers travaux de construction, soit pour restaurer soit pour agrandir les bâtiments. Au XVIII⁰ siècle, l'Ordre de Grandmont est supprimé et, en 1763, le monastère de l'Ouÿe accueille les bénédictines de Saint-Rémy-des-Landes (Clairefontaine); elles n'y restent pas longtemps, la Révolution disperse la communauté, dont l'abbesse est guillotinée en 1792. Le domaine, morcelé, est vendu à divers propriétaires. En 1908, monsieur Parmentier achète l'Ouÿe et restaure la chapelle, déjà très remaniée, qui garde toutefois son intégralité extérieure ; il souhaite que les lieux redeviennent une maison religieuse. En 1945, les ursulines acquièrent le prieuré : de 1950 à 1992, l'Ouÿe accueille durant l'été des ursulines, et des groupes de jeunes pour des retraites.

SPIRITUALITÉ

Le 8 septembre 1992, une communauté d'ursulines s'y installe

101

définitivement et ouvre une maison d'accueil pour toute personne ou tout groupe qui désire prier, réfléchir, prendre un temps de recul et de recueillement. Notre-Dame de l'Ouÿe retrouve ainsi sa vocation première : être une maison de prière. L'Union romaine des ursulines, dont une communauté est établie à l'Ouÿe, est une branche de la famille spirituelle fondée en 1535 par sainte Angèle Merici, en Italie. Longtemps vouées à l'enseignement et à l'éducation des filles, ces religieuses ont approfondi le charisme de leur fondatrice pour trouver à leur apostolat le plus large champ d'apostolat. L'intuition originale de sainte Angèle est vécue aujourd'hui par des religieuses, mais aussi des prêtres et des laïcs ; elle s'exprime par le sens de la personne, dans le respect de sa liberté et du projet de Dieu sur elle ; un amour qui aide à la croissance de tout l'être, en éveillant au sens de Dieu et en proposant explicitement un chemin de foi dans la rencontre du Christ vivant ; la paix et l'unité, réalisées à travers les rencontres et l'écoute. Fidèles à l'Église et ouvertes aux besoins du monde actuel, les ursulines puisent leur dynamisme dans la docilité à l'Esprit saint, annonçant ainsi Jésus-Christ par la parole et le témoignage de leur vie.

SITE

Dans le cadre de verdure de Notre-Dame de l'Ouÿe, en plein cœur de la forêt, les ursulines offrent leur accueil dans un climat de calme et de silence. Si des groupes viennent se ressourcer auprès d'elles, à l'occasion de retraites, de sessions et de récollections, chacun individuellement trouvera dans le site les conditions propices à la prière, à la contemplation, à la réflexion. La beauté des lieux, où subsistent encore plusieurs bâtiments anciens entourés par un parc – la chapelle romane, le bâtiment est qui abrite l'ancienne salle capitulaire et la salle des convers (XIIIe s.), et qui borde un cloître – très modifié au XVIIe siècle –, les bâtiments de ferme dont se détache un colombier en brique du XVIIIe siècle.

ACCUEIL

Écrire auparavant :
• 52 lits répartis en chambres individuelles ou doubles, sanitaires à l'étage • possibilité d'accompagnement et d'échanges spirituels • parking • calme et silence sont demandés aux hôtes.

OFFICES

Détail des horaires sur place.

ACCÈS

- A 10/A 11, sortie Dourdan en venant du nord, sortie Allainville en venant du sud, puis direction Étampes, et direction Dourdan ; à Dourdan, direction Croix-Saint-Jacques et, sur l'avenue d'Orléans, petite route de l'Ouÿe, côté forêt (3 km).
- SNCF à Dourdan par le RER/C4, puis taxi (4 km).

♦ DORDOGNE

24410
Échourgnac

ÉCHOURGNAC
ABBAYE NOTRE-DAME DE BONNE-ESPÉRANCE

- ♦ Téléphone : 05.53.80.36.43
- ♦ Fax : 05.53.80.08.36

L'abbaye, isolée dans un site splendide, a été fondée au siècle dernier par les trappistes de Notre-Dame de Port-du-Salut, qui ont dû l'abandonner en 1910. Elle est située à proximité de la localité d'Échourgnac, capitale de la Double, une région forestière parmi les plus belles du Périgord : pays considéré longtemps comme maléfique et ensorcelé, à cause des loups, du paludisme, de l'humidité montant de multiples étangs et cours d'eau, et s'effilochant en brumes épaisses sous la ramure des chênes et des pins ; c'est aujourd'hui une contrée attachante à laquelle amendements et travaux d'assainissement ont donné un petit air de Sologne ; les grandes étendues silencieuses sont piquetées çà et là de fermes, de hameaux, on n'y entend guère que les oiseaux et le souffle ténu de la brise dans les arbres.

Les bâtiments ont été occupés en 1923 par les moniales cisterciennes de la stricte observance (trappistines). Elles y mènent, dans le silence, une vie de prière et de travail que rythme l'office divin. Elles reçoivent, pour un accueil dans le silence et la solitude, les personnes aspirant à une halte spirituelle, que favorisent la situation du monastère et le calme de la campagne environnante.

ACCUEIL

Fermé en janvier. Séjours de 10 jours maximum. Écrire à la sœur hôtelière) :
- 25 chambres individuelles ou doubles avec lavabo, douches et sanitaires à l'étage • parking • vente des produits de l'artisanat monastique : fromages, pâtes de fruits, confitures, pâtés.

OFFICES

En français, grégorien à l'eucharistie :
en hiver : 7 h : laudes, suivies de l'eucharistie • 17 h 30 : vêpres ;
en été : 7 h 45 : laudes • 12 h 15 : eucharistie • 18 h : vêpres ;
DF : 7 h 30 : laudes • 11 h : eucharistie • 17 h : vêpres.

ACCÈS

- D 708 (Marmande/Nontron), entre Saint-Barthélémy-Bellegarde et Ribérac.
- SNCF à Montpon (15 km) ou Mussidan (18 km), sur la ligne Bordeaux/Périgueux, puis taxi.

♦ **BAS-RHIN**

ERGERSHEIM
ABBAYE NOTRE-DAME D'ALTBRONN

16, rue
Principale
67120
Ergersheim

♦ Téléphone : 03.88.38.10.35

L'abbaye des cisterciennes a été fondée en 1895 à proximité d'un pèlerinage à la Vierge, vénérée sous le vocable de Notre-Dame d'Altbronn (de la *Haute-Fontaine*). Le sanctuaire, situé en pleins champs, est l'ancienne église paroissiale d'un village disparu au

XIVe siècle, dont l'évêque de Strasbourg fit alors un lieu de dévotion à la « Reine toute pure » ; après des débuts difficiles, le pèlerinage, pris en charge au XVIe siècle par les jésuites de la ville voisine de Molsheim, a connu un rayonnement remarquable, qui perdure de nos jours : de nombreux fidèles le visitent encore. Dans les environs, la Route des Vins se déploie parmi les vallons, jalonnée de villages souriants, comme la cité romane de Rosheim, et Avolsheim, dont la chapelle Saint-Ulrich conserve des fresques des XIe et XIIe siècles ; la ville de Molsheim – autrefois siège des usines Bugatti (un musée leur est consacré dans le prieuré de l'ancienne Chartreuse) – conserve des remparts où nichent les cigognes, et un bâtiment Renaissance édifié par la corporation des bouchers, le Metzig, dont l'horloge à jacquemart fonctionne toujours.

Sise au centre de la petite localité d'Ergersheim, l'abbaye Notre-Dame d'Altbronn est une oasis de calme qui accueille les personnes souhaitant effectuer un séjour dans le silence et la solitude, et participer à la prière liturgique des moniales.

ACCUEIL

S'adresser par écrit à la sœur hôtelière :
- 16 chambres individuelles • possibilité d'accompagnement et

d'échanges spirituels • confection de vêtements liturgiques (catalogue sur demande) • parking.

OFFICES

Chantés en français :
- 6 h 45 en hiver, 7 h 15 en été : laudes suivies de l'eucharistie
- 17 h en hiver, 17 h 30 en été : vêpres.

ACCÈS

- À 18 km à l'ouest de Strasbourg par la RN 4 (Strasbourg/ Saverne), puis la D 30 à Furdenstein (direction Molsheim) ; ou par la D 45 (Strasbourg/Wolxheim).
- SNCF à Molsheim (ligne Strasbourg/Saint-Dié), puis taxi ou voiture du monastère (5 km).
- Aéroport de Strasbourg, puis taxi (13 km).

♦ MAYENNE

53260
Entrammes

ENTRAMMES
ABBAYE NOTRE-DAME DU PORT-DU-SALUT

♦ Téléphone : 02.43.98.30.15

À 9 km au sud de Laval, dans la vallée de la Mayenne, la Trappe Notre-Dame du Port-de- Salut occupe l'emplacement d'un ancien prieuré datant de 1233, desservi jusqu'à la Révolution par les chanoines réguliers de Sainte-Geneviève de Paris. Non loin, le port fluvial d'Entrammes (Port-Rheingeard) est le point de départ d'un circuit plaisancier sur la rivière, qui pousse jusqu'à Angers ses eaux domptées par une quarantaine d'écluses. Château-Gontier, petite ville dont les rues en pente bordées de maisons anciennes descendent jusqu'aux quais, est la première étape de ce circuit ; la promenade du Bout-du-Monde surplombe la vallée, qui s'engage entre les flancs abrupts de buttes dont les sommets verdoyants s'ornent çà et là de manoirs : l'Escoublère (XVIᵉ s.), le Percher (XV-XVIᵉ s.), le Bois-Mauboucher (XV-XVIIᵉ s.), qui se mire dans un étang... Nous sommes là dans le pays des Chouans, région autrefois pauvre où les landes maigres et les haies serrées se disputaient les sols, à présent reconvertis dans les cultures fourragères et l'élevage.

En 1815, le prieuré de Port-Rheingeard est restauré par des trappistes venus de Darfeld, en Allemagne, où ils ont été contraints d'émigrer, au terme d'une extraordinaire odyssée monastique : c'est le premier monastère rétabli en France après la Révolution. Depuis ce temps, la vie régulière s'y est maintenue, scandée par la prière des moines : la célébration de l'office divin est leur œuvre première, à laquelle s'ajoutent l'étude et le travail manuel dans le silence ; jusqu'à ces dernières années, le monastère a vécu en grande partie de la fabrication du fromage appelé « Port-Salut ». Dans une hôtellerie moderne, les cisterciens-trappistes accueillent

pour des retraites individuelles les personnes en quête de silence et de recueillement. Elles bénéficient de l'isolement du lieu, aux abords agréables, et peuvent participer aux offices liturgiques célébrés dans l'église abbatiale (début du XIIIᵉ s.) bien restaurée ; tout près, la chapelle de l'Immaculée était autrefois réservée aux femmes. On peut voir, proche de l'église paroissiale d'Entrammes, les vestiges de thermes gallo-romains.

ACCUEIL

Écrire au père hôtelier :
• 30 chambres individuelles • possibilité d'accompagnement et d'échanges spirituels • parking • à la porterie, vente de divers produits de l'artisanat monastique et de livres • un montage audiovisuel présente l'histoire et la vie de l'abbaye.

OFFICES

En français, avec chants grégoriens :
• 6 h 45 : laudes (DF 7 h 30), suivies de la messe (DF 10 h 45)
• 12 h 15 : sexte • 18 h : vêpres • 20 h : complies.

ACCÈS

• N 162 (Laval/Angers), puis D 103 à Entrammes.
• SNCF à Laval (ligne Paris Montparnasse/Angers/Le Mans), puis taxi (10 km).

♦ HAUTE-CORSE

20222 Erbalunga

ERBALUNGA
MONASTÈRE DES BÉNÉDICTINES
DU SAINT-SACREMENT

♦ Téléphone (monastère) : 04.95.33.22.81
♦ Téléphone (accueil) : 04.95.33.98.28

Fondé en 1862, le monastère se niche dans un vallon à la périphérie de la localité, au nord de Bastia. Cette région de la Haute-Corse est l'une des plus enchanteresses de l'Ile de Beauté, avec ses petites cités de pêcheurs égrenées le long du littoral jusqu'au Cap Corse, et son arrière-pays de montagnes couvertes de forêts de châtaigniers et de maquis. Erbalunga déploie autour d'une anse paisible ses maisons ocres et blanches ; les plus hardies, plantées sur une avancée rocheuse, se groupent autour des ruines de l'enceinte médiévale, dont les vagues viennent effleurer les soubassements.

SPIRITUALITÉ
Instituées en 1653 par la réformatrice Catherine de Bar (mère Mechtilde du Saint-Sacrement), les moniales ont à cœur l'observance radicale de la Règle de saint Benoît (stricte clôture, vie commune intégrale, pauvreté individuelle), qui favorise leur vocation spécifique : l'adoration perpétuelle du Saint-Sacrement, en expiation des péchés commis dans le monde. Conformément à l'esprit du temps, le monastère d'Erbalunga assura, dès sa fondation et jusqu'en 1963, l'éducation des jeunes filles. Il reçut en 1900 comme postulante Maddalena Parsi, la principale voyante des apparitions de la Vierge à Campitello (à une quarantaine de kilomètres au sud, à l'intérieur des terres) qui eurent au début du siècle un retentissement considérable.

ACCUEIL
Du 1er juin au 20 septembre, la communauté accueille pour deux à trois semaines toute personne désireuse d'un ressourcement spirituel dans le silence et la prière. Le cadre, austère mais agréable, est propice à la méditation ; les environs immédiats se prêtent à de longues promenades solitaires dans le maquis ou le long de la mer. Pour les conditions de séjour, écrire à la sœur hôtelière.

OFFICES
Chantés tous les jours, en français et en grégorien :
• 9 h 30 : messe • 17 h : vêpres (16 h le jeudi) • 20 h : complies.

ACCÈS
• RN 198, à 8 km au nord de Bastia.

♦ AVEYRON

ESPALION
ABBAYE NOTRE-DAME DE BONNEVAL

Espalion
12500
Le Cayrol

♦ Téléphone : 05.65.44.01.22
♦ Fax : 05.65.44.77.69

Au nord de Rodez, le causse Comtal connut autrefois, grâce à ses vastes exploitations céréalières et à ses élevages d'ovins, une opulence que rappellent aujourd'hui les bourgs et les bastides dressés sur des éperons rocheux, montant la garde dans un paysage de vallons plantés de vignes ; des chapelles romanes de grès rouge, d'anciennes commanderies et des fermes fortifiées parsèment le causse, où les boraldes, gros torrents dévalant de l'Aubrac, vont se perdre dans des failles, s'engouffrent dans des grottes pour ressurgir en cascades. Le bourg médiéval de Bozouls, resserré dans une boucle du Dourdou autour de son église de grès, offre une belle vue sur la gorge ; plus loin vers l'ouest, Rodelle regroupe ses vieilles maisons sur un éperon rocheux entre le château médiéval et l'église mi-romane, mi-gothique, qui abrite une Pietà du xvie siècle ; en face, à Muret-le-Château, l'ancien château des évêques de Rodez (xve s.) bâti sur un piton surplombe la faille. Si l'on rejoint de là les gorges du Dourdou, on atteint Conques, dont la sublime abbatiale dédiée à sainte Foy trône en majesté au-dessus des gorges de l'Ouche : en passant sous le tympan, œuvre majeure de l'art roman, on pénètre dans le sanctuaire que les vitraux de Soulages baignent d'une lumière irréelle ; le trésor, exceptionnel ensemble d'orfèvrerie rouergate du XIᵉ au XVIᵉ siècles, resplendit de tous ses feux autour de la troublante Majesté de sainte Foy.

HISTOIRE

En revenant vers l'est par les gorges du Lot, on arrive à Espalion où, à l'écart de la localité, l'abbaye Notre-Dame de Bonneval se blottit dans un creux de vallon. Là, dans le silence et la solitude d'un site resté sauvage, les moniales cisterciennes élèvent vers Dieu leur continuelle prière. En 1147, des moines cisterciens de Mazan, au diocèse de Viviers, fondent Bonneval ; jusqu'à la Révolution, la vie monastique y est florissante, au point que l'abbaye devient au XVIIᵉ siècle le noviciat commun de plusieurs monastères. Mais en 1791 la communauté est dispersée, les lieux sont vendus, puis abandonnés et pillés. La statue romane de Notre-Dame de Bonneval reste intacte, semblant attendre silencieusement l'heure d'opérer quelque miracle. En 1875, des moniales trappistines de Maubec (Drôme) arrivent sur le site : elles ne trouvent que ruines, mais se mettent courageusement à la tâche pour restaurer la vie régulière dans cet endroit au riche passé. Dès 1878, elles installent une chocolaterie, qui leur procurera les revenus nécessaires à leur entreprise, puis, en 1885, une usine hydro-électrique. Enfin, en 1927, l'église reconstruite à partir de l'abside du XVᵉ siècle est consacrée. Depuis lors, la vie monastique s'épanouit, rythmée par la célébration de l'office divin, consacrée à la *lectio divina* et au travail dans le silence.

Dans le silence de l'abbaye, les moniales accueillent, pour quelques jours de retraite, les personnes qui désirent trouver dans le contexte d'une vie simple et cachée un temps fort de recueillement. Les environs, d'une austère beauté, constituent un cadre idéal pour des promenades dans la solitude et le calme.

ACCUEIL

Écrire à la sœur hôtelière :
• quelques chambres au confort simple • pension complète.

OFFICES

En français, avec des pièces en grégorien :
• 4 h : vigiles • 6 h 30 : laudes • 8 h : eucharistie, suivie de tierce
(DF 11 h) • 12 h : sexte • 14 h : none • 17 h 30 : vêpres (DF 17 h)
• 19 h 30 : complies.

ACCÈS

• D 920 (Aurillac/Espalion) et D 655 à Vinhac ; ou D 988 (Rodez/
Espalion), puis D 920.
• SNCF à Rodez, puis car jusqu'à Espalion.

♦ **EURE**

1, rue Maison-
de-Vatimesnil
27150
Étrépagny

ÉTRÉPAGNY
ACCUEIL DOMINIQUE
SŒURS DOMINICAINES

♦ Téléphone : 02.32.55.81.32
♦ Fax : 02.32.55.86.93

Étrépagny est située à 80 km de Paris, à mi-chemin entre Gisors et
Les Andelys, dans une région avenante ; la campagne normande y
déploie ses vallonnements vers la forêt de Lyons, et s'enorgueillit
de sites historiques d'un grand intérêt : le Château-Gaillard, qui fit
la fierté de Richard Cœur de Lion, dresse ses ruines imposantes au-
dessus d'une majestueuse boucle de la Seine ; à Gisors, le donjon
et les restes de l'enceinte (XIe s.), l'église Saint-Gervais-Saint Protais
(XIIIe-XVIe s.) témoignent du passé de la ville qui contrôlait le Vexin
français ; à partir de Vernon, capitale du Vexin normand, on peut
effectuer d'agréables excursions dans les vallées de la Seine et de
l'Epte. Enfin, la maison du peintre Monet, à Giverny, offre aux visiteurs l'agrément de ses célèbres jardins.

SPIRITUALITÉ

La générosité d'une bienfaitrice offre à la congrégation naissante
des dominicaines de Sainte-Catherine de Sienne la possibilité de

s'établir dans la région : elle veut que sa maison soit un lieu de prière et d'accueil des malades et des plus pauvres. Sous la conduite de mère Saint-Dominique de la Croix, moniale dominicaine du diocèse d'Autun, les premières sœurs y implantent en 1875 une communauté qui connaît un rapide essor. Progressivement, l'évolution du monde et les changements dans la société amènent les religieuses à favoriser l'accueil, pour répondre à une demande de plus en plus pressante : en 1984, l'*Accueil-Dominique* est créé, dont l'objet est d'apporter « une aide morale, spirituelle et culturelle à toute personne qui en éprouve le besoin quel que soit son âge ».

Dans une grande et belle maison agrémentée d'un jardin riant, les sœurs accueillent groupes, retraites prêchées, mais aussi particuliers en quête de silence, de réflexion : un parc favorise la détente dans un cadre paisible, un espace de silence garantit aux hôtes calme et repos ; ils disposent d'une bibliothèque, oratoire et chapelle leur sont ouverts pour un temps de recueillement, et ils peuvent participer à la liturgie de la communauté, rencontrer une religieuse.

ACCUEIL
Écrire à la sœur hôtelière :
• chambres individuelles avec lavabo (salles de bains et douches à l'étage) • salles de travail et bibliothèque • parking.

OFFICES
En français :
• laudes le matin, eucharistie à midi, vêpres et complies le soir (horaires disponibles sur place).

ACCÈS
• De Paris, RN 14 (direction Rouen), jusqu'aux Thilliers, puis D 6 par Gamaches. Ou D 14 bis (Gisors/Écouis).
• SNCF à Gisors (Paris Saint-Lazare/Rouen), puis taxi ou voiture du couvent.
• Car Jacquemard (ligne Évreux/Gisors, par Les Andelys) ou TSV (ligne Rouen/Gisors).

♦ **LANDES**

Lafféourère
40500 Eyres-
Moncube

EYRES-MONCUBE
ABBAYE NOTRE-DAME SAINT-EUSTASE

♦ Téléphone : 05.58.76.24.25
♦ Fax : 05.58.76.32.01

La communauté des bénédictines olivétaines, transférée dans le site actuel en 1985, a repris le nom initial de la fondation pour souligner une tradition monastique pratiquement ininterrompue depuis ses origines. Fondé en 966 à Vergaville, dans le diocèse de Metz, le monastère se place sous le patronage de la Vierge Marie puis, quelques siècles plus tard, de saint Eustase, successeur de saint Colomban à Luxeuil, dont il a reçu les reliques. Dispersée par la Révolution, la communauté se regroupe dès 1802 et connaît diverses tribulations, jusqu'à son expulsion en 1904 ; réfugiée en Italie, elle revient dans les Vosges en 1921, pour se fixer plus tard au château de Poyanne, dans les Landes, avant de s'établir dans les bâtiments actuels. De lignes sobres (murs clairs et toits de tuiles) ceux-ci s'intègrent harmonieusement dans le paysage caractéristique de la Chalosse, région opulente (c'est le pays du foie gras et du confit) aux vallons boisés entre lesquels se déploient prairies, champs de maïs et vergers enserrant des villages pimpants ; l'église abbatiale a été consacrée en 1989.

Les moniales bénédictines olivétaines (bénédictines blanches) mènent une vie contemplative de prière et de travail. Fidèles à la tradition hospitalière soulignée par la Règle de saint Benoît, elles ouvrent aux fidèles leur chapelle, dont l'abside abrite les reliques de saint Eustase et la statue de la Vierge du Magnificat ; elles reçoivent aussi, pour des retraites individuelles, les parents des moniales et quelques amis, les capacités de l'accueil sont encore réduites.

ACCUEIL

S'adresser par écrit à la sœur hôtelière :
• quelques chambres individuelles • vente sur place de la production des ateliers monastiques : confitures, reproductions sur bois d'icônes, notamment l'icône de Notre-Dame du Perpétuel Secours, etc. • parking.

OFFICES

En latin et en grégorien, messe selon le missel de Paul VI :
• 11 h : messe (DF 10 h) • 17 h 45 : vêpres (DF 17 h 30)
• 20 h 15 : complies.

ACCÈS

• D 933 (Mont-de-Marsan/Orthez), puis D 944 à Saint-Sever.
• SNCF à Saint-Sever (lignes Mont-de-Marsan/Dax et Mont-de-Marsan/Hagetmau), et taxi (7 km).

◆ SEINE-
ET-MARNE

FAREMOUTIERS
ABBAYE NOTRE-DAME ET SAINT-PIERRE

77515
Faremoutiers

◆ Téléphone : 01.64.04.20.37
◆ Fax : 01.64.20.04.69

L'abbaye Notre-Dame et Saint-Pierre de Faremoutiers, située à une soixantaine de kilomètres de Paris, est une des plus anciennes de France.

HISTOIRE

Vers 615, sainte Fare obtient de son père, un noble franc longtemps opposé à sa vocation religieuse, la cession d'une colline boisée dominant la vallée du Grand Morin, sur laquelle il édifie pour elle le monastère de Brie ; plus tard, le site prendra le nom de l'abbesse, dont les moniales vivent sous la Règle de saint Colomban, avant d'adopter celle de saint Benoît. La vie monastique, devenue au fil des ans routinière, et ébranlée par le régime de la commende, connaît au XVIIe siècle une véritable résurrection, grâce aux efforts de son abbesse, madame de La Châtre, dont l'action en vue de revenir à une plus grande régularité s'inscrit dans le puissant courant réformateur de l'époque. Bossuet, évêque de Meaux, s'attache à cette maison qui, après avoir surmonté la crise du jansénisme, se trouve de nouveau en plein

essor spirituel lorsque éclate la Révolution ; fidèles à leurs vœux, les moniales sont contraintes de quitter l'abbaye. C'est en 1931 qu'une communauté bénédictine vient rétablir la vie monastique dans ce lieu où elle a été jadis si florissante.

SPIRITUALITÉ

Consacrées à la louange divine, les moniales bénédictines cherchent Dieu dans une vie de joyeuse obéissance, d'humilité et de silence, au fil de journées que rythment la célébration de l'office divin, la *lectio divina*, le travail intellectuel et manuel. Dans le cadre paisible de l'abbaye, elles accueillent les personnes souhaitant trouver un temps de recueillement et de réflexion : le monastère, situé en bordure de la commune dans un large espace verdoyant, est un havre de silence et de calme. Le séjour ne peut excéder deux semaines, et la participation à la vie liturgique de la communauté est souhaitée.

ACCUEIL

Écrire à la sœur hôtelière :
• 9 chambres, 12 lits, sanitaires à l'étage • bibliothèque • possibilité d'accompagnement et d'échanges spirituels • parking • atelier de confection d'aubes, petit magasin • on peut voir, dans la partie du parc réservé aux hôtes, les vestiges de l'ancienne église. La crypte du XIIᵉ siècle n'est pas accessible au public.

OFFICES

En grégorien, psalmodie en français :
• 7 h 30 : laudes • 8 h 30 : tierce, suivie de la messe (DF 9 h)
• 17 h 30 : vêpres.

ACCÈS

• A 4 (Paris/Metz) sortie Villeneuve/Provins, puis D 231 direction Provins, et D 216.
• N 4 (Paris/Vitry-le-François), jusqu'à Tourna, puis D 216 jusqu'à Faremoutiers.
• SNCF à Faremoutiers-Pommeuse (ligne Paris-Gare de l'Est/Coulommiers). L'abbaye est à 900 m de la gare.

♦ **CÔTE-D'OR**

FLAVIGNEROT
CARMEL DE DIJON

Flavignerot
21160
Marsannay-
la-Côte

♦ Téléphone : 03.80.42.92.38
♦ Fax : 03.80.42.93.84

C'est dans un des plus beaux terroirs vinicoles de la Bourgogne qu'a été tranféré en 1979 le monastère des carmélites de Dijon : presque aux portes de la capitale des ducs de Bourgogne, le bourg de Marsannay produit des vins rosés de la côte de Nuits ; le monastère y déploie la sobriété de ses bâtiments modernes, non loin des vignes entourées de murs qui délimitent les « clos » ; à partir de là, églises romanes et châteaux féodaux se succèdent au gré de localités dont les noms – Chambertin, Chambolle-Musigny, Vougeot – sont célèbres dans le monde entier, jusqu'à Vosne-Romanée et Nuits-Saint-Georges, dernières petites agglomérations cossues de ce vignoble prestigieux.

HISTOIRE

Anne de Jésus, compagne de sainte Thérèse d'Avila venue en France pour y introduire la réforme du carmel, fonde en 1605 le monastère de Dijon, dont elle est prieure durant deux années, en faisant un véritable petit paradis. Elle y est guérie de la peste par une apparition de sainte Thérèse, qui lui laisse entrevoir qu'elle doit vivre encore, en vue de nouvelles fondations. Les générations de moniales se succèdent, ferventes, jusqu'à la Révolution, qui disperse la communauté. Restauré en 1865, le monastère accueille en 1901 une jeune fille de 21 ans, Élisabeth Catez, qui meurt cinq ans plus tard consumée par la terrible maladie d'Addison, après avoir donné l'exemple d'une vertu peu commune, et avoir effectué, à la faveur de ses souffrances, une ascension spirituelle d'une exceptionnelle envergure : Élisabeth de la Trinité a été béatifiée en 1984.

À VOIR

À côté de la chapelle du nouveau monastère, la cellule de la bienheureuse Élisabeth de la Trinité a été reconstituée, avec un musée où sont conservés souvenirs et objets qui lui ont appartenu.

Tout adonnées à leur vie contemplative, les carmélites accueillent, pour un partage de silence et de prière, les personnes en quête de ressourcement intérieur, ou d'un temps de réflexion.

ACCUEIL

Écrire auparavant à la sœur hôtelière :
• 6 chambres individuelles et 2 chambres doubles avec lavabo, sanitaires à l'étage • possibilité d'accompagnement et d'échanges spirituels • vente sur place du produit du travail des moniales : tissage, vêtements liturgiques, tricots • librairie concernant la bienheureuse Élisabeth de la Trinité (livres, images, photos).

ACCÈS

• À partir de Dijon, D 108 (13 km).
• SNCF à Dijon, puis taxi.

♦ **INDRE**

36220
Fontgombault

FONTGOMBAULT
ABBAYE NOTRE-DAME DE FONTGOMBAULT

♦ Téléphone : 02.54.37.12.03
♦ Fax : 02.54.37.12.56

C'est seulement en 1948 qu'un groupe de moines bénédictins de l'abbaye Saint-Pierre de Solesmes a fait revivre à Fontgombault un idéal monastique presque millénaire, au terme d'une histoire mouvementée. Fontgombault est redevenue abbaye en 1953.

HISTOIRE

Vers l'an mil, un ermite nommé Gombaud s'établit dans une grotte sur la rive gauche de la Creuse. Des disciples viennent se joindre à lui et, en 1091, la colonie érémitique ainsi constituée décide de fonder un monastère sous la Règle de saint Benoît. L'église est consacrée en 1141. Pendant des siècles, la communauté bénédictine assure fidèlement la louange divine, au fil d'une vie rythmée par la célébration de l'office divin, la *lectio divina*, et le travail intellectuel et manuel. Le régime de la commende porte un coup fatal à l'observance régulière et, les effectifs diminuant, l'abbaye est fermée en 1741. Un demi-siècle plus tard, sous la Révolution, les bâtiments devenus biens nationaux sont vendus, l'église abbatiale est en partie démantelée et ses pierres servent à des constructions et à l'empierrement des chemins proches. Au milieu du XIXe siècle, l'abbé Lenoir, curé de Fontgombault, commence à restaurer le site et fait revenir des moines : les trappistes de Bellefontaine (1849), auxquels se joint un groupe de trappistes de Melleray (1853). Mais la communauté doit quitter les lieux en 1903, à cause des lois anticléricales.

Aujourd'hui, les moines de Solesmes ont redonné vie à l'antique abbaye. Ils accueillent, pour des retraites individuelles, les personnes qui aspirent à un temps de ressourcement et de réflexion, et qui sont disposées pour cela à « ne pas troubler le silence du monastère, se contenter de l'austérité qu'on y trouve et assister aux principaux offices ».

ACCUEIL

Écrire au père hôtelier :
• pour les hommes, hôtellerie interne : 32 chambres individuelles, 4 chambres doubles, lavabo dans les chambres, sanitaires à l'étage, repas au réfectoire des moines • pour les femmes, hôtellerie externe : 14 chambres individuelles, 16 chambres doubles, lavabo dans les chambres, sanitaires à l'étage • préparation des repas par les retraitantes • possibilité d'accompagnement et d'échanges spirituels • vente sur place de livres de doctrine et de spiritualité, d'histoire, d'art religieux ; de CD et de cassettes de chants grégo-

riens, de vidéo-cassettes, des produits de l'artisanat monastique (fromages, confiseries, icônes, poteries de grès, etc.).

OFFICES

En grégorien :
• 10 h : messe conventuelle, selon le missel de 1962 • 18 h : vêpres (DF 17 h) • on peut assister aux messes basses célébrées par les moines chaque matin vers 7 h • on ne visite pas l'abbaye, mais on remarquera l'église Notre-Dame et la chapelle Saint-Benoît (romanes), et, dans l'église abbatiale, la statue de Notre-Dame du Bien Mourir.

ACCÈS

• D 975 (Saint-Aignan/Le Blanc), puis D 43 à Champcornu ; D 950 (Le Blanc/Tournon).
• SNCF à Châtellerault (ligne Paris/Poitiers), à 50 km.

♦ **RHÔNE**

65, Grande Rue
69340
Francheville

**FRANCHEVILLE
LA CHARDONNIÈRE**

♦ Téléphone : 04.78.59.09.86
♦ Fax : 04.78.59.93.16

À proximité de Lyon, « La Chardonnière » est la maison de la famille franciscaine dans le sud-est. Autrefois noviciat des sœurs franciscaines de la Propagation de la foi, elle s'est transformée en maison d'accueil ; le site s'y prêtait, avec ses bâtiments nichés dans un

vaste parc arboré (cèdres, chênes, platanes), qui offre presque aux portes de la grande ville un havre de paix et de silence. Là, depuis 1994, une équipe vivant de la spiritualité de saint François d'Assise anime ce lieu, et propose divers types d'accueil : aux groupes autonomes, mais aussi aux groupes ou personnes individuelles souhaitant effectuer un séjour en pension complète. Ces deux propositions n'excluent pas la possibilité, pour ceux qui le désirent, d'effectuer dans le silence un séjour de réflexion, de prière, de ressourcement intérieur, dans l'esprit de simplicité et de partage caractéristique du charisme franciscain.

SPIRITUALITÉ

L'équipe de « La Chardonnière » a prévu à cet effet des temps forts de silence et de prière, pour aider à vivre l'Évangile à la manière

franciscaine : des journées « Ermitage » (9 h 30 à 17 h), haltes dans le bruit et l'agitation du monde, des retraites, une école de prière. Pour les personnes qui cherchent un temps de solitude et de plus grand silence, un ermitage – « le colombier » – constitue le cadre adéquat. Sur place, les frères capucins et les sœurs franciscaines assurent, avec une équipe de frères franciscains et de laïcs, l'accueil des hôtes, la liturgie et la prédication, ainsi que l'accompagnement spirituel des personnes qui le souhaitent.

Fidèles à leur vocation, les fils et les filles de saint François et de sainte Claire d'Assise s'efforcent ainsi de porter et de promouvoir un message de fraternité, de paix, de solidarité avec les pauvres et les exclus ; aussi ont-ils à cœur de favoriser l'accès aux jeunes et aux « petits budgets ».

ACCUEIL	Pour les conditions de séjour et les programmes de retraites, écrire à l'accueil : • une bibliothèque, une salle de documentation franciscaine, une chapelle et des oratoires sont à la disposition des hôtes.
OFFICES	Célébrés matin et soir dans la chapelle, par la communauté permanente de la maison.
ACCÈS	• D 75 : à Francheville-le-Bas, prendre après le pont la route à droite sous la voie ferrée. • Bus n° 30 au départ de Lyon (Pont Kitchener, côté Perrache ; ou place Bellecour, à la sortie du métro), direction Francheville Douline ou Francheville Findez, arrêt (facultatif) : La Chardonnière.

♦ **ALPES-DE-HAUTE-PROVENCE** 04310 Ganagobie	**GANAGOBIE** **ABBAYE NOTRE-DAME** ♦ Téléphone : 04.92.68.00.04 ♦ Fax : 04.92.68.11.49 Dominant la vallée de la Durance, et offrant un superbe panorama sur la région de Forcalquier, le plateau de Ganagobie connaît une tradition monastique ancienne.
HISTOIRE ET SITE	À une abbaye détruite sans doute par les Sarrasins, succède au xe siècle un prieuré rattaché à Cluny ; les moines en entreprennent au début du xiie siècle la reconstruction complète, édifiant notamment l'église et le cloître. L'église, initiatrice de l'art roman classique en Haute-Provence, recèle dans le transept et les absides les restes d'un splendide pavement de mosaïque (le plus grand de

cette époque, en France), où chevaliers et figures fantastiques – monstres, centaures et dragons – inspirées de l'art chaldéen et sassanide s'affrontent parmi les entrelacs, symbolisant le combat spirituel dans lequel est engagé tout homme. Le cloître, aux arcades reposant sur des colonnettes multiples ornées de chapiteaux sculptés, relie les bâtiments réguliers. Saccagé lors des guerres de Religion, le prieuré n'en abrite pas moins la vie monastique jusqu'à la Révolution. Alors les moines sont chassés, le monastère vendu comme bien national, l'église et le cloître en partie détruits.

SPIRITUALITÉ

À la fin du siècle dernier, le propriétaire donne les bâtiments à la communauté bénédictine Sainte-Marie-Madeleine, fondée

à Marseille en 1865 par dom Guéranger. Exilée en Italie en 1901 par les lois anticléricales, la communauté revient s'établir en Savoie, à Hautecombe, avant de se fixer en 1992 à Ganagobie. Les moines y perpétuent la grande tradition bénédictine de la prière et du travail : en union avec toute l'Église, et à l'écoute des hommes, ils s'efforcent dans cette oasis de paix de vivre en présence de Dieu dans le silence et la prière, assurant à ce lieu la permanence de son caractère spirituel et témoignant, dans un monde tourmenté et angoissé, de l'amour infini du Dieu de toute joie. Le monastère est un phare qui éclaire le chemin des hommes vers leur destinée surnaturelle, les moines rappellent aux hommes qu'ils sont fils de Dieu, conviés à trouver en Lui lumière et bonheur.

Le rayonnement du monastère s'exerce en particulier dans l'accueil : visiteurs attirés par la beauté du site et des édifices, ou à la recherche d'un lieu de sérénité et de prière, passants en quête pour une nuit d'un gîte et d'un repas. La communauté reçoit aussi toute personne aspirant à un temps de silence, de méditation et de prière, pour une durée maximum d'une semaine.

À VOIR

On ne visite que l'église, de 15 h à 17 h 30 en été, de 15 h à 16 h 30 en hiver (le cloître n'est pas accessible, car il fait partie des lieux d'habitation des moines). L'église est ouverte dix minutes avant chaque office, pour permettre à tous ceux qui le veulent d'y participer.

ACCUEIL

Écrire assez longtemps à l'avance au père hôtelier :
• 15 chambres individuelles avec lavabo, sanitaires à l'étage • possibilité d'accompagnement et d'échanges spirituels • parking.
Le magasin du monastère est ouvert de 15 h à 17 h, sauf le lundi ; on y trouve des livres, eaux de toilette, icônes, bougies, disques et cassettes, vendus également par correspondance.
Le centre Entreprises constitue une originalité du monastère : ouvert aux agents économiques en quête de spiritualité, il leur propose une unité de recherche dans le domaine de l'éthique sociale, économique et financière ; un centre de séminaires, avec des stages ; des groupes Inter-Entreprises permettant un échange au contact d'une communauté de prière ; une bibliothèque ouverte sur les questions relatives à l'activité humaine en entreprise.

OFFICES

• 5 h : vigiles • 7 h : laudes • 9 h : messe (DF 9 h 30) • 12 h : sexte
• 13 h 30 : none • 18 h en été, 17 h en hiver : vêpres • 20 h : complies.

ACCÈS

• A 51, sortie Peyruis (en venant du nord) et La Brillanne (en venant du sud).
• N 96, à mi-distance entre Manosque et Sisteron.
• SNCF à La Brillanne, puis taxi.

♦ **DRÔME**

26230
Grignan

**GRIGNAN
PRIEURÉ DE L'EMMANUEL
DOMINICAINES DES TOURELLES**

♦ Téléphone : 04.75.46.50.37
♦ Fax : 04.75.46.53.49

Le prieuré occupe un vieux mas provençal, parmi les champs de lavande et les bois de chênes, au cœur d'une nature qui invite au silence et à la marche... Il se trouve aussi à 2 km de la localité rendue célèbre par madame de Sévigné : c'est à sa fille, la comtesse de Grignan, que l'illustre épistolière adressa nombre de ses fameuses lettres. Le château de Grignan (on le visite) dresse ses élégants bâtiments (XVIᵉ-XVIIᵉ s.) sur une butte qui domine le village et la campagne environnante où l'on peut effectuer de paisibles randonnées. Dans le proche Tricastin, les églises romanes de Saint-Paul-Trois-Châteaux, Saint-Restitut et La Baume-de-Transit offrent des haltes de prière et de silence.

Le premier monastère de dominicaines fut fondé à Prouilhe par saint Dominique, au début du XIIIᵉ siècle ; passionné de Dieu et passionné des hommes, il conçut son Ordre pour porter à ceux-ci la Parole qui éclaire et qui sauve ; il voulut que les sœurs fussent associées à ce dessein en soutenant par leur prière l'action apostolique des frères prêcheurs. C'est de Prouilhe qu'en 1898 un groupe essaima à Montpellier, pour fonder la communauté qui allait devenir la Congrégation des dominicaines de Sainte-Marie des Tourelles.

Le prieuré est un lieu vivant, ouvert à tous ceux – croyants ou incroyants – qui désirent, à l'occasion d'une étape de silence et de réflexion, approfondir le sens de leur vie, ou qui le cherchent. Là, les dominicaines des Tourelles et leurs amis vous accueillent dans un climat d'amitié et de liberté, pour un partage de prière et de vie : écoute et célébration de la Parole, silence et échanges. Vous y bénéficiez de chambres agréables, savourez dans la salle à manger – l'ancienne étable – une nourriture saine, les légumes du potager ; bibliothèque et salle de veillée avec cheminée sont à votre disposition, et, dans la chapelle voûtée au cœur de la maison, vous pouvez vous unir à la prière de la communauté et à ceux qui en partagent le rythme. Enfin, les sœurs proposent sur place les produits de leur travail artisanal : essence et fleurs de lavande.

ACCUEIL

Contacter par téléphone ou par écrit la sœur hôtelière :
• 8 chambres individuelles ou doubles avec lavabo, sanitaires à l'étage • bibliothèque • possibilité d'accompagnement ou d'échanges spirituels.

OFFICES

Chantés en français, accompagnés à la cithare : trois fois par jour.

ACCÈS

• A 7, sortie à Montélimar-Sud, puis D 941 ; ou Bollène.
• SNCF à Montélimar, puis car Montélimar-Grignan (renseignements : 04.75.00.27.90).

♦ HAUT-RHIN

68420
Gueberschwihr

GUEBERSCHWIHR
ACCUEIL THÉRÈSE D'AVILA
COUVENT SAINT-MARC

♦ Téléphone : 03.89.49.31.01 (accueil)
03.89.49.22.98 (communauté)

Le monastère de Saint-Marc se situe sur un versant des Vosges, au-dessus du vignoble de Gueberschwihr : des bénédictins y sont établis au XIe siècle par le pape alsacien Léon IX, à l'emplacement d'une fondation remontant à l'époque mérovingienne, la Sigmundzell (Celle-Saint-Sigismond). Plus tard, et jusqu'à la Révolution, le service divin y est assuré par des moniales, puis de nouveau des moines, de l'Ordre de saint Benoît. De ce passé ne restent que le prieuré, et le clocher en grès de la chapelle, qui date de 1760.

HISTOIRE ET
SPIRITUALITÉ

En 1845, l'abbé Blanck, prêtre originaire de la région, acquiert le prieuré et y fonde la Congrégation des sœurs de Saint-Joseph : vouées à l'adoration de l'eucharistie, qui les porte au service du prochain dans la personne des malades, des pauvres, des orphelins, elles se consacrent aussi, sous la protection spéciale de saint Joseph, « patron de la bonne mort », à l'accompagnement des mourants. Le cadre paisible, au cœur de la forêt vosgienne, favorise leur vie de contemplation, de travail et de service, qui se nourrit de l'adoration du Saint-Sacrement et de la Parole de Dieu.

Une dépendance du monastère, la maison « Thérèse d'Avila », abrite une activité d'accueil spirituel : ce n'est ni un lieu de villégiature, ni un centre de convalescence, mais un lieu d'accueil fraternel et

121

de prière où les sœurs proposent « aux personnes ayant plus de goût pour la prière et la solitude » (abbé Blanck) des séjours de réflexion dans le silence, selon une tradition proche de la spiritualité du désert des anciens pères ; des journées de désert sont également organisées.

SITE

Le monastère dispose d'un parc et d'un jardin, que prolonge à l'extérieur la forêt vosgienne, où s'enfoncent de paisibles chemins de randonnée. La localité de Gueberschwihr, étape de la Route des Vins, montre d'élégantes maisons anciennes groupées autour d'un clocher roman ; plus au sud, la ville de Rouffach s'enorgueillit d'un bel ensemble d'architecture médiévale et Renaissance : église Notre-Dame (XII-XIVe s.), halle aux grains, tour des Sorcières, ancien hôtel de ville. La Route des Crêtes n'est pas loin non plus qui, à travers les *hautes chaumes* et les massifs de hêtres et de pins, s'élève jusqu'au ballon de Guebwiller, point culminant des Vosges (1 420 m).

ACCUEIL

Fermé du 20 décembre au 10 janvier. Écrire au secrétariat de l'Accueil Sainte-Thérèse :
• chambres individuelles, sanitaires à l'étage • bibliothèque • possibilité d'accompagnement ou d'échanges spirituels • accueil des personnes handicapées • parking.

OFFICES

En français :
• 6 h 15 : laudes, suivies de l'eucharistie • 11 h 45 : heure médiane • 18 h : chapelet, suivi des vêpres • 20 h : complies • tous les jours : adoration silencieuse dans l'oratoire • tous les premiers jeudis du mois, de 17 h 45 à 18 h 45 : heure sainte • tous les premiers vendredis du mois : 9 h 30, Grand-messe • journée de silence et de prière, exposition du Saint-Sacrement.

ACCÈS

• N 83 (Colmar/Belfort), ou A 35/E 25 (Bâle/Strasbourg), puis rejoindre la N 83 ; à Gueberschwihr, embranchement vers le couvent Saint-Marc, situé à 3 km de l'agglomération.
• SNCF à Colmar, puis taxi (15 km).

h i j k l

♦ **HAUTE-CORSE**

L'ILE-ROUSSE
COUVENT DE CORBARA
CONGRÉGATION SAINT-JEAN

20220
L'Ile-Rousse

♦ Téléphone : 04.95.60.06.73
♦ Fax : 04.95.60.09.08

Au nord de Calvi, la Balagne déploie entre mer et montagne ses paysages de collines et de vallées abritant de pimpants villages sur des pentes ensoleillées autrefois modelées par les cultures en terrasses : « pays de l'huile et du froment », la région fut naguère le jardin de la Corse, qu'embaumaient les senteurs du figuier et de la fleur d'oranger ; aujourd'hui, l'élevage des moutons, la culture de la vigne et de l'olivier remplacent les vergers, mais palmiers et figuiers de Barbarie attestent la douceur du climat, particulièrement sensible sur le littoral, où le tourisme a pris un grand essor. Au sud, de ses 1 938 mètres de roche sombre aux pentes abruptes, la chaîne du Monte Grosso semble protéger à ses pieds la localité de Calenzana ; toute proche, parmi les oliviers centenaires, s'élève l'église Santa Restituta dont le cénotaphe s'orne de fresques du XVᵉ siècle. La route serpente à travers les hauteurs jusqu'à Zilia, puis Montemaggiore, dotée d'une superbe église baroque, d'où la vue s'étend alentour sur la vallée et sur le golfe de Calvi. Au gré de vallées tortueuses, on traverse des villages en belvédère aux façades de granit sombre, qu'égaient orangers et citronniers, comme Sant'Antonino suspendu sur son rocher, ou Aregno, qui a dans son cimetière l'église de la Trinité, de style roman pisan (XIIIᵉ s.), aux fresques émouvantes ; en poursuivant la route, on arrive au couvent de Corbara, situé sur une pente boisée qui descend du Monte Sant' Angelo ; de là, on embrasse du regard la baie de l'Ile-Rousse, petit port fondé vers 1760 par Pascal Paoli, le « père de la Corse », pour concurrencer la gênoise Calvi.

HISTOIRE

Le couvent de Corbara est fondé en 1456 par les franciscains de l'observance, qu'attirent l'isolement et le silence d'un site propice à l'établissement d'un *Ritiro*, maison vouée à la retraite et à l'accueil dans la prière. Soutenue par les largesses de riches familles voisines, entourée de l'affectueuse vénération de la population locale, la communauté connaît un grand rayonnement, qui culmine avec la mort en odeur de sainteté de frère Michelangelo Mariani da Muro, en 1752. Mais la Révolution disperse les frères. Au milieu du siècle dernier, les dominicains, dont les maisons fondées autrefois en Corse ont disparu, relèvent Corbara : malgré l'isolement du lieu, éloigné du continent, malgré l'austérité de l'observance, la communauté s'épanouit sous le priorat charismatique du père Hyacinthe-Marie Cormier (1861-1865), futur Maître général de l'Ordre, qui sera béatifié en 1994. Noviciat et école apostolique, le couvent de Corbara est une pépinière de vocations ; parmi les novices, on trouve les plus grands noms de l'école dominicaine du début du siècle ; c'est là également qu'est « exilé » le père Didon, célèbre mais imprudent prédicateur, correspondant de Pasteur, de Maupassant, d'autres encore. Expulsés en 1903, les dominicains reviennent en 1927, mais après la guerre les vocations se raréfient ; le couvent devient de plus en plus le lieu de retraites silencieuses.

SPIRITUALITÉ À la fin des années 1980, il ne reste que trois pères sur place. C'est alors que la Province de France s'adresse au père Marie-Dominique Philippe, dominicain, fondateur de la congrégation des frères de Saint-Jean, et lui demande d'envoyer des religieux pour prendre la relève. En 1990, les frères de Saint-Jean s'établissent à Corbara, qui est devenu le centre de multiples formes d'apostolat : formation chrétienne, rencontres spirituelles, retraites prêchées, ministères de prédication, d'accompagnement spirituel des jeunes, des familles, etc. La beauté du site, l'ambiance exceptionnelle ménagée par le cloître et l'accueil des frères permettent à ceux qui le souhaitent de trouver là le cadre d'une halte de silence et de prière, où il leur est simplement demandé de s'associer aux tâches ménagères – fort modestes – et, autant que possible, de participer à la prière de la communauté.

ACCUEIL Écrire au frère hôtelier :
• une hôtellerie paisible, au confort simple • possibilité d'accompagnement et d'échanges spirituels • visites du couvent, du mardi au samedi de 9 h à 11 h, et de 16 h à 18 h.

OFFICES En français :
• 7 h 30 : laudes • 11 h : messe • 18 h : adoration (sauf le jeudi : adoration de l'Heure sainte de 20 h 15 à 21 h 15) • 19 h : vêpres
• le lundi, jour de désert : pas d'office durant la journée, messe à 18 h 30.

ACCÈS • N 197 (Calvi/l'Ile-Rousse), puis D 313 à Curzo.
• Aéroport à Calvi, puis taxi (20 km). Des autobus assurent la liaison Bastia/L'Ile-Rousse.

♦ **ALPES-MARITIMES**

ILE SAINT-HONORAT
ABBAYE NOTRE-DAME DE LÉRINS

Ile Saint-Honorat
B.P. 157
06406 Cannes
Cedex

♦ Téléphone : 04.93.48.68.68
♦ Fax : 04.93.99.67.74

Saint-Honorat, la plus petite des îles de Lérins, au large de Cannes, présente la particularité unique en France d'être une *île monastique*, tout entière occupée par la communauté cistercienne de l'abbaye Notre-Dame. Elle est le dernier témoin, après une histoire de quinze siècles, du peuplement monastique des petites îles du littoral méditerranéen qu'évoque saint Jérôme au IVe siècle.

HISTOIRE

Vers 410, saint Honorat arrive avec quelques compagnons sur l'île qui porte aujourd'hui son nom. Cette communauté cénobitique (où les moines mènent la vie commune) est en 427 déjà un « immense monastère » : pendant deux siècles, il rayonnera sur toute la Provence, car la plupart des diocèses de la région comptent parmi leurs premiers évêques des moines de Lérins ; saint Honorat lui-même est archevêque d'Arles. Puis débute une époque de décadence et de troubles, dus à l'évolution politico-économique de la région, et aux razzias sarrasines... et gênoises.

Jusqu'à la fin du Xe siècle, on ne sait rien d'assuré sur la vie du monastère, sinon qu'il fut saccagé à plusieurs reprises et que des moines furent massacrés. Lérins réapparaît alors comme monastère clunisien, mais son histoire reste mouvementée : dévastations et pillages amènent les moines à édifier un donjon de refuge qui devient peu à peu un complexe monastique fortifié, puis à faire défendre en permanence celui-ci par des serviteurs, puis des soldats. Malgré la réforme amorcée par la réunion de l'abbaye à la congrégation du Mont-Cassin (1516), le régime de la commende et l'occupation de l'île par les Espagnols (1635-1637) entraînent une rapide décadence ; en 1787, il ne reste que quatre moines, aussi l'abbaye est-elle fermée, et le domaine rattaché à l'évêché de Grasse. En 1791, les îles sont déclarées bien national ; Saint-Honorat est acquise par divers propriétaires, dont l'actrice Blanche Sainval qui aurait transformé le monastère fortifié en salons de réception.

SPIRITUALITÉ

En 1859, l'évêque de Fréjus rachète l'île et demande à Dom Barnouin, restaurateur de la vie cistercienne à Sénanque, d'y réta-

blir une communauté : les premiers moines arrivent en 1869, trois ans plus tard l'abbaye Notre-Dame de Lérins remplace Sénanque comme siège de la congrégation cistercienne de l'Immaculée Conception. Grâce à ces entreprises, Saint-Honorat est redevenue une *île monastique*. La communauté comporte aujourd'hui une trentaine de moines, qui mènent une vie contemplative dans un climat de prière – prière personnelle et prière liturgique – et de travail manuel (vignes, distillerie, entretien de l'île et de l'abbaye). Fidèles à la tradition d'accueil des fils de saint Benoît, ils mettent une hôtellerie d'une quarantaine de chambres à la disposition de ceux qui désirent ménager dans leur vie un espace de réflexion, une étape de silence.

SITE

Le site même de l'abbaye, bercé par la mer, est éminemment propice au silence. On peut faire à pied le tour de l'île par un sentier qui révèle, dans des trouées de pins maritimes et d'eucalyptus, les charmes du littoral méditerranéen. Les anciennes chapelles, notamment celle de la Trinité, d'inspiration byzantine, et le monastère fortifié (XI-XVe s.) se visitent.

ACCUEIL

Écrire ou envoyer un fax au père hôtelier ; éviter de téléphoner : • séjour d'une semaine au maximum, dans un climat de silence et de paix • attendre la confirmation des dates de séjour, et préciser, si possible, l'heure d'arrivée • petites chambres à l'intérieur du monastère dans une hôtellerie au style simple • possibilité d'accompagnement ou d'échanges spirituels • participation aux frais : 150 F par jour, mais chacun est invité à donner selon ses réelles possibilités • vente sur place des produits du travail des moines : miel, vin, liqueur, essence de lavande.

Il est de coutume que l'on participe aux offices de la communauté (chacun suivant son rythme), et que l'on partage la vie du monastère en prêtant son concours aux petites tâches quotidiennes : mise du couvert, vaisselle, etc.

OFFICES

Célébrés tous les jours en français, avec des mélodies byzantines. Horaires variables suivant les saisons (se renseigner).

ACCÈS

• À partir de Cannes, par les bateaux de la Compagnie Chante-clair-Estérel (téléphone 04.93.39.11.82).

hijkl

♦ **INDRE**

ISSOUDUN
CENTRE INTERNATIONAL JULES-CHEVALIER

38, place du
Sacré-Cœur
36100 Issoudun

♦ Téléphone : 02.54.03.33.83
♦ Fax : 02.54.03.33.80

Situé en ville, contre la basilique, le Centre international Jules-Chevalier est devenu depuis quelques années le lieu de formation des trois grandes congrégations issues du père Chevalier, fondateur au siècle dernier des missionnaires du Sacré-Cœur, puis des filles de Notre-Dame du Sacré-Cœur, auxquelles s'est ajoutée une fondation allemande plus récente, celle des sœurs missionnaires du Sacré-Cœur (en Allemagne, 1899). Mais il conserve sa vocation initiale : l'accueil des nombreux pèlerins qui viennent invoquer en son sanctuaire Notre-Dame du Sacré-Cœur.

HISTOIRE

En 1854, Jules Chevalier est nommé vicaire à Issoudun : selon Balzac, une petite ville ennuyeuse, qui eût, disait-il, endormi une

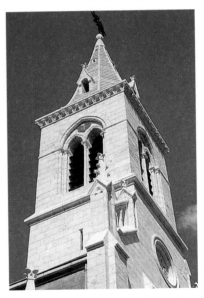

armée de Napoléon. Le jeune abbé Chevalier – il a 30 ans – se réjouit de cette nomination, d'autant plus qu'il retrouve à Issoudun un de ses amis de séminaire, Émile Maugenest ; celui-ci partage son idéal missionnaire, qu'encourage de surcroît leur curé, sensible à la déchristianisation de la contrée. En effet, tourmenté par l'égoïsme et l'indifférence de son époque, Jules Chevalier n'y voit d'autre remède que l'amour dont déborde le cœur du Christ, et déjà il envisage la fondation d'un groupe de prêtres qui porteraient le nom de Missionnaires du Sacré-Cœur. Des circonstances vraiment providentielles amènent à la réalisation de cet idéal : fondation des missionnaires du Sacré-Cœur (1854, installés officiellement par l'archevêque de Bourges en 1855) ; institution, à la demande des fidèles, d'une confrérie de Notre-Dame du Sacré-Cœur – appelée aujourd'hui *Fraternité Notre-Dame du Sacré-Cœur* – et lancement d'un bulletin de liaison, les *Annales de Notre-Dame du Sacré-Cœur* (1866) ; promotion du pèlerinage à Notre-Dame du Sacré-Cœur, dont la statue est couronnée – au nom du pape Pie IX – le 8 septembre 1869 par l'archevêque de Bourges, qui à l'occasion inaugure la chapelle consacrée à Notre-

Dame du Sacré-Cœur dans l'église édifiée en 1859-1864. Enfin, fondation des filles de Notre-Dame du Sacré-Cœur (1874) et départ des premiers missionnaires pour la Nouvelle-Guinée, en 1881. Humble instrument de ces réalisations, le père Chevalier s'y donne sans réserve, jusqu'à sa mort le 21 octobre 1907.

SPIRITUALITÉ

« À la suite du père Chevalier, nous aimons nommer Marie Notre-Dame du Sacré-Cœur, parce qu'elle a connu l'insondable richesse du Christ, parce qu'elle a été saisie par son amour, parce qu'elle nous conduit à son cœur et nous le montre comme la source d'un amour universel et d'une vie à donner pour faire surgir un monde nouveau » (A. Tostain, m.s.c.). Avec Marie, nous faisons connaissance d'un Dieu proche, un Dieu qui s'est penché sur son humble servante, un Dieu qui révèle toute sa préférence, tout son amour, pour les opprimés, les petits et les affamés. Tel est le message du sanctuaire d'Issoudun à notre temps.

À VOIR

À côté de la tour Blanche, puissant donjon du XIIᵉ siècle, du beffroi aux deux tours inégales (XIIᵉ-XIVᵉ s.), des vitraux de l'église Saint-Cyr (XVIᵉ s.) et des beaux bâtiments du musée – ancien hospice Saint-Roch, qui abrite des collections de faïences et deux superbes arbres de Jessé sculptés du XVIᵉ siècle –, la basilique de Notre-Dame du Sacré-Cœur est sans prétention (l'église du Sacré-Cœur et la chapelle Notre-Dame du Sacré-Cœur ont été érigées en basi-

lique Notre-Dame du Sacré-Cœur) ; édifice néo-gothique, elle s'intègre à la cité sans la déparer. On en appréciera l'atmosphère de recueillement favorisée par la lumière que diffusent les vitraux contemporains ; dans la chapelle Notre-Dame se trouve la statue en marbre de Carrare de Notre-Dame du Sacré Cœur, et la crypte est éclairée par des vitraux de dalles de verre éclaté. Le parc des pèlerinages (2 ha), planté par le père Chevalier, est un havre de paix et de prière.

Outre les pèlerinages, de Pâques à octobre, le centre accueille des groupes pour des retraites, des sessions de formation, des week-ends. Il reçoit également les personnes qui aspirent à connaître un temps de recueillement, de réflexion, dans une atmosphère de silence et de prière. Les grandes dates de l'année : dernier samedi de mai (fête de Notre-Dame du Sacré-Cœur) et premier samedi du mois de septembre (pélerinage international), ainsi que toutes les fêtes mariales, et celle du Cœur du Christ en juin.

ACCUEIL

Écrire auparavant :
• 141 chambres (200 lits), dont 80 individuelles, 30 avec lavabo, 50 avec w.c. et douche • 2 salles à manger (250 et 50 couverts) • accueil des personnes handicapées • plusieurs salles de travail, de réunion, de conférence • plusieurs chapelles et oratoires • possibilité d'accompagnement et d'échanges spirituels • parking • magasin et librairie religieuse.

OFFICES

En français :
• 7 h : messe (tous les jours) • 11 h 30 : messe (DF 11 h) • 17 h : prière mariale (jusque 17 h 30).

ACCÈS

• A 10 (Paris/Bordeaux), puis à Orléans A 71 (direction Clermont-Ferrand), puis à Vierzon A 20 (direction Limoges) ; sortie à Vatan, puis D 960 jusqu'à Issoudun.
• A 71 (Clermont-Ferrand/Orléans) en venant du sud, sortie à Bourges, puis N 151 jusqu'à Issoudun.
• SNCF à Issoudun (ligne Paris/Limoges).

♦ **BOUCHES-DU-RHÔNE**

JOUQUES
ABBAYE NOTRE-DAME DE FIDÉLITÉ

13490 Jouques

♦ Téléphone. : 04.42.57.80.17
♦ Fax : 04.42.67.05.21

Un vaste plateau dominant la Durance offre aux moniales de l'abbaye Notre-Dame de Fidélité la solitude qui leur permet de mener une vie ordonnée à la recherche de Dieu, selon la Règle de saint Benoît.

SITE

Dans un paysage lumineux de pins, de garrigues et de lavande, entre les monts du Lubéron, la chaîne de l'Étoile et les premiers contreforts des Alpes de Haute-Provence, l'abbaye est insérée au cœur d'une terre de contrastes sauvage et généreuse, vieux pays de chrétienté où la nature, la culture et l'histoire déploient leurs merveilles presque à l'infini. La vallée de la Durance, toute proche, ouvre ses sites pittoresques, notamment dans le défilé de Mirabeau ; les vestiges de châteaux de Pertuis et de la Tour d'Aigues, au nord-ouest, attestent le passé glorieux de la région, et, un peu plus loin, l'abbaye cistercienne de Silvacane rivalise, par la sobre beauté de son église, avec ses deux autres *sœurs provençales*, Sénanque et Le Thoronet ; son cloître présente des voûtes d'ogives qui signalent le passage du roman au gothique. Au sud, la montagne Sainte-Victoire perpétue, outre le souvenir de Cézanne, la possibilité de faire pénitence à la manière médiévale en montant par un chemin abrupt jusqu'à la Croix-de-Provence, d'où s'étend en contrebas un somptueux paysage, jusqu'à Aix-en-Provence.

HISTOIRE ET SPIRITUALITÉ

Notre-Dame de Fidélité, implantée en Provence en 1967, n'en a pas moins de solides racines : elle est fille de l'abbaye Saint-Louis du Temple, monastère fondé en 1816 par Louise-Adélaïde de Bourbon, princesse de Condé, à l'emplacement de la prison du Temple, à Paris (où avait été emprisonnée la famille royale pendant la Révolution), transférée ensuite rue Monsieur, puis à Limon, aux confins de la vallée de Chevreuse. La communauté des bénédictines de la rue Monsieur exerça une profonde influence sur une élite intellectuelle et artistique de la capitale ; l'abbaye de Jouques en a gardé, outre la porte de la chapelle et la table de communion conservées dans son église, l'héritage spirituel et liturgique exprimé dans la beauté du chant grégorien.

Les moniales mènent une vie contemplative, rythmée par la prière de l'office divin, dès la fin de la nuit et sept fois par jour ; leur prière se poursuit dans l'oraison et s'alimente à la *lectio divina*. Le travail, exigence de pauvreté et lieu où s'exercent l'obéissance et la charité fraternelle, prolonge la prière. Une exploitation agricole – ferme, potager, rucher, vigne –, et des ateliers d'artisanat – confitures, miel, canougat, enluminure, reliure, édition (Éditions du Cloître), ornements liturgiques, imagerie (Imagerie du Cloître) – constituent les principales activités et sources de revenus de l'abbaye.

ACCUEIL

Écrire à la sœur hôtelière :
Dans la maison des hôtes, les moniales accueillent leurs familles, mais aussi toute personne désireuse de trouver un lieu de silence, de ressourcement spirituel dans le repos et la prière. L'hospitalité monastique, très familiale, s'ouvre durant l'été aux jeunes, avec des conditions d'hébergement plus rustiques et la possibilité

d'effectuer un travail manuel. Chacun peut participer à la liturgie de la communauté.
- chambres individuelles et doubles avec lavabo, sanitaires à l'étage
- parking.

<table>
<tr><td>OFFICES</td><td>• 8 h 15 : tierce et messe (DF 10 h 45) • 17 h 45 : vêpres (DF 17 h 30) • 20 h 30 : complies.</td></tr>
</table>

OFFICES • 8 h 15 : tierce et messe (DF 10 h 45) • 17 h 45 : vêpres (DF 17 h 30) • 20 h 30 : complies.

ACCÈS • RN 96 (Aix-en-Provence/Manosque), puis D 561.
• SNCF à Meyrargues, à 7 km (ligne Marseille/Briançon), puis taxi.
• Car à Peyrolles (4 km).

♦ **CALVADOS**

14250 Juaye-Mondaye

JUAYE-MONDAYE
ABBAYE SAINT-MARTIN DE MONDAYE

♦ Téléphone : 02.31.92.58.11
♦ Fax : 02.31.92.08.05

Sise sur le dernier escarpement du bocage normand, Mondaye regarde l'étendue de la plaine du Bessin ; à l'horizon, les flèches de la cathédrale de Bayeux se détachent sur un ciel nacré. La campagne paisible, baignée par l'Aure et la Seulles, déploie vers les plages du Débarquement, sur la Manche, un décor de prairies, de haies et de bosquets entourant des fermes opulentes aux portes en arcade ; au fond de jardins en terrasses surgissent les façades de châteaux Renaissance – Lasson, Fontaine-Henry – ou classiques, dont l'un des plus beaux est sans conteste celui de Balleroy ; parfois, une vieille église – celle de Thaon (XIe s.) est admirablement située –, ou les vestiges d'un ancien prieuré rappellent le passé religieux de la contrée.

HISTOIRE Inscrite dans l'histoire de la Basse-Normandie, l'abbaye Saint-Martin l'est davantage encore depuis qu'au début du XVIIe siècle le talent de son prieur, le peintre-architecte Eustache Restout, en a fait l'admirable monument qu'on connaît aujourd'hui. En 1202-1204, un groupe de Prémontrés s'établit à la demande de l'évêque de Lisieux sur le Mont d'Aë, colline dont les sources (*aë*, c'est l'eau, en langue d'oïl) alimentent la région. Les fils de saint Norbert sont réputés pour leur charisme d'hospitalité, leur prière et leur pauvreté exemplaire font du site le *Mons Dei*, Mont-Dieu ; ils y ouvrent une léproserie, mais priants et pasteurs dans l'âme, ils centrent leur vie sur la liturgie (l'office canonial), le ministère paroissial et l'accueil.

Longtemps, l'abbaye reste une maison modeste, fervente, dont la vie régulière est parfois troublée par les aléas des guerres franco-

anglaises, puis des guerres de Religion. La communauté, sage et disciplinée, connaît au XVIIe siècle une période d'épanouissement spirituel, malgré le régime de la commende ; son adhésion à la *réforme de Lorraine* y contribue grandement. Le XVIIIe siècle voit la reconstruction de l'abbaye, mais la Révolution en chasse les religieux ; les bâtiments, qui par bonheur échappent à la destruction, abritent un collège, une communauté de trappistines. Enfin, en 1858, un essaim de Prémontrés belges restaure à Mondaye la vie norbertine, les vocations françaises affluent. Expulsée en 1903, à cause des lois anticléricales, la communauté s'exile en Belgique, d'où elle revient en 1921. Depuis ce temps, les Prémontrés de Mondaye assurent dans le Bessin une part du rayonnement spirituel et culturel de la Basse-Normandie, ayant repris la tradition qui durant huit siècles les a tenus *prêts à toute œuvre de bien* (leur devise).

SPIRITUALITÉ

Aujourd'hui, tout à la joie d'annoncer l'Évangile, ils consacrent leur temps à la prière, liturgique et personnelle, à l'étude, aux travaux intellectuels et manuels ; ils desservent quinze paroisses, prêchent sessions et récollections, assurent des aumôneries diverses (scoutisme), font tourner les ateliers, entretiennent la vaste maison. Enfin, ils reçoivent retraitants, hôtes et visiteurs.

L'hôtellerie (hors clôture) accueille pour une durée d'un à huit jours toute personne en quête d'un temps de calme, de recueillement ; il est demandé aux hôtes de respecter le cadre de vie et le silence. Les hommes peuvent prendre leurs repas au réfectoire de la communauté.

À VOIR

Au charme d'un séjour dans la campagne normande, une halte de silence à Mondaye ajoute le plaisir de découvrir l'admirable ensemble du XVIIIe siècle que constituent l'église abbatiale et le monastère, ensemble-clé du patrimoine religieux français de l'époque classique ; un religieux guide la visite de ce site classé, le dimanche après-midi, et tous les après-midi de juillet et d'août. L'église et le monastère ont été conçus par un Prémontré pour ses frères en religion, à une époque où la passion de la belle architecture et de la pierre poussaient de nombreux Ordres religieux à restaurer ou à reconstruire leurs maisons. L'église, aux structures simples et hardies, propose dans son agencement, ses chapelles et leur décoration picturale et statuaire, une véritable pédagogie de la foi, fondée sur l'Écriture et la Tradition. Quant au monastère, c'est une « demeure française » adaptée à la vie en commun, d'un classicisme sobre et élégant ; le cloître – inachevé, si bien que la lumière du couchant illumine la pierre blonde de l'aile est – dessert les pièces traditionnelles de la vie conventuelle.

ACCUEIL

Écrire ou téléphoner au frère hôtelier :
• 60 lits, douches à l'étage, diverses formules d'hébergement • accueil des personnes handicapées • salles de travail et bibliothèque • possibilité d'accompagnement et d'échanges spirituels • parking.

OFFICES

Ouverts à tous, en français :
• 12 h 15 : messe, durant l'année scolaire (11 h 30 pendant les vacances ; DF 11 h) • 18 h 30 : vêpres (DF 17 h).

ACCÈS

• D 67, puis D 178, à 8 km au sud de Bayeux.
• SNCF à Bayeux (ligne Paris /Cherbourg), puis taxi (8 km), ou voiture de l'abbaye.

◆ **FINISTÈRE**

LANDÉVENNEC
ABBAYE SAINT-GUÉNOLÉ

29560
Landévennec

◆ Téléphone : 02.98.27.73.34 et 02.98.27.37.53 (hôtellerie)
◆ Fax : 02.98.27.79.57

À flanc de coteau, contre l'éperon rocheux qu'enserrent les eaux étales du méandre de l'Aulne, l'abbaye Saint-Guénolé s'élève à l'écart du bourg posé à même la grève ; elle joue, dans un cadre marin aux alternances de plages et de falaises abruptes, de l'ordonnance de ses toits d'ardoise, du chaud reflet de sa pierre blonde que souligne le paysage de la presqu'île crozonnaise : l'âpre beauté des landes balayées par le vent s'y adoucit au voisinage de vallées abritées, où fleurit le mimosa. Le roc verrouille la rade que remonte régulièrement la marée ; au nord, au-delà de la passe baignant les collines verdoyantes, se profilent les monts d'Arrée ; vers l'ouest, à la « fin de la terre », s'avancent dans une mer sauvage les pointes du Raz et de Saint-Matthieu.

HISTOIRE

C'est dans ce site que, dès l'aube du christianisme en Bretagne, s'établit Guénolé, accompagné de quelques disciples. Originaires du pays de Galles, ses parents ont été chassés par les envahisseurs saxons et scots, et ils ont trouvé refuge sur le continent, près de Saint-Brieuc ; Guénolé est né là, en terre d'exil. Tout jeune, il se distingue par sa piété, le don des miracles atteste sa précoce sainteté ; il étudie sous la direction de Budoc, un moine irlandais lui aussi réfugié en Bretagne, qui l'envoie avec onze compagnons pour aller servir Dieu. Le petit groupe se dirige vers le couchant, traverse le Léon et vient finalement buter sur l'Aulne, où un îlot rattaché à la côte par une mince bande de terre leur paraît constituer un bon point de chute. Mais le lieu est battu par les vents et les embruns, la terre est rude : en face, sur l'autre rive, la colline boisée serait sans doute plus appropriée à leur vie monastique. Alors la communauté décide de s'y rendre. Comment ? Par la foi : se donnant la main l'un l'autre, les douze compagnons s'avancent sur l'eau en chantant le cantique de Moïse traversant la mer Rouge, et ils passent à pied sec... Telle est la légende des origines. Dans la petite clairière à flanc de colline, les moines mènent leur vie silencieuse de prière et de travail ; Guénolé les dirige avec une ferme bonté et, quand il meurt, rassasié d'ans, ses disciples ensevelissent

135

son corps saint sous l'autel de la chapelle. Plus tard, la légende s'empare de cette attachante figure : on lui prête une foule de disciples, plus saints les uns que les autres ; on en fait le conseiller du roi Gradlon, souverain de la ville d'Is, incomparable cité que la mer engloutit à cause des péchés de Dahut, la fille du roi : Guénolé est la voix prophétique qui domine la fureur des flots, il est le consolateur de Gradlon qui, assagi, vient finir ses jours à l'ombre du monastère.

En 913, incendié et pillé par les Normands, le monastère s'écroule dans les flammes ; mais il est depuis longtemps déserté : les

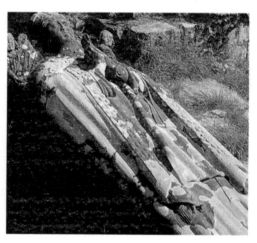

moines se sont réfugiés à Montreuil-sur-Mer, y ont fondé un autre moûtier. Ils ont la nostalgie du pays et, la paix ayant été conclue, ils reviennent à Landévennec, relèvent les ruines, creusent le roc, reconstruisent les bâtiments, plus beaux et plus vastes qu'auparavant : il ne reste plus, de l'abbaye romane du XIe siècle, que les vestiges de l'église, la façade, la base des piles, quelques fenêtres encloses dans des pans de mur, quelques chapiteaux. Pendant plusieurs siècles, la vie régulière se poursuit, malgré les conflits locaux, les invasions anglaises et les guerres de Religion, les pillards. Toujours, la communauté se relève, et c'est l'ère des abbés commendataires qui, dès le XVIe siècle, porte à l'abbaye un coup presque fatal. Mais en 1636 Landévennec s'agrège à la congrégation bénédictine de Saint-Maur, qui reprend en main la restauration : matérielle, en reconstruisant les bâtiments, spirituelle en réformant la vie monastique. Il reste de cette époque l'église et les allées du cloître. La décadence pourtant revient, et à la Révolution, les murs n'abritent plus que quatre moines, promptement jetés à la rue tandis que le domaine est mis à l'encan. L'abbaye passe aux mains de divers propriétaires, le premier la démantèle, vend ce qu'il peut vendre. Le reste s'écroule, inexorablement. Les derniers propriétaires rêvent de voir revenir les moines et sauvent ce qu'ils peuvent. Mais ce n'est qu'en 1950 que le père abbé des bénédictins de Kerbénéat peut envisager de relever Landévennec : pendant huit années, moines, clergé local, fidèles, communes et associations se mobilisent, et en 1958 le nouveau monastère est inauguré ; en 1965, l'église abbatiale est consacrée, la communauté s'accroît et rayonne ; en 1981, elle entreprend une fondation à Haïti.

SPIRITUALITÉ Aujourd'hui, dans les bâtiments construits à 300 m des ruines de l'antique abbaye, afin que les visiteurs puissent y accéder, les moines mènent une vie partagée entre la prière liturgique et personnelle, l'étude, les travaux manuels et l'accueil, qui s'est bien développé ces dernières années. Ils témoignent ainsi « que l'homme ne peut exister qu'en naissant au plus intime de lui-même, au Dieu déjà là, au Dieu présent et qui l'attend ». Avec joie, ils ouvrent à chacun un espace de paix et de silence favorisant la réflexion et le contact avec Dieu, donnant la priorité aux retraitants désireux de participer aux offices liturgiques.

ACCUEIL Écrire au père hôtelier :
• 30 chambres avec lavabo, sanitaires à l'étage • pension complète • possibilité d'accompagnement et d'échanges spirituels • vente sur place des produits monastiques : pâtes de fruits (également par correspondance), céramiques, cassettes et CD de chants de l'office réalisés à l'abbaye, livres sur l'abbaye • montage audiovisuel sur la vie de l'abbaye.

OFFICES En français, avec quelques pièces de grégorien :
• 7 h 30 : laudes • 11 h 15 : messe (DF 10 h 30) • 14 h : office médian (DF 14 h 30) • 18 h 15 : vêpres (DF 18 h en hiver) • 20 h 30 : complies (DF 20 h 15).

ACCÈS • N 165 (Brest/Quimper/Vannes), puis D 791 au Faou, et D 60 aux Quatre-Chemins.
• SNCF à Brest et car de la Presqu'île (Douguet).
• SNCF à Quimper et car SNCF Quimper/Camaret (arrêt à Argol) puis taxi (12 km).

♦ **Haute-Loire LANGEAC**
MONASTÈRE DE SAINTE-CATHERINE

2, rue du Pont
43300 Langeac   ♦ Téléphone : 04.71.77.01.50
                      ♦ Fax : 04.71.77.27.61

Lorsqu'on quitte le Puy-en-Velay par l'ancienne route de pèlerinage vers Saint-Jacques de Compostelle (aujourd'hui D 589), on laisse sur la droite Espaly, que dominent deux dykes volcaniques portant l'un les ruines d'un château, l'autre quelques bâtisses serrées au pied d'une colossale statue de saint Joseph, la première en France construite en ciment armé (1905-1910). La route s'engage dans les vallonnements d'une campagne riante et mène, à travers champs et bosquets de feuillus, jusqu'à Monistrol-d'Allier (26 km), char-

mant village niché dans un site agréable. De là, en se dirigeant vers les ruines du château de Rochegude campées sur une colline, on peut gagner Prades, à une quinzaine de kilomètres au nord et rejoindre, au débouché d'impressionnantes orgues basaltiques, la vallée de l'Allier. Entre de petites montagnes boisées piquetées de villages, la rivière roule ses eaux poissonneuses, s'insinuant entre rochers et bancs de gravier ; sur l'autre rive, la chapelle romane de Sainte-Marie-des-Chazes se dresse un peu à l'écart, puis on traverse bientôt Chanteuges, un joli village aux maisons resserrées autour d'un vieux prieuré flanqué d'un cloître, et on atteint Langeac où l'on retrouve l'Allier, que l'on a quitté quelques kilomètres auparavant.

HISTOIRE ET
SPIRITUALITÉ

Ce chemin des écoliers n'est pas celui qu'emprunte le 24 septembre 1623 le petit groupe parti le matin même du Puy pour aller fonder à Langeac un monastère de dominicaines : deux prêtres, trois moniales du Puy, quatre dames fondatrices, et une jeune fille, Agnès Galand. On est pressé d'arriver – on voyage en charrettes et montures – , et on a coupé au plus court, par la route sinuant plus au nord sur le plateau boisé entre vignes et prairies, pour arriver dans l'après-midi en vue de la cité, qu'on aborde là par un pont qui franchit l'Allier. Agnès Galand, à vues humaines la plus insignifiante du groupe, sera quelques années plus tard connue sous le nom de mère Agnès et tenue pour la fondatrice du monastère : mystique insigne, cette humble fille de coutelier exercera, par le

rayonnement de sa charité, une grande influence sur la population locale, notamment les pauvres, les plus défavorisés, les incroyants, avec une prédilection pour les jeunes mamans ; mais aussi sur Jean-Jacques Olier, fondateur des prêtres de Saint-Sulpice, et à travers lui sur le sacerdoce français du XVIIe siècle. Agnès de Langeac, « mère des séminaires de France », comme le mentionnent plusieurs lettres de supplique adressées au pape au cours des siècles, a été béatifiée en 1994 ; la châsse renfermant ses restes est conservée au monastère de Langeac et attire de nombreux pèlerins, qui viennent recourir à son intercession, en particulier les femmes qui souhaitent avoir un enfant et celles qui connaissent une grossesse difficile.

Aujourd'hui, le monastère des dominicaines se dresse sur les rives de l'Allier, juste après le pont que franchit Agnès de Langeac en arrivant dans la ville. Les bâtiments de l'ancien couvent ont été incorporés à l'hôpital ; toutes proches, la collégiale Saint-Gal (XVe s.) et plusieurs maisons anciennes sont restées telles que les a connues mère Agnès.

Dans le silence de la vie contemplative, que rythment la prière, l'étude et les travaux, les moniales de Langeac s'efforcent de rester fidèles à l'esprit de leur père saint Dominique et à l'héritage spirituel de mère Agnès. Elles reçoivent, pour des retraites spirituelles, les personnes en quête de silence et d'intériorité.

ACCUEIL

Ouvert toute l'année, sauf en septembre.
Écrire à la sœur hôtelière :
• 18 chambres simples et confortables • participation aux frais suivant le coût de la vie, laissée à l'appréciation des hôtes • bibliothèque • possibilité d'accompagnement et d'échanges spirituels • un petit jardin propice au silence • la campagne est toute proche • parking.

OFFICES

En français. La chapelle, abritant la châsse de mère Agnès, est ouverte au public :
• 6 h 15 : laudes (DF 7 h) • 8 h : messe • 11 h 45 : heure médiane • 17 h 40 : vêpres • 20 h 30 : vigiles et complies.

ACCÈS

• A 75 (Clermont-Ferrand/Le Monastier) puis N 102 (Brioude/ Le Puy), et D 56 ou D 590 vers Langeac ; D 590 depuis Le Puy ; D 990 puis D 590 depuis Saint-Flour.
• SNCF à Langeac (ligne Clermont-Ferrand/Nîmes) ; la gare est à 700 m du monastère (taxi).

♦ **TERRITOIRE**
DE BELFORT

LEPUIX-GY
PRIEURÉ SAINT-BENOÎT DE CHAUVEROCHE

90200
Lepuix-Gy

♦ Téléphone : 03.84.29.01.57
♦ Fax : 03.84.29.56.80

Le prieuré a été fondé en 1980 par les moines bénédictins de la Pierre-qui-Vire (cf. *p. 242* Saint-Léger-Vauban), dans un site propice à la méditation : les bâtiments sont groupés autour d'une belle chapelle toute simple – la chapelle de la Transfiguration et de l'Unité – œuvre de Jean Cosse, qui s'intègre au cadre sauvage des contreforts du ballon d'Alsace.

La petite communauté accueille volontiers toute personne en quête d'un temps fort de réflexion dans le silence, et l'invite à partager sa prière liturgique et l'atmosphère de recueillement qui baigne les lieux.

ACCUEIL

Écrire au frère hôtelier :
• 7 chambres individuelles au confort simple • repas avec la communauté, en silence • possibilité d'accompagnement et d'échanges spirituels • vente sur place de croix en bois exotique et de minéraux montés sur socle de bois • librairie religieuse.

OFFICES

Chantés en français :
• 5 h : vigiles • 7 h 30 : laudes • 9 h 30 : eucharistie (sauf le lundi et le jeudi, à 7 h 30, et DF à 10 h) • 12 h 15 : heure médiane • 18 h : vêpres • 20 h 30 : complies.

ACCÈS

• A 36 (Beaune/Mulhouse), sortie à Belfort-Centre, puis D 465 (Belfort/Giromagny : route du ballon d'Alsace).
• SNCF à Belfort (lignes Paris/Bâle et Lyon/Strasbourg), puis taxi ou car ligne 37 (Belfort/Giromagny).

♦ **PYRÉNÉES-**
ATLANTIQUES

LESTELLE-BÉTHARRAM
SANCTUAIRE NOTRE-DAME DE BÉTHARRAM

64800 Lestelle-
Bétharram

♦ Téléphone : 05.59.71.92.30

Ce lieu de pèlerinage fort ancien doit sa renaissance à une charmante légende : on y vénérait depuis longtemps une statue de la Vierge découverte par des bergers ; un jour, une jeune fille tombe dans le gave ; près de se noyer, elle invoque la Vierge, qui lui apparaît et lui tend un rameau – *beth arram* (le beau rameau, en béarnais), auquel elle peut se raccrocher.

HISTOIRE

Ravagé par les guerres de Religion, le sanctuaire est abandonné jusqu'à ce qu'un « miracle » y ramène les foules : en 1616, une tempête abat la croix du calvaire, qui se relève aussitôt, environnée de lumière, sous les yeux de cinq hommes passant par là. L'église est reconstruite au xviie siècle. Puis la Révolution détruit le chemin de croix : un enfant du pays, Michel Garicoïts (1797-1863), le relève ; il sera le fondateur de la congrégation des prêtres du Sacré-Cœur de Bétharram, voués initialement à l'apostolat local, par la prédication et les retraites, mais aussi par l'éducation des enfants et la lutte contre l'illettrisme. Aujourd'hui, ils ont toujours en charge le sanctuaire, dont l'hôtellerie permet à certaines périodes de l'année (en dehors des vacances scolaires, et des 14-15 mai, fêtes de saint Michel Garicoïts et de la sainte Croix, qui attirent de nombreux pèlerins), une halte de silence et de repos. Un grand parc entoure les bâtiments de l'hôtellerie.

Toutes proches, les grottes de Bétharram constituent le but d'une passionnante excursion ; elles s'enfoncent dans les collines adossées au massif forestier des Toupiettes (1350 m.), déployant sur cinq niveaux des voûtes impressionnantes, dont les plus basses abritent une rivière souterraine que l'on peut parcourir en barque.

ACCUEIL

Écrire au chapelain du sanctuaire :
• 10 chambres doubles, 6 chambres dans une maison isolée, sanitaires à l'étage • chacun assure son séjour (cuisine, entretien, etc.) • bibliothèque • possibilité d'accompagnement et d'échanges spirituels • accueil des personnes handicapées • parking.

OFFICES

Les horaires, variables, sont disponibles sur place.

ACCÈS

• D 937 - D 938 (Pau/Lourdes).
• SNCF à Lourdes (TGV), ou Coarraze-Nay (ligne Bayonne/Lourdes), puis taxi (8 km).

141

♦ **GIRONDE**

58, rue
des Réaux
33500 Libourne

**LIBOURNE
NOTRE-DAME DU CÉNACLE**
« MONREPOS »

♦ Téléphone : 03.57.51.05.53

Le centre « Monrepos » est situé à la porte de Libourne, cité viticole très active (le Libournais est la deuxième région viticole du Bordelais, après le Médoc), dans un grand parc calme et ombragé. En collaboration avec des jésuites, les sœurs du Cénacle y proposent un programme annuel de retraites ignatiennes et autres ; elles accueillent également toute personne en quête d'un climat de silence, de prière et de partage.

SPIRITUALITÉ

La congrégation du Cénacle voit le jour en 1826 à La Louvesc, en Ardèche, à l'occasion des pèlerinages au tombeau de saint Jean-

François Régis (jésuite mort en 1640, épuisé par ses missions dans le Velay et les régions voisines, très touchées par le protestantisme... et la misère) : le père Terme, soucieux de voir les pèlerins profiter au mieux de leur démarche, s'adjoint trois sœurs de « l'instruction », dont Thérèse Couderc, pour accueillir et aider ceux qui souhaitent effectuer un séjour dans la prière et le silence. Cette intuition initiale se nourrit de la contemplation du mystère de Marie au Cénacle, mystère d'attente de l'Esprit saint : tous ensemble dans le recueillement, avec Marie, mère de Jésus. Telle est la spiritualité des sœurs de Notre-Dame de la Retraite au Cénacle, appelées couramment sœurs du Cénacle, dont sainte Thérèse Couderc, héritière de l'esprit du père Terme, est considérée comme la fondatrice.

ACCUEIL

Écrire au secrétariat des retraites :
• plusieurs chambres individuelles, toutes avec lavabo, douches et sanitaires à l'étage • bibliothèque • possibilité d'accompagnement ou d'échanges spirituels • parking.

OFFICES

Se renseigner sur place pour les horaires.

ACCÈS

• RN 89 (Bordeaux / Périgueux).
• SNCF à Libourne (ligne Bordeaux/Angoulême), puis taxi (3 km).

♦ **VIENNE**

86240 Liguge

LIGUGÉ
ABBAYE SAINT-MARTIN

♦ Téléphone : 05.49.55.21.12
♦ Fax : 05.49.55.10.98

L'abbaye Saint-Martin – le plus ancien monastère d'Occident – s'élève à l'endroit où Martin, officier romain originaire de Pannonie (Hongrie), s'établit en 361 dans la villa gallo-romaine en ruine que lui avait donnée Hilaire, évêque de Poitiers. Depuis les origines, son histoire est celle de l'indéfectible fidélité de moines qui, malgré dispersions, exils et expulsions, sont toujours revenus au lieu même sanctifié par l'*Apôtre des Gaules,* pour y mener une vie d'obéissance, de silence et d'humbles travaux, « afin qu'en tout Dieu soit glorifié ».

HISTOIRE

Dix ans après avoir établi à Liguge le premier foyer monastique d'Occident, Martin est élu évêque de Tours ; il meurt en 397. Son culte s'étend bientôt à toute l'Europe occidentale, attesté par les pèlerinages qui convergent à Liguge, dans la « basilica » édifiée au

Émail réalisé à l'Abbaye d'après la Nativité de Rouault.
© ADAGP, Paris 1997

VIIe siècle. Le monastère prospère pendant un siècle, puis c'est le silence : les guerres ou l'invasion arabe l'ont-elles ruiné ? Il est restauré vers l'an mil par la comtesse Aumode et connaît, jusqu'au début du XVIe siècle, un développement régulier, ponctué par les vicissitudes de l'histoire ; le régime de la commende sonne le glas de la communauté, qui s'éteint en 1520. Les bâtiments passent à des chapelains, puis aux jésuites de Poitiers. Enfin, en 1793, un aubergiste acquiert les lieux, devenus bien national.

L'évêque de Poitiers, ayant racheté le site en 1852, obtient l'envoi par Dom Guéranger, abbé de Solesmes, de quatre moines, qui restaurent la vie monastique ; le titre abbatial est rétabli en 1856, et la communauté connaît une rapide expansion, si bien qu'elle peut relever l'antique abbaye de Silos (Espagne), puis essaimer à Paris, à Saint-

Wandrille. Haut-lieu de spiritualité et d'études, Ligugé accueille un oblat célèbre, J.-K. Huysmans – il décrira la vie monastique dans *L'Oblat* –, et écarte un postulant encore plus connu, Paul Claudel, qui évoquera sa vocation manquée dans *Partage de Midi*. En 1901, les moines sont expulsés : ils se réfugient à Chèvetogne, en Belgique, reviennent d'exil en 1923. Pendant la guerre, l'abbaye devient un centre actif de la résistance : le père Lambert, membre du réseau « Renard », est décapité par les Allemands en 1943.

SPIRITUALITÉ

Aujourd'hui, les moines mènent la vie régulière des fils de saint

Benoît, partagée entre le chant de l'office, la prière personnelle, le travail manuel et intellectuel. En 1947, renouant avec une tradition séculaire, la communauté a créé un atelier d'émaillerie qui a réalisé des pièces uniques à partir d'œuvres de peintres contemporains, tels Rouault, Braque, Manessier, etc. Outre les émaux d'art qu'ils fabriquent, les moines proposent à leurs hôtes et visiteurs des livres, et des disques et cassettes (enregistrement de chants grégoriens et français réalisés sur place). Fidèles à leur tradition d'accueil, ils reçoivent pour des retraites, des temps forts de silence et de réflexion : messieurs, dames, foyers ou groupes sont logés dans des hôtelleries confortables, adaptées aux besoins de chacun. Pour toute information, il suffit d'écrire ou de téléphoner au père chargé de l'accueil.

© Cliché J.-P. Rivaux. Ed. Europart Ligugé

À VOIR

L'abbaye est sise à 8 km au sud de Poitiers, ville remarquable par son architecture et ses monuments (cathédrale romane, églises Notre-Dame-la Grande et Sainte-Radegonde, baptistère Saint-Jean du IVe siècle, etc.). À Ligugé, on visite les vestiges d'un exceptionnel ensemble d'édifices préromans. Les environs – la vallée du Clain notamment – sont le but d'agréables randonnées.

ACCUEIL

Écrire au père hôtelier :
Maison des hôtes pour messieurs : 10 chambres avec lavabo, sanitaires à l'étage • maison des hôtes pour dames et foyers : 9 chambres avec lavabo, sanitaires à l'étage • vente d'émaux à la porterie et dans les boutiques de l'artisanat monastique • vente de disques et CD de chants liturgiques à la porterie.

OFFICES

Chant grégorien, psaumes en français :
• 7 h : laudes • 8 h 30 : tierce (en semaine) • 11 h 30 : messe (DF 10 h) • 12 h 45 : sexte (dimanche) • 13 h 40 : none • 18 h : vêpres (DF 16 h 30) • 20 h : complies • 21 h : vigiles.

ACCÈS

• A10 (sortie à Poitiers), puis D4.
• SNCF à Poitiers.

© *Les Nouvelles Éditions latines*

♦ ORNE

La Cassine
61420 Livaie

LIVAIE
ERMITAGE SAINT-FRANÇOIS

♦ Téléphone : 02.33.27.39.04

L'ermitage Saint-François, situé au pied de la butte Chaumont, est un havre de paix, en harmonie avec la nature et propice au recueillement ; toute proche, la forêt domaniale d'Écouves permet d'agréables balades, et le village voisin de La Roche-Mabile conserve de sa prospérité médiévale une motte fortifiée du xᵉ s. et une belle église romane du xiᵉ s.

SPIRITUALITÉ

La communauté du Pain de Vie est venue en 1994 relayer les pères capucins, fondateurs de l'ermitage en 1971. Elle a son origine dans la conversion soudaine d'un couple, Pascal et Marie-Annick Pingault, rejoint bientôt par d'autres ; officiellement reconnue par l'Église comme association de fidèles de droit privé (23 juin 1984), elle est appelée à rassembler en un seul peuple des hommes et femmes de tous âges, conditions et vocations (familles, célibataires, laïcs consacrés, prêtres, diacres, ermites), menant ensemble une vie résolument eucharistique qui s'exprime dans l'adoration du Saint-Sacrement, la participation quotidienne à l'eucharistie, la prière liturgique régulière et l'accueil des plus pauvres : à ceux-ci, elle offre l'hospitalité et permet de partager l'intégralité de la vie communautaire.

Au sein de la communauté, l'ermitage Saint-François a une vocation plus contemplative : lieu de retraite, il ouvre ses portes à quiconque veut approfondir sa relation à Dieu, évangéliser son cœur et sa mémoire. Les membres de la communauté résidant à La

Cassine mènent une vie de travail rythmée par les temps de prière et d'adoration du Saint-Sacrement, exposé dans la chapelle en bois dont les vitraux dispensent une atmosphère chaleureuse et recueillie.

La communauté propose un accueil individuel pour des retraites en silence et en solitude. Elle met à la disposition de ses hôtes des chambres rustiques ou des ermitages en lisière de forêt, sans confort moderne, chauffés au bois. Les repas peuvent être pris seul dans la chambre, ou avec la communauté. La participation financière est laissée à l'appréciation de celui qui vient.

ACCUEIL

Écrire à la Communauté :
• quelques chambres et ermitages individuels • parking.

OFFICES

• 7 h 30 : laudes (suivies d'une heure d'adoration du Saint-Sacrement exposé) • 12 h : office du milieu du jour • 18 h : vêpres • 20 h 15 : complies (suivies d'une heure d'adoration du Saint-Sacrement exposé) • Le jeudi, messe à 8 h à La Roche-Mabile ; le dimanche, messe dans les paroisses voisines.

ACCÈS

• N 12 (Alençon/Rennes), puis la D 250 par Rance (en venant d'Alençon) ou D 536 par Gandelain (en venant de Rennes), jusqu'à La Roche-Mabile ; de la place de cette localité, prendre la direction de Livaie, puis la première à droite (direction Puet), et continuer jusqu'au bout de l'impasse.
• SNCF : Alençon (train corail Paris Montparnasse/Surdon) ou TGV (Paris Montparnasse/ Le Mans). De là, taxi ou voiture de la communauté.

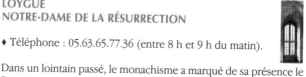

♦ **TARN-ET-GARONNE**

LOYGUE
NOTRE-DAME DE LA RÉSURRECTION

Loygue
82160
Puylargade

♦ Téléphone : 05.63.65.77.36 (entre 8 h et 9 h du matin).

Dans un lointain passé, le monachisme a marqué de sa présence le Rouergue occidental, avec les abbayes cisterciennes de Loc Dieu et de Beaulieu ; à l'aube de la Renaissance a été construite la char-

treuse de Villefranche-de-Rouergue ; la vie religieuse y perdura jusqu'à la Révolution, et aujourd'hui, ces architectures remarquables attirent de nombreux touristes durant les mois d'été. L'abbaye de Loc Dieu, mal retapée puis transformée en château, a néanmoins conservé son superbe cloître. Près du bourg de Saint-Antonin Noble-Val, l'abbaye de Beaulieu a été parfaitement restaurée ; elle abrite un centre d'art contemporain permanent et, en été, un festival de musique contemporaine. Saint-Antonin se déploie dans un site ravissant au bord de l'Aveyron ; entre le quai et l'hôtel de ville subsiste un quartier médiéval aux belles demeures de négociants (XIII-XVe s.), et, du belvédère la vue s'étend sur le causse. À 5 km au sud-ouest, le château de Cas, à Espinas, est une ancienne commanderie de templiers. Quant à la chartreuse de Villefranche, c'est l'un des plus beaux monuments du Rouergue : on admirera, parmi les corps de bâtiment d'une remarquable homogénéité, le petit cloître de style flamboyant, la chapelle qui abrite le tombeau des fondateurs – de richissimes commerçants –, le réfectoire, les verrières de la salle capitulaire (XVIe s.). Villefranche, ancienne bastide fortifiée au XIVe siècle, s'enorgueillit en outre de la collégiale Notre-Dame, dont l'énorme clocher-porche domine les vieilles maisons à arcades de la place des Cornières, et de la chapelle des Pénitents noirs, dont le décor intérieur (XVIIe s.) révèle l'influence du baroque espagnol.

À quelques kilomètres de ces hauts-lieux, sur cette *terre de désir et de feu,* des ermites prennent humblement le relais, au service de la prière et de la louange. Parmi ces nouvelles implantations, Notre-Dame de la Résurrection : en ce lieu de silence et de solitude fondé en 1984, deux ermites partagent un cadre propice au recueillement avec des chrétiens appelés à une retraite spirituelle, dans la tradition des pères du désert. La beauté de la nature où, sous les chênes, affleurent et se dressent les rochers, invite à de longues marches où le priant se laisse rencontrer par Dieu.

ACCUEIL

Écrire à l'ermitage :
• réservé exlusivement à des priants qui s'engagent à vivre une démarche spirituelle, et à respecter le silence des lieux • séjour de durée variable (de 3 jours à plusieurs semaines), suivant l'avancement spirituel des hôtes • possibilité, après un premier séjour et entente mutuelle, d'expérimenter durant quelques mois une approche de la vie érémitique • séjour en stricte solitude, dans des ermitages individuels • repas préparés et pris en solitude dans l'ermitage • possibilité d'effectuer, dans le silence, un travail manuel.

OFFICES

L'eucharistie quotidienne et l'office de la Résurrection, dans la nuit du samedi au dimanche, rassemblent ermites et retraitants dans la chapelle des ermitages.

ACCÈS

D 914 (Villefranche-de-Rouergue/Montauban), puis D 33 au Pech Laumet vers Puylargade, et de là direction Vidaillac, jusqu'à l'embranchement vers Loygue ; ou, à partir de Caylus, sur la D 926, prendre la D 97 jusqu'à Puylargade.

m n o p

♦ **ARDENNES**

08370 Margut

MARGUT - SAINT-WALFROY
ERMITAGE SAINT-WALFROY

♦ Téléphone : 03.24.22.67.31
♦ Fax : 03.24.22.15.94

La *Sainte Montagne* a été sanctifiée au fil des siècles par la présence d'ermites qui y vivaient de leur travail, à la suite de saint Walfroy.

HISTOIRE

Walfroy, diacre lombard disciple de saint Martin, s'établit en 565 sur la colline qui porte aujourd'hui son nom : on y adore Arduina, déesse de la chasse et de la forêt (qui a donné son nom aux Ardennes). Walfroy vit sur une colonne, à l'imitation des stylites d'Orient ; ni la rigueur du climat, ni les quolibets ne l'émeuvent ; finalement, sa prédication et son exemple impressionnent la population, et les conversions se multiplient, jusqu'à ce que l'on décide de briser la statue de la déesse ardennaise.

Alors, obéissant à son évêque (celui de Trèves, à l'époque), Walfroy descend de sa colonne et se met à évangéliser la région. Il meurt en 594. Confié en 1237 aux moines de l'abbaye d'Orval, l'ermitage attire de nombreux pèlerins. Après la Révolution, l'archevêque de Reims rachète la propriété : on reconstruit l'église, les pèlerinages reprennent, confiés aux Lazaristes, puis à des missionnaires diocésains. Incendiés en 1916, détruits en 1940, les bâtiments sont réédifiés après la guerre, et dès 1958 les oblats de Marie Immaculée assurent le pèlerinage et le service des paroisses voisines. Enfin, en 1989, Mgr Balland, alors archevêque de Reims, installe sur les lieux une communauté de Frères auxiliaires du clergé.

SITE

La Fraternité accueille quiconque souhaite faire une halte de silence et de partage. Le site s'y prête à merveille : à 350 m d'altitude, sur un plateau verdoyant de l'Yvois, l'ermitage – havre de paix au cœur d'une propriété partiellement boisée de plus de six hectares – invite à la contemplation et aux marches silencieuses. Les envi-

150

rons offrent un réel intérêt : ruines de l'abbaye d'Orval (XIIIe s.), sanctuaire de Notre-Dame d'Avioth (XVe s.), forteresse de Vauban à Montmédy (XVIIe s.), église abbatiale de Mouzon (la « perle des Ardennes », XIIe s.), avec sa cellule de recluse, et les ouvrages de la ligne Maginot, épars dans la région.

SPIRITUALITÉ

Haut-lieu chrétien de l'Europe – des foules de fidèles y viennent en pèlerinage suivant les fêtes liturgiques –, l'ermitage Saint-Walfroy offre la possibilité d'un ressourcement dans le calme (15 jours maximum) : les hôtes s'engagent à respecter le silence et l'atmosphère de recueillement, ils peuvent participer aux services domestiques, et s'associer à la prière des frères dans l'église moderne dont la forme rappelle la tente-abri du pèlerin ; à l'intérieur, piliers et charpentes évoquent la forêt ardennaise, et la grande verrière symbolise la lutte du bien et du mal. On trouve sur place une librairie et une salle d'exposition.

ACCUEIL

Pour les conditions de séjour, s'adresser par écrit au frère directeur :
• 53 chambres individuelles et 5 pour couples, avec lavabo, sanitaires à l'étage • accueil des personnes handicapées • bibliothèque • possibilité d'accompagnement et d'échanges spirituels • parking.

OFFICES

Chaque jour, laudes et vêpres ; eucharistie plusieurs fois par semaine, messe le dimanche à 18 h, du deuxième dimanche de Pâques à la Toussaint ; à 15 h lors des grands pèlerinages (le calendrier est disponible chaque année).

ACCÈS

• RN 43 (Sedan/Montmédy) et D 44 (Stenay/Orval), embranchement à Margut.
• SNCF à Carignan (13 km), puis car ou taxi.

♦ BAS-RHIN

1, place
de la Basilique
67500
Marienthal

**MARIENTHAL
CENTRE MARIAL DE LA BASILIQUE**

♦ Téléphone : 03.88.93.90.91
♦ Fax : 03.88.06.11.30

Marienthal, *la vallée de Marie*, est le plus célèbre pèlerinage marial d'Alsace.

HISTOIRE ET SPIRITUALITÉ

Au milieu du XIIIe siècle, le chevalier Albert de Haguenau se retire dans la forêt pour y mener une vie solitaire. Des disciples l'ayant rejoint, il les réunit en une communauté de Guillelmites, ermites

151

qui, sous la Règle de saint Benoît, s'adonnent dans le silence perpétuel au travail manuel et à la pénitence ; ils vénèrent une statue de la Vierge, que viennent prier les fidèles de la région. Le pèlerinage se développe au fil des siècles, malgré la guerre de Cent Ans (durant laquelle la statue miraculeuse disparaît), puis la Réforme ; pris en charge par les jésuites en 1617, il est stimulé au XVIIIe siècle par la dévotion de Stanislas Leczinski, roi de Pologne et duc de Lorraine, et de sa fille Marie, future reine de France, qui s'y rendent souvent. Après la Révolution, le pèlerinage reprend, si florissant qu'on édifie en 1863 la basilique actuelle, pour remplacer l'ancienne église devenue trop petite. Aujourd'hui, le sanctuaire est un haut-lieu de prière pour la paix, la réconciliation, l'unité dans les familles et entre les peuples ; l'office divin et l'adoration du Saint-Sacrement sont assurés par une équipe de prêtres et une communauté de bénédictines du Sacré-Cœur de Montmartre, qui accueillent dans l'hôtellerie adjacente au sanctuaire les personnes en quête de silence et de réflexion ; un grand parc ombragé et la forêt proche assurent au site un environnement paisible.

À VOIR
On remarquera dans la basilique, éclairée par les belles verrières de Jacques Le Chevalier (1955), les statues de la Vierge à l'Enfant et de la Pietà (XVe s.), mises à l'abri en Allemagne pendant la Révolution ; la sacristie date du XVIe siècle.

ACCUEIL
Contacter par correspondance la sœur hôtelière :
• 6 chambres individuelles et 21 doubles, avec douches et sanitaires à l'étage • repas dans des salles à manger communes • bibliothèque • possibilité d'accompagnement et d'échanges spirituels • accueil des personnes handicapées • magasin et librairie religieuse • parking.

OFFICES
Plusieurs messes par jour, et récitation de l'office divin (horaires sur place).

ACCÈS
• A 4 (Paris/Strasbourg, sortie Haguenau), puis N 44 et D 139, direction Marienthal ; ou D 140, par Brumath. Marienthal est à 5 km de Haguenau.
• SNCF à Marienthal (ligne Strasbourg/Haguenau), à 200 m du sanctuaire.

♦ Saône-et-Loire

**MAZILLE
CARMEL DE LA PAIX**

**B.P. 10
71250 Mazille**

♦ Téléphone : 03.85.50.80.54
♦ Fax : 03.85.50.81.83

Établi sur une colline à proximité du village de Mazille, le carmel de la Paix offre l'exemple d'une réalisation architecturale résolument contemporaine conçue pour répondre aux besoins et aux activités de la communauté monastique.

ARCHITECTURE ET SPIRITUALITÉ

C'est en 1971 que les carmélites de Chalon-sur-Saône, fondées en 1610 par Louise de Jésus (Jourdain), une des premières carmélites françaises de la réforme thérésienne, se transfèrent dans ce site paisible : le renouveau de la vie liturgique, les exigences d'une vie de travail, mais aussi d'accueil pour le partage de la prière, ont amené depuis plusieurs années la communauté à une réflexion qui trouve son expression dans les circonstances de cette nouvelle installation, où les religieuses peuvent définir de manière plus claire les axes essentiels de leur vie monastique.

Le monastère est construit en béton, matériau qui s'imposait pour des raisons économiques, sur les plans de José Luis Sert, dans une étroite collaboration avec la communauté. José Luis Sert, condisciple de Le Corbusier et ancien doyen de Harvard, appartient à cette génération d'architectes qui, dans la mouvance de Gropius et avec le CIAM, n'ont pas craint de renouveler profondément les formes en s'affrontant au béton. Le gros œuvre terminé en une année, la communauté s'installe dans les murs et poursuit les travaux d'aménagement des lieux, tout en démarrant une petite exploitation agricole qui justifie l'occupation des terrains adjacents en friches et permet aux moniales de subvenir à leurs besoins. Les diverses structures de béton, mises en valeur par un environnement d'arbres et de verdure, s'intègrent harmonieusement dans un paysage lumineux que ponctue, au pied de la colline, la petite église romane (classée) de Mazille.

Au fil des années, la demande d'accueil n'a cessé de s'accroître, groupes et individuels se succèdent toute l'année dans une diversité largement œcuménique. Les moniales proposent essentiellement le partage de la liturgie, du silence de la colline, la possibilité aussi, pour ceux qui le souhaitent, de quelques heures de travail manuel ou champêtre. Le respect du climat de silence autour des lieux monastiques est sollicité de tous.

ACCUEIL

Inscriptions par correspondance pour des séjours à durée limitée (week-ends ou semaine) ; la participation aux frais s'adapte aux possibilités de chacun :
• petits pavillons et ermitages • produits de l'artisanat des religieuses : empaillage de sièges, vannerie, cartes et images, confection d'aubes et de vêtements liturgiques • parking.

OFFICES

Participation à la liturgie, en français, ouverte à tous :
• 7 h : laudes, suivies d'une heure de prière silencieuse • 11 h : eucharistie • 17 h 30 : office du soir, suivi d'une heure de prière silencieuse • 21 h 30 : vigiles.

ACCÈS

• RN 79 (Mâcon/Charolles). Le monastère est situé au-dessus du village de Mazille.
• SNCF à Mâcon (Mâcon-Loche pour le TGV), puis taxi.

♦ LOIRE-ATLANTIQUE

**44520
La Meilleraye-de-Bretagne**

LA MEILLERAYE-DE-BRETAGNE
ABBAYE NOTRE-DAME DE MELLERAY

♦ Téléphone : 02.40.55.26.00
♦ Fax : 02.40.55.22.43

Aux portes de la Bretagne, la cité de Châteaubriant semble monter la garde, avec sa puissante forteresse à l'ombre de laquelle s'abritent les maisons de la vieille ville (xv-xvie s.) ; le donjon carré domine de sa masse imposante un ensemble de bâtiments de l'époque médiévale constituant le Vieux-Château, auquel s'est accolé à la Renaissance le Château-Neuf (1533-1539). Plus bas dans la ville, au faubourg de Béré, une belle église de la fin du xie siècle a conservé le porche de bois qu'on lui a adjoint au xve siècle, et abrite une Vierge du xive siècle et trois retables du xviie siècle. À la sortie de la ville vers Pouancé, un mémorial rappelle l'exécution sommaire de 27 otages, fusillés par les nazis en 1941.

HISTOIRE

Au sud, la route de Nantes traverse une campagne placide que bordent la forêt Pavée, puis plus loin la forêt de Vioreau, où de nombreux plans d'eau font la joie des pêcheurs et des amateurs de sports nautiques. C'est à la lisière de ces bois épais qu'en 1142, la toute jeune abbaye de Pontrond (Mayenne) fonde Melleray. Choyé par les seigneurs et barons locaux, l'établissement s'épanouit dans son cadre de verdure ; l'église est consacrée en 1183 : elle subsiste de nos jours, avec ses proportions harmonieuses et ses lignes pures qui incitent à la prière et dispensent un climat de paix. Jusqu'au milieu du XVIe siècle, la vie régulière se poursuit, fervente tout d'abord, puis peu à peu déclinante, à cause des litiges féodaux, des conflits entre la France et le duché de Bretagne ; l'institution d'un abbé commendataire, puis les guerres de Religion, portent un rude coup à l'abbaye : l'observance fléchit, les bâtiments se délabrent. Mais elle passe à l'étroite observance de Clairvaux en 1664, ce qui lui vaut un regain de vitalité : on revient

à une vie régulière plus austère, et en même temps on restaure les ailes est (1701) et ouest (1761). Travaux assez dérisoires, car le nombre des moines ne dépasse jamais quinze et, quand la Révolution éclate, ils ne sont plus que cinq, dont trois se sécularisent sans état d'âme. Les bâtiments, devenus biens nationaux, sont acquis par un particulier, qui conserve les lieux en l'état et même permet en 1803 au nouveau curé du village d'y loger et d'utiliser l'église abbatiale comme église paroissiale, celle-ci ayant été brûlée.

RENOUVEAU

En 1817, une communauté de cisterciens venus d'Angleterre réintègre les lieux : ils étaient établis à Lulworth depuis 1794, quatre moines s'y étant fixés après avoir manqué le bateau qui devait les mener au Canada, où le restaurateur de la vie monastique en France, Dom Augustin de Lestrange, alors réfugié à la Valsainte en Suisse, avait envisagé de les envoyer. Soutenu par un généreux lord catholique, Thomas Weld, le monastère anglais a si bien prospéré qu'au retour en France la communauté compte cinquante-sept moines : à leur tête, Dom Antoine Saulnier de Beauregard, organisateur exceptionnel autant qu'homme de profonde vie intérieure, qui a obtenu trois ans auparavant l'érection de Lulworth en abbaye.

Sous son impulsion, l'abbaye de Melleray connaît un développement sans pareil, et les vocations affluent. Les moines se spécialisent avec succès dans l'agriculture et l'élevage, ouvrent une

école pour la formation de la jeunesse rurale. Depuis ce temps, la communauté n'a cessé de se développer, malgré diverses difficultés : fermeture de l'abbaye et dispersion des moines de 1831 à 1838 (c'est la rançon des liens qu'a noués Dom Antoine avec la duchesse de Berry, accusée par le gouvernement de Louis-Philippe d'avoir voulu soulever l'ouest de la France), nouvel exil d'une partie de la communauté en Angleterre en 1903, mobilisation durant les deux guerres. Mais l'abbaye a connu aussi de grands moments : plusieurs fondations, la réunion en un seul Ordre (les cisterciens réformés de Notre-Dame de la Trappe) des trois congrégations issues de la Valsainte ; et la rénovation de l'église abbatiale, l'agrandissement des bâtiments et la création d'un environnement de silence, où les moines mènent leur vie de prière et de travail, et reçoivent hôtes et retraitants en quête d'un temps fort de réflexion, où ils peuvent participer à la liturgie monastique. L'hôtellerie est isolée, de beaux jardins autour d'un étang et la campagne proche offrent d'agréables buts de promenade. Le monastère ne se visite pas.

ACCUEIL   Fermé la première quinzaine de décembre. Écrire au père hôtelier : • séjours à l'hôtellerie Saint-Bernard, dans le strict respect du silence monastique • 30 chambres individuelles, sanitaires à l'étage • il est demandé de se munir de draps et de serviettes de toilette et de table • pension complète, repas en silence • possibilité d'accompagnement et d'échanges spirituels • parking • magasin à la porterie, proposant divers produits de l'artisanat monastique.

OFFICES   • 4 h : office de nuit • 7 h : laudes (DF 7 h 30) • 7 h 30 : messe (DF 10 h 30, précédée de tierce) • 9 h 30 : tierce (sauf DF) • 12 h 15 : sexte • 14 h 15 : none • 18 h 15 : vêpres (DF 16 h 30) • 18 h 45 : adoration (DF) • 20 h : complies.

ACCÈS   • D 178 (Châteaubriant/Nantes).
• SNCF à Châteaubriant (ligne Laval/Nantes), puis taxi (20 km).
• SNCF à Nantes, puis car à partir de la gare routière : ligne 40 (Nantes/Laval), arrêt à La Meilleraye-de-Bretagne.

♦ **CORRÈZE**

19250 Meymac

**MEYMAC
MONASTÈRE DU JASSONNEIX**

♦ Téléphone : 05.55.95.21.11
♦ Fax : 05.55.95.21.88

Venues de l'abbaye de la Coudre, en Mayenne, à la demande du diocèse de Tulle, les cisterciennes du Jassonneix renouent en terre corrézienne, à Meymac, avec une tradition monastique éteinte depuis deux siècles.

SITE

Le monastère est plus modeste que l'abbaye occupée jadis dans la cité par les moines bénédictins, dont subsistent toujours l'église, une halle en charpente sur des piliers de granit, et un beffroi du XVᵉ siècle : c'est dans les murs d'une ancienne bergerie, rénovée en 1983 grâce à une aide régionale et locale notable, que les sœurs mènent aujourd'hui leur vie de prière et de travail, de quête de Dieu et d'accueil. Mais, pour modeste qu'il soit, le monastère, sur la pente méridionale du mont Jassonneix et du plateau de Millevaches, est situé, ainsi que son hôtellerie, dans un cadre d'une exceptionnelle beauté, à 750 m d'altitude. À 9 km au sud-est, la localité de Saint-Angel conserve les vestiges d'un ancien prieuré : une belle église de granit (XIIe-XIVe s.), la salle capitulaire (XIVe s.) et une tour (XVe s.).

SPIRITUALITÉ

La règle des moniales est celle de saint Benoît (VIe s.), père des moines d'Occident, qui les conduit sur les chemins de l'Évangile à

la suite du Christ. Leur tradition est cistercienne, marquée dès la fondation de Cîteaux en 1098 par un souci de simplicité et d'authenticité que renforce l'influence de saint Bernard. La vie monastique est une alliance avec Dieu, qui n'a d'autre justification qu'elle-même : elle témoigne, par sa gratuité, de la splendeur et de la bonté de Dieu, de la puissance de l'unique nécessaire capable de saisir toute une vie. Cette puissance est celle de l'amour, dont le monastère est une école autant qu'un témoignage : amour dans la vie communautaire, fraternelle, dans l'accueil de tous ceux qui recherchent recueillement et prière, comme dans l'attention aux joies, aux souffrances, aux questions de tous les hommes, et la participation à leur condition laborieuse : « Tout ce qui est humain me concerne », disait saint Bernard.

Cette vie pour Dieu s'exprime dans la prière liturgique qui rassemble la communauté sept fois par jour, et dans l'eucharistie. La Parole de Dieu y est écoutée, chantée, répétée inlassablement. Et la parole des hommes lui fait écho dans la louange et la supplication. La lecture et la prière silencieuse prolongent ce dialogue de manière plus personnelle.

Le travail est lui aussi le lieu du don de soi. Au Jassonneix, pour subvenir à leurs besoins, les sœurs cultivent myrtilliers, framboisiers, cassissiers... Elles en commercialisent les fruits, avec le concours d'un groupement régional de producteurs. Elles les transforment en confitures, vendues notamment au monastère. Une telle activité, jointe à celle, traditionnelle, de l'accueil, maintient la communauté dans une relation vivante avec son environnement et son voisinage.

ACCUEIL

Écrire à la sœur hôtelière :
• 9 chambres individuelles avec lavabo, sanitaires à l'étage • possibilité d'accompagnement et d'échanges spirituels • à la porterie, vente du produit du travail des sœurs (confitures, fruits rouges en saison).

OFFICES

Ouverts à tous :
• 9 h : messe (DF 11 h, et jeudi à 12 h) • 18 h : vêpres.

ACCÈS

• D 940 (Eymoutiers/Lacelle), puis D 979 (direction Meymac), et D 979E ; ou N 89 (Ussel/Tulle), puis D 36 à Maussac (direction Meymac).
• SNCF à Meymac (ligneUssel/Limoges), puis taxi (4 km).

♦ AIN

MIRIBEL
CENTRE ALAIN DE BOISMENU

**Rue de
la Chanal
B.P. 236
01702 Miribel**

♦ Téléphone : 04.78.55.31.47
♦ Fax : 04.78.55.00.59

Le centre Alain de Boismenu se trouve à proximité de l'agglomération de Miribel, à 10 km à l'est de Lyon, un peu en retrait de la N 84 (Lyon/Genève) : la maison, agréablement située dans un vaste jardin arboré, offre à la sortie de la métropole lyonnaise un cadre de silence et de paix qui favorise la réflexion, l'intériorisation.

SPIRITUALITÉ

Le centre est animé par une communauté composée de religieux missionnaires du Sacré-Cœur (fondés à Issoudun en 1854 par le père Jules Chevalier), de religieuses Filles de Notre-Dame du Sacré-Cœur, et de laïcs. Cette communauté a reçu comme mission de vivre et de promouvoir la paix, la réconciliation et la non-violence évangélique, conformément à l'intuition du père Chevalier : « Du Cœur transpercé du Christ, je vois naître un monde nouveau de justice et de paix. » Aussi, donnant son appui à des mouvements ou des groupes qui œuvrent dans le sens de sa mission, elle anime des week-ends, des journées de paix, et propose des retraites et des sessions bibliques. Dans cet esprit, elle est membre d'Église et Paix (réseau européen œcuménique d'églises, de communautés et de chrétiens qui s'engagent à témoigner par la non-violence de l'Évangile de la Paix).

Mais, sa situation et son environnement s'y prêtant à merveille, le centre accueille aussi les personnes qui souhaitent vivre un temps fort de silence et de réflexion : pour cela, il suffit simplement de se renseigner par écrit. Les hôtes peuvent s'unir à la prière de la communauté, rencontrer un de ses membres pour un partage, un accompagnement, découvrir les fraternités qui, respectueuses du silence et du parcours de chacun, les aideront par le dialogue et l'engagement à sortir d'un isolement négatif.

À VOIR

Miribel n'est guère éloigné de la Dombes, où une nature féerique d'étangs et de plans d'eau incite à la contemplation : à travers landes et roselières, on peut se rendre jusqu'à la Trappe de Notre-Dame-des-Dombes, à une quarantaine de kilomètres. Plus proche, la pimpante localité de Montluel (10 km) offre le charme de ses vieilles rues, de ses remparts et de ses hôtels des XV-XVIIe siècles ; on y verra la collégiale Notre-Dame-des-Marais, au nom suggestif, et le plafond peint de l'apothicairie de l'ancien hôpital.

ACCÈS

• A 42 et N 84 (axes routiers Lyon/Genève).
• SNCF à Miribel (1 km), puis car Philibert.
• Aéroport de Lyon-Satolas (20 km), puis taxi.

m n o p

LE MONT SAINT-MICHEL
COMMUNAUTÉ DE L'ABBAYE

B.P. 3
50170 Le Mont
Saint-Michel

♦ Téléphone : 02.33.60.14.47
♦ Fax : 02.33.60.31.02

Est-il besoin de présenter ce site incomparable, dont l'élégante architecture posée en équilibre sur un rocher étroit domine de sa flèche et de ses dentelles de pierre les sables dorés d'une immense baie ? La splendeur du lieu attire une foule de touristes en été, saison qu'il vaut mieux éviter si l'on souhaite admirer à loisir, et dans un silence relatif, les édifices pittoresques – portes, chapelles, maisons anciennes – qui se succèdent le long de la Grande-Rue jusqu'à la Merveille : ces superbes bâtiments gothiques édifiés entre 1211 et 1229 sont une ancienne abbaye fortifiée, harmonieux mélange d'architecture religieuse et militaire dont l'élément le plus remarquable est le cloître, que la légèreté de ses lignes fait paraître suspendu entre ciel et terre. De la plate-forme supérieure, au sommet du Mont, on jouit sur les grèves balayées par des marées à l'ampleur légendaire d'une vue incomparable, jusqu'à l'embouchure du Couesnon – frontière traditionnelle entre Normandie et Bretagne – dont le cours capricieux a rendu le Mont normand, de breton qu'il était autrefois.

HISTOIRE

La vie monastique, florissante jusqu'au XVIIᵉ siècle, grâce aux pèlerinages à l'Archange protecteur de la France, déclina ensuite progressivement, jusqu'à ce que la Révolution chassât des lieux les derniers moines qui s'y trouvaient. Devenu prison, le monument fut acquis par l'État en 1874. À l'occasion du millénaire monastique du Mont (1965-66), la liturgie y fut assurée par des moines venant principalement des abbayes de Saint-Wandrille et du Bec-Hellouin, mais aussi d'une trentaine d'autres abbayes de treize pays différents. Aujourd'hui, une petite communauté y a repris la tradition de la prière et de l'hospitalité bénédictines : « Association publique de Fidèles du Christ », elle est placée sous l'autorité de l'évêque de Coutances et Avranches, et parrainée par le monastère Saint-Remâcle de Wavreumont (Ardennes belges) de la congrégation de l'Annonciation (Maredsous) ; elle comprend des moines et des moniales qui résident en permanence au Mont Saint-Michel, et des oblats, mariés ou célibataires.

SPIRITUALITÉ

La prière est la vocation première de la communauté ; c'est pourquoi l'office divin et l'eucharistie, célébrés en français, la réunissent avec les hôtes et les pèlerins. Dans la journée, moines et moniales se ménagent une certaine qualité de silence et de solitude pour méditer la Parole de Dieu.

L'accueil est la vocation seconde de la communauté, qui reçoit dans son hôtellerie ceux qui désirent faire une halte spirituelle dans le calme et la prière ; aussi le silence, le respect des règles de la vie communautaire et la présence aux offices sont-ils requis.

Offices et repas sont communs aux hôtes et à la communauté. Les séjours, de 2 jours minimum, ne peuvent excéder une semaine : chacun participe librement aux frais, selon ses réelles possibilités. La communauté n'a aucune responsabilité dans l'organisation des visites de l'abbaye, et ne touche rien de ce qui est perçu comme droits d'entrée ; par sa vocation propre, et le petit nombre de ses membres, elle ne reçoit pas sur un plan touristique, ou même esthétique. Rappelons que le Mont Saint-Michel est un endroit physiquement éprouvant, à cause des escaliers (300 marches jusqu'à l'abbaye).

L'hôtellerie sera fermée en 1997 du 12 au 16 mai ; du 2 au 6 juin ; du 30 juin au 4 juillet ; du 2 au 8 août ; du 8 au 14 septembre ; du 6 au 12 octobre ; enfin du 1er novembre au 7 décembre.

ACCUEIL

Pour tous renseignements, écrire au service de l'accueil : • 12 lits le week-end et les semaines précédant et suivant Noël et Pâques • 6 lits (3 chambres de 2 lits) en semaine • certaines chambres ne sont pas chauffées • les repas se prennent avec la communauté.

OFFICES

Les horaires des messes et des offices sont disponibles sur place.

ACCÈS

• D 175 (Rennes/Pontorson), puis D 976 ; ou N 175 (Caen/Pontorson), puis D 976.
• SNCF à Pontorson (ligne Saint-Malo/Granville), puis taxi (9 km).

♦ **PYRÉNÉES-ATLANTIQUES**

MONTAUT
PRIEURÉ SAINTE-BERNADETTE

**1, chemin
de Sarusse
64800 Montaut**

♦ Téléphone : 05.59.71.99.59

Montaut est un village paisible au cœur de la Navarre, sur la rive droite du Gave de Pau ; ajoutant à l'agrément du site, un pont du XVIIᵉ siècle franchit le fleuve, donnant accès sur la rive opposée à la localité de Lestelle-Bétharram (cf. *p. 140*). Les bénédictins de Notre-Dame d'Espérance ont établi là un prieuré, le calme et la beauté du lieu favorisant leur vocation contemplative ; fondée en 1966 pour accueillir des hommes malades ou handicapés qui aspirent à la vie monastique, cette famille religieuse a adopté la Règle de saint Benoît ; elle s'inspire également de l'esprit de Charles de Foucauld, mettant l'accent sur la simplicité, la pauvreté, le service fraternel. Les moines mènent une existence de prière et de travail, et, fidèles à la tradition d'hospitalité bénédictine, ils accueillent ceux qui souhaitent partager avec eux un temps fort de silence. La campagne permet d'agréables et tonifiantes randonnées dans les collines proches ; et, le long des rives du Gave, jusqu'à Coarraze (5 km au nord) dont le château a été reconstruit au XVIIIᵉ siècle près de l'ancien donjon médiéval, et jusqu'à Saint-Pé-de-Bigorre (5 km au sud) : des bords du fleuve, la vue s'étend sur cette charmante cité, autrefois étape vers Saint-Jacques de Compostelle, qui conserve quelques ruines d'une abbaye du XIᵉ siècle.

ACCUEIL

Écrire au père prieur, le nombre de places étant limité :
• 3 chambres individuelles et 2 chambres doubles, avec lavabo, sanitaires à l'étage • les repas sont pris avec la communauté • petite bibliothèque • possibilité d'accompagnement et d'échanges spirituels • parking.

OFFICES

On peut partager la prière des moines, dans leur chapelle moderne, sobre et lumineuse. Horaires disponibles sur place.

ACCÈS

• Le même que pour Lestelle-Bétharram (cf. *p. 141*).

♦ **CHARENTE**

**Juignac
16190
Montmoreau-
Saint-Cybard**

MONTMOREAU-SAINT-CYBARD
ABBAYE SAINTE-MARIE-DE-MAUMONT

♦ Téléphone : 05.45.60.34.38
♦ Fax : 05.45.60.29.02

En 1959, les moniales bénédictines de Saint-Jean-d'Angély se fixent dans le site de Maumont, une propriété qui s'étend sur les pentes d'un vallon, à l'écart du bourg de Juignac ; elles y trouvent le calme et la solitude que l'urbanisation de leur cité d'origine a compromis depuis quelques années, rendant de plus en plus aléatoire la vie régulière de silence et de prière conforme à leur idéal monastique.

SITE

La région – l'Angoumois méridional – alterne champs, prairies et vignobles, çà et là des bois revêtent les collines ou ombragent des ruisseaux au fond de vallons paisibles. C'est là qu'Alfred de Vigny

vint chercher le calme et la solitude qui nourrissaient son inspiration, qui apaisaient son cœur tourmenté ; on retrouve son souvenir au domaine du Maine-Giraud, entouré de bosquets tranquilles. À quelques kilomètres au nord, l'église romane de Plassac-Rouffiac (XIIe s.) émerge, nef élégante, au-dessus des ondulations du vignoble, sur lequel se perd le regard à l'infini ; en descendant vers le sud-est, on trouve, dans un site tout aussi agréable, les vestiges de l'ancienne abbaye de Puypéroux (XIe s.), qui illustre la première période du roman en Angoumois, puis la localité de Montmoreau-Saint-Cybard, avec sa belle église au portail polylobé (XIIe s.) ; sur une colline à l'écart de l'agglomération, s'élèvent les bâtiments de l'abbaye Sainte-Marie de Maumont. Si l'on poursuivait vers le sud, on pourrait encore visiter Porcheresse, dont l'église du XIe siècle possède une des premières coupoles du roman poitevin, et la chapelle des templiers de Cressac, aux fresques remontant au XIIe siècle. L'abbaye s'articule autour du château (XVe s.), qui conserve une tour carrée et un escalier tournant du Moyen Âge, et du hangar de la ferme primitive, devenu église abbatiale ; ils sont intégrés dans la construction de bâtiments conventuels épars dans un cadre de verdure.

SPIRITUALITÉ

Dans ce paysage serein, baigné aux beaux jours d'une lumière subtile, les moniales ont retrouvé le silence propice à leur vocation :

163

« En répondant "oui" à l'appel de Maumont, en nous acharnant à le construire, dans la communion de nos intelligences et de nos forces, nous avons délibérément choisi la vie contemplative. » Vie simple, dans une beauté recueillie qui est continuelle invitation à la louange. Au rythme de la prière des Heures, que nourrit la Parole, les moniales célèbrent Dieu par la récitation de l'office divin, la *lectio divina*, le travail. Le cadre paisible, la sobriété des lieux, attirent les personnes en quête de quiétude et de recueillement. Les moniales les accueillent volontiers, pour un séjour n'excédant pas une semaine ; les hôtes sont invités, s'ils le souhaitent, à s'unir à la préparation liturgique et à participer à la prière de la communauté.

ACCUEIL
Écrire à la sœur hôtelière :
• 23 chambres individuelles avec lavabo, sanitaires à l'étage • si possible, apporter draps ou sacs de couchage, et linge de toilette • pension complète • possibilité d'accompagnement et d'échanges spirituels.

OFFICES
Psalmodie en français, chant grégorien à la messe :
• 2 h 30 : vigiles (nuits de samedi à dimanche, de lundi à mardi, de jeudi à vendredi) • 6 h 45 : laudes (DF 7 h 15) • 8 h : eucharistie (DF 9 h 45) • 12 h 10 : office du milieu du jour • 16 h 45 : vêpres • 20 h 10 : complies (DF 20 h 05) • 20 h 30 : vigiles (dimanche, mardi, mercredi et vendredi).

ACCÈS
• D 674 (Angoulême/Bordeaux), puis à Montmoreau D 709 jusqu'à Juignac.
• SNCF à Angoulême (Paris Montparnasse/Bordeaux), et omnibus Angoulême/Bordeaux, arrêt à Montmoreau, puis taxi (4 km).

♦ **FINISTÈRE**

9, rue Sainte-Marthe
29600 Morlaix

MORLAIX
MONASTÈRE DU CARMEL

♦ Téléphone : 02.98.88.05.82
♦ Fax : 02.98.63.34.11

Dès leur introduction en France au début du XVIIe siècle et jusqu'à la Révolution, les carmélites déchaussées s'établissent en ville, y constituant au milieu de l'agitation et du bruit du monde des oasis de silence et de contemplation. Aussi n'est-il pas étonnant de trouver, au cœur de Morlaix, le monastère du Carmel, fondé en 1624.

HISTOIRE

Les habitants demandent en 1611 la venue en leur ville d'un couvent de « religieuses adonnées à la prière », et offrent, dans ce but, la chapelle Notre-Dame des Fontaines et son domaine. La fondation, inspirée par la bienheureuse Anne de Saint-Barthélémy, une des plus proches disciples de sainte Thérèse, est mouvementée. Enfin les moniales s'installent, plaçant le monastère sous le vocable de Notre-Dame du Carmel. Elles bénéficient de l'antiquité d'un site qui attire de nombreux pèlerins : une modeste croix et une niche abritant une image de la Vierge, près d'une fontaine, ont été au fil des siècles remplacées par un oratoire, puis une chapelle de bois, enfin une magnifique chapelle des XIV-XV siècles consacrée en 1424. Ni les guerres, ni les invasions, ni les calamités n'ont eu raison du pèlerinage, étape du « Tro Breiz » entre Saint-Pol de Léon et Tréguier. Jusqu'à la Révolution, les moniales mènent la vie régulière, puis c'est la dispersion de la communauté et la vente des bâtiments, que l'acquéreur détruit en partie : il n'en subiste qu'un pignon, avec une belle rosace (classée), à l'entrée de l'actuel monastère.

SPIRITUALITÉ

En 1816, les carmélites rachètent le lieu, et elles y vivent depuis, « méditant jour et nuit la Loi du Seigneur », réalisant au cœur de la

cité leur vocation et leur mission : vie fraternelle rythmée par la prière liturgique, l'oraison, le travail. Bien qu'inséré en milieu urbain, l'environnement est calme, et il est facile d'y faire une halte de prière, soit dans un silence total, soit en participant à la prière communautaire : les moniales accueillent, pour de brèves retraites individuelles, ceux qui veulent se ressourcer dans le silence, la solitude et la gratuité d'un amour préférentiel pour Dieu : aussi la participation aux offices, à l'eucharistie et à une des deux heures d'oraison quotidiennes est-elle souhaitée. Une halte d'une nuit pour le pèlerin du « Tro Breiz » est également possible.

ACCUEIL

Pour tous renseignements concernant l'accueil (le nombre des chambres est limité) et les horaires des offices (affichés à l'entrée de la chapelle), il convient d'écrire à la sœur hôtelière.

ACCÈS

- RN 12, voie express Rennes/Brest, sortie Morlaix-Est-Langolvas.
- SNCF à Morlaix, puis taxi ou bus n° 380, qui s'arrête à 10 mn du monastère.

♦ **ALLIER**

MOULINS
MONASTÈRE DE LA VISITATION

**65, rue
des Tanneries
03100 Moulins**

♦ Téléphone : 04.70.44.27.43

Fondé en 1616, le monastère de Moulins est le troisième de l'Ordre de la Visitation. L'histoire de ses débuts est déroutante : Jeanne de Chantal vient d'établir la première maison en France, à Lyon, et déjà sa réputation et celle de ses religieuses est telle qu'une véritable conspiration réunit quelques notables de Moulins autour de madame de Gouffier, moniale en rupture de ban qui,

souhaitant entrer à la Visitation, achète une maison dans le dessein d'en faire un monastère ; malgré leurs réticences, Jeanne de Chantal et François de Sales envoient un petit groupe de visitandines à Moulins, et la fondation se fait, sous la direction d'une de leurs disciples, la remarquable Jeanne-Charlotte de Bréchard, qui doit subir les caprices et l'autoritarisme de la « bienfaitrice », et se débattre avec une situation financière extravagante, due aux engagements que celle-ci a pris à la légère. À force de vertu et de bon sens, soutenue par les fondateurs, Jeanne-Charlotte parvient à assurer à la maison stabilité et prospérité, malgré les intrigues d'une autre religieuse. Quand elle quitte Moulins en 1623, pour assurer la fondation de Riom, elle laisse un monastère en pleine vitalité, qui a accueilli vingt-sept vocations solides. Le monastère garde également la mémoire de Marie-Félicité des Ursins, veuve du duc de Montmorency, qui y termina ses jours dans la prière et le jeûne.

Aujourd'hui, les moniales de la Visitation poursuivent, dans la fidélité à leurs fondateurs, leur vie de silence et de prière au cœur de la cité. Le Vieux Moulins est plein de charme, avec ses maisons anciennes à pans de bois et ses hôtels particuliers, que l'on peut voir aux abords du beffroi (1455) abritant une horloge à jacque-mart du xvie siècle, et de la cathédrale gothique au chœur flamboyant (xve s.) ; le trésor de la cathédrale conserve le splendide triptyque du Maître de Moulins (fin xve s.) et celui, moins connu de Joss Van Cleve (xvie s.).

ACCUEIL

Les moniales de la Visitation peuvent recevoir, pour des séjours limités, les dames et jeunes filles en recherche spirituelle.
S'adresser par écrit à la mère prieure :
• quelques chambres ne permettent qu'un accueil très limité • le respect du silence est de rigueur.

OFFICES

Se renseigner sur place pour les horaires.

ACCÈS

• Moulins est sur la N 7, entre Nevers et Vichy.
• SNCF à Moulins (ligne Bourges/Lyon).

♦ ALLIER

**MOULINS
MONASTÈRE DU CARMEL**

**85, rue de Paris
03100 Moulins**

♦ Téléphone : 04.70.44. 20.95

Fondé dans le premier quart du xviie siècle, le carmel de Moulins est l'un des premiers de la réforme thérésienne en France. Dispersé à la Révolution, il s'est par la suite reconstitué et transporté dans son site actuel, où les moniales mènent leur vie cloîtrée dans la fidélité à la spiritualité propre à l'Ordre : silence et solitude favorisant l'intimité avec Dieu, au fil de journées que rythment la célébration de l'office divin, les deux heures d'oraison quotidienne et le travail en cellule. Une retraite au carmel de Moulins offre l'occasion de voir les beaux hôtels particuliers de la rue Féron, que prolonge la rue de Paris, et des rues voisines, avec leur décor de losanges de briques rouges et noires typique de l'architecture bourbonnaise ; et, dans la chapelle du lycée, proche du monastère, le mausolée d'Henri de Montmorency dont la veuve, la princesse des Ursins, entra à la Visitation de Moulins.

Les carmélites peuvent recevoir pour une retraite de discernement ou d'approfondissement, les dames et jeunes filles en quête de silence et de solitude.

ACCUEIL

Très limité, s'adresser par écrit à la mère prieure.

OFFICES

Pour les horaires, se renseigner sur place.

ACCÈS

Le même que pour le monastère de la Visitation (cf. *ci-dessus*).

◆ Puy-
DE-DÔME

MOZAC
MONASTÈRE DU CARMEL

17, avenue
Jean-Jaurès
Mozac
63200 Riom

◆ Téléphone : 04.73.38.24.36

Fondé à Riom en 1618, le monastère des carmélites y subsiste jusqu'à la Révolution, dans une maison sise non loin de l'église Saint-Amable, dont on peut aujourd'hui encore admirer la nef et le transept de style roman auvergnat, ainsi que le chœur gothique ; la vieille ville conserve aussi plusieurs demeures anciennes, dans les rues de l'Horloge (hôtel Guimoneau) et de l'Hôtel-de-ville (maison des Consuls), la Sainte-Chapelle du palais ducal (XIVe s.) et l'église Notre-Dame du Marthuret, un peu plus tardive, qui derrière sa façade flamboyante abrite une très belle *Vierge à l'oiseau*.

Refondé en pleine guerre (1941), le carmel est transféré en 1965 à la périphérie de la toute proche localité de Mozac, où les moniales trouvent le calme et l'isolement propices à leur vie contemplative. Le site a connu très tôt une implantation monastique, ainsi qu'en témoigne l'abbatiale, dont la nef romane aux chapiteaux historiés, le chœur et le transept gothique, ne manquent pas d'intérêt.

Adonnées à leur vie de prière et de travail que sous-tend l'oraison, les moniales se veulent dans le monde les témoins invisibles de la présence du Christ rédempteur. La louange de Dieu se prolonge dans l'apostolat silencieux de la prière aux intentions de l'Église et du monde. Aux personnes qui souhaitent faire une halte de paix dans la solitude et le recueillement, elles proposent un accueil très simple, limité par le nombre de chambres disponibles.

ACCUEIL

Écrire à la mère prieure :
• 6 chambres, exclusivement pour des retraites spirituelles • repas en solitude et en silence • possibilité d'échanges spirituels.

OFFICES

En français :
• 7 h 30 : laudes • 11 h 45 : heure médiane • 17 h : vêpres • 20 h 15 : office des lectures, suivi des complies.

ACCÈS

• À la sortie de Riom, et à 15 km au nord de Clermont-Ferrand, par la N 9.
• SNCF à Riom (lignes Clermont-Ferrand/Vichy et Clermont-Ferrand/Moulins).

◆ CANTAL

MURAT
PRIEURÉ SAINTE-THÉRÈSE

**8, avenue
de l'Ermitage
15300 Murat**

◆ Téléphone : 04.71.20.18.44
◆ Fax : 04.71.20.19.25

Au cœur du Cantal, la station estivale de Murat est dominée par le rocher de Bonnevie, que somme une colossale statue de la Vierge en fonte ; de là, la vue s'étend sur la ville et la vallée de l'Alagnon, dont les gorges sauvages et les cascades, à quelque distance de la ville, sont le but de belles randonnées ; sur l'autre versant de la vallée, l'église romane de Bredons est comme posée sur une terrasse de verdure, dans un site splendide ; on peut y voir des stalles Renaissance et quelques beaux retables baroques. Une excursion à Dienne, village de montagne à 1000 m d'altitude sur la route qui mène au Pas de Peyrol (10 km), permettra de visiter l'église dont les chapiteaux naïfs sont un beau témoignage de l'art religieux populaire, et qui recèle un Christ en bois du XIIIᵉ siècle, d'un réalisme bouleversant.

La vieille ville de Murat conserve deux demeures anciennes : la maison Tallandier (XVᵉ s.), à côté de laquelle une église de la même époque, très remaniée, abrite une Vierge noire rapportée de Palestine par saint Louis, dit-on, et la maison Rodier (XVIᵉ s.). Les frères de Saint-Jean se sont établis non loin de là, dans un prieuré ouvert toute l'année à ceux qui souhaitent effectuer un séjour dans le silence et la réflexion ; retraites prêchées (programme sur demande), sessions familiales et sessions de philosophie et de théologie ne perturbent en rien le climat de silence et de recueillement entretenu par la communauté, et auquel contribuent le calme du jardin et la proximité de la campagne.

ACCUEIL

Écrire au père hôtelier :
• 30 chambres avec lavabo, douches et sanitaires à l'étage • bibliothèque • possibilité d'accompagnement et d'échanges spirituels • parking.

OFFICES

En français :
• 7 h 30 : laudes • 12 h : office du milieu du jour • 18 h : oraison • 19 h : vêpres • pour les horaires des messes, se renseigner sur place.

ACCÈS

• A 75 (Clermont-Ferrand/Le Monastier), sortie à Massiac, puis N 122 jusqu'à Murat ; ou sortie Saint-Flour, puis D 926 jusqu'à Murat.
• SNCF à Murat (ligne Saint-Flour/Aurillac), puis taxi.

♦ **DOUBS**

**25330
Nans-sous-
Sainte-Anne**

NANS-SOUS-SAINTE-ANNE
PRIEURÉ SAINT-BENOÎT

♦ Téléphone : 03.81.86.61.79

À une vingtaine de kilomètres au nord-est de Salins-les-Bains, le village de Nans-sous-Sainte-Anne égrène à flanc de coteau ses vieilles maisons ; la plus célèbre, la *Taillanderie*, est une ancienne fabrique d'outils agricoles : sa machinerie en bois a été actionnée jusqu'à une date récente par les eaux du Lison, petite rivière souterraine qui rejaillit à proximité, près de la grotte Sarrazine; la source principale tombe en cascade et forme un lac ; un peu plus loin, le creux Billard est un gouffre impressionnant, qu'ombragent des bosquets de hêtres et de sapins, parmi lesquels on voit à quelque distance les ruines d'un château médiéval. Tout autour du village, les contreforts du Jura déploient d'amples vallonnements couverts de forêts de résineux et de feuillus, où l'on peut effectuer de tonifiantes promenades. C'est dans ce site charmant et tranquille, propice à la contemplation, que les bénédictines de Jésus-Crucifié ont établi un prieuré ; elles y reçoivent, pour des retraites individuelles dans le silence, les personnes en quête d'un temps fort de réflexion qui désirent partager l'atmosphère de recueillement de la maison et participer à la prière de la communauté.

ACCUEIL

Écrire à la sœur hôtelière :
• 3 chambres individuelles et 4 chambres doubles avec lavabo, sanitaires à l'étage • salle de réunion • possibilité d'accompagnement et d'échanges spirituels • parking.

OFFICES

Chantés en français :
• 8 h 30 : laudes (DF 9 h) • 9 h : messe (DF 10 h 15) • 12 h : office des lectures • 16 h 15 : heure médiane • 19 h : vêpres • 21 h : complies.

ACCÈS

• D 72 (Pontarlier/Villeneuve-d'Amont), puis D 103.
• N 83 (Besançon/Lons-le-Saunier) puis D 472 à Mouchard (direction Salins-les-Bains) et D 492.
• SNCF à Mouchard (lignes Besançon/Lons-le-Saunier, ou Dôle/Lons-le-Saunier).

♦ **LOIRE-ATLANTIQUE**

NANTES
MONASTÈRE DE LA VISITATION

8, rue du
Maréchal-Joffre
44000 Nantes

♦ Téléphone : 02.40.74.15.78
♦ Fax : 02.40.93.31.91

En plein cœur de Nantes, le monastère de la Visitation est un de ces lieux de silence comme en offrent parfois les métropoles, dans le secret de leurs vieux quartiers. L'ancienne capitale de la Bretagne, que les fantaisies du découpage administratif en ont aujourd'hui détachée, conserve de son passé la puissante forteresse des ducs de Bretagne (xve s., donjon du xiie s.), au pied de laquelle s'étend jusqu'à la cathédrale et l'hôtel de ville un lacis de ruelles qui convergent vers l'église Sainte-Croix ; des maisons des xve et xvie siècles à pans de bois, d'autres plus récentes ornées de balcons et de mascarons, confèrent à cette zone piétonnière animée un charme incomparable. Incendiée en 1971, la cathédrale a été heureusement restaurée : sa nef gothique, très élancée, abrite le tombeau du duc François II de Bretagne, œuvre du plus grand sculpteur breton, Michel Colombe. L'hôtel de ville est un bel ensemble de bâtiments du xviie siècle, à partir duquel s'amorce vers la préfecture un quartier d'une ordonnance classique, avec ses promenades ombragées de platanes et ses terrasses qui descendent jusqu'au cours paisible de l'Erdre. Au-delà de la place du Maréchal Joffre, qu'entourent de majestueux hôtels particuliers du xviiie siècle, la rue Gambetta conduit au musée des Beaux-Arts, l'un des plus riches de France, qui fait face au superbe cloître du monastère de la Visitation, dont l'entrée se trouve rue Gambetta, une voie parallèle.

HISTOIRE

Les visitandines s'établissent à Nantes en 1630, sous la conduite de la mère de Bressand, sainte et mystique authentique, expressément demandée par l'évêque pour diriger la fondation. Trois ans plus tard, elles déménagent à l'emplacement qu'elles occupent aujourd'hui. La vie de la communauté est très fervente, les débuts sont marqués par la sainteté d'âmes profondément mystiques. Leur vie contemplative n'empêche pas les religieuses de tenir un

petit pensionnat, dont l'une des élèves est la fille de madame de Sévigné. La Révolution chasse les sœurs de leur monastère, vingt-six sont emprisonnées, l'une meurt de mauvais traitements ; les autres ont pu se disperser, mais deux d'entre elles sont massacrées par les Bleus. En 1810, ayant acquis l'ancien monastère des Chartreux qui jouxtait leur couvent, les sœurs reprennent la vie commune. Depuis ce temps, les épreuves n'ont pas manqué pour autant : durant la guerre de 1870, le monastère abrite une modeste ambulance pour les soldats, qui est rouverte pendant la guerre de 1914-1918 ; le bombardement de Nantes le 23 septembre 1943 cause des dégâts considérables, obligeant la communauté à déménager jusqu'à la restauration des bâtiments, après la guerre.

SPIRITUALITÉ Aujourd'hui, les sœurs continuent de mener leur vie adonnée à la prière et au travail, s'efforçant dans le partage de la vie fraternelle « d'aider par prières et bons exemples la Sainte Église et le salut du prochain ». Elles offrent – aux femmes uniquement, puisque l'accueil se fait en clôture, selon le souhait de leur fondateur, saint François de Sales – la possibilité de partager librement leur vie de prière et de silence pour une durée de huit à dix jours.

ACCUEIL Pas d'accueil durant le Carême et l'Avent. Écrire à la mère supérieure :
• vie communautaire • logement en « cellule » individuelle, sobre mais confortable • repas au réfectoire avec la communauté • possibilité de participer aux offices au Chœur • possibilité d'accompagnement et d'échanges spirituels • calme et détente dans un beau jardin agrémenté de puits anciens.

OFFICES • 8 h 30 : laudes (DF 7 h 30) • 9 h : messe conventuelle suivie de tierce (DF 9 h 45 tierce, puis messe conventuelle à 10 h, suivie de sexte) • 11 h 45 : sexte (sauf DF) • 14 h 15 : none • 17 h 45 : vêpres (DF 17 h, suivies de la bénédiction du Saint-Sacrement) • 20 h 45 : office des Lectures, suivi de complies • le premier vendredi du mois, messe conventuelle à 9 h, exposition du Saint-

Sacrement toute la journée, puis à 17 h vêpres et bénédiction du Saint-Sacrement.

ACCÈS

- Nantes est à la jonction de l'A 11 (Paris/Nantes) et de l'A 83 (Niort/Nantes).
- N 137 à partir de Rennes, N 149 à partir de Poitiers, N 165 à partir de Vannes.
- SNCF à Nantes (TGV Paris/Nantes au départ de la gare Montparnasse), puis taxi.

♦ SEINE-
ET-MARNE

Route
de Poligny
77140 Nemours

NEMOURS
MONASTÈRE DE BETHLÉEM ET DE L'ASSOMPTION
DE LA VIERGE
NOTRE-DAME DE BETHLÉEM

♦ Téléphone : 01.64.28.13.75

Le monastère est situé dans la forêt qui déploie au sud de Nemours de vastes étendues sauvages de sable et de rochers plantées de feuillus et de résineux. C'est dans cette solitude, à l'écart de la localité, que les moniales sont venues s'établir en 1970, quittant la vallée de l'Oise où la communauté vivait jusqu'alors. La ville de Nemours, avec son château (XII-XVe s.) qui se mire dans le Loing, et sa belle église du XVIe siècle, est à quelques kilomètres ; plus loin, vers le nord-ouest, le petit village de Larchant conserve les vestiges d'une église où l'on venait en pèlerinage pour obtenir la guérison des aliénés... et des femmes acariâtres ! On peut en admirer encore l'impressionnant portail du XIVe siècle et de belles statues du XVe siècle.

SPIRITUALITÉ

Voir Boquen *p. 43.*

ÉCOUTE
DE DIEU ET
DES HOMMES

À l'écoute de la tradition d'hospitalité biblique, le monastère comporte deux espaces distincts :
– Dans la *Maison haute*, loin de tout regard, les moniales demeurent cachées avec le Christ en Dieu, « montant une garde sainte dans l'attente de la venue de l'Époux ».
– À quelque distance, en dehors de la clôture, la *Maison d'hospitalité* offre un accueil évangélique et silencieux à ceux qui frappent à la porte. En cette *Maison basse*, des ermitages de solitude sont prévus pour ceux qui souhaitent partager, pendant quelques jours, la vie de silence et de solitude des moniales. L'artisanat, vendu à la porterie du monastère, permet aux moniales de gagner leur pain. Par l'art sacré, elles essaient de transmettre à leurs frères un reflet de la beauté de Dieu.

ACCUEIL Écrire au moins un mois à l'avance :
• logement en silence et solitude dans un ermitage • repas en solitude dans l'ermitage • possibilité d'effectuer un travail manuel • vente d'images, icônes, médailles, statuettes, crèches, faïence.

OFFICES En français, dans la chapelle du monastère : matines et eucharistie le matin, vêpres le soir, sauf le lundi, jour de désert.

ACCÈS • A 6 (Paris/Lyon), sortie à Nemours, et de là direction Poligny ; ou N 7 (Paris/Lyon) jusqu'à Portonville (5 km au-delà de Nemours), puis D 40E jusqu'à Poligny, et de là direction Nemours.
• SNCF à Nemours (ligne Paris gare de Lyon/Montargis), puis taxi.

♦ LOT-ET-GARONNE

**NÉRAC
MONASTÈRE SAINTE-CLAIRE**

**« Le Pin »
47600 Nérac**

♦ Téléphone : 05.53.65.01.38

Le monastère des clarisses de Nérac, fief de la famille d'Albret, est fondé en 1358 « en un site idéal pour la vie contemplative, sur un piton qui domine la vallée de la Baïse ». Les vicissitudes de l'histoire, notamment les guerres de Religion (Jeanne d'Albret, mère d'Henri IV, avait embrassé la Réforme), n'ont pas altéré sa fidélité ; il a été définitivement restauré en 1935. À ses pieds s'étend la vieille ville, avec le quartier médiéval du Petit-Nérac et le pont gothique qui enjambe la Baïse ; du château, il ne reste qu'une aile (XVe s.). Dans le Néracais alentour, châteaux et bastides ponctuent le vignoble des côtes de Buzet.

Contemplatives cloîtrées, les clarisses vivent dans le silence, vaquant à la prière et au travail. Elles accueillent, pour des retraites isolées, les personnes qui désirent se plonger dans une atmosphère de calme et de réflexion.

ACCUEIL Limité, pour des séjours n'excédant pas une semaine :
• quelques chambres individuelles, au confort simple • vente sur place des produits du travail des moniales : pains d'autel, aubes et vêtements liturgiques. Dans les boutiques de l'artisanat monastique : layettes, vêtements pour bébés et enfants.

OFFICES En français, messe dominicale avec des parties en grégorien :
• 10 h 15 : messe • 18 h 30 : vêpres.

ACCÈS • D 930 (Lavardac/Auch) et D 656 (Agen/Nérac).
• SNCF à Agen, puis car Agen/Nérac (sauf le dimanche).
• Car de Bordeaux à Nérac.

♦ Nièvre

34, rue
Saint-Gildard
58000 Nevers

NEVERS
COUVENT SAINT-GILDARD

♦ Téléphone : 03.86.71.99.50
♦ Fax : 03.86.71.99.51

Baignée par les eaux étales de la Loire, Nevers conserve de ses anciens fastes (elle fut la capitale du duché homonyme) des monuments qui méritent une visite : la cathédrale Saint-Cyr-et-Sainte-Juliette, aux absides opposées de part et d'autre de la nef, l'une romane au-dessus d'une crypte du XIe siècle, l'autre gothique ; non loin, le palais ducal dont les tours trapues semblent protéger d'élégantes architectures de la Renaissance ; vers la préfecture, l'église Saint-Pierre renferme des fresques de Gherardini, contemporaines de la proche Porte de Paris (XVIIIe s.) ; et surtout, deux rues plus loin, l'admirable église clunisienne Saint-Étienne (XIe s.) est un exemple parfait d'architecture romane. On peut voir encore la riche collection de faïences du musée municipal.

Vers la périphérie, au-delà du parc Roger Salengro, s'élève le couvent Saint-Gildard, peut-être le lieu le plus visité de la ville. C'est là que repose, intact, le corps de sainte Bernadette Soubirous, qui y a vécu dans la discrétion et la simplicité les treize années de sa vie religieuse. Quelques années après les apparitions de Lourdes, la jeune voyante s'est retirée chez les sœurs de la Charité de Nevers, pour s'y consacrer totalement à Dieu, déclarant « Je suis venue ici pour m'y cacher ». La maison, édifiée au siècle dernier, s'élève à l'emplacement d'une abbaye consacrée à un saint prêtre de la région, qui subsista jusqu'à la Révolution ; elle est la maison mère d'une congrégation fondée en 1680 par un autre prêtre nivernais, Jean-Baptiste Delaveyne, pour le service des pauvres.

Dans ce cadre paisible, entouré de jardins et d'un parc, la maison programme des retraites et peut recevoir des groupes organisant leurs propres retraites, sessions et pèlerinages. Mais les personnes seules, en quête d'une halte dans la trépidation du monde actuel, y trouveront les conditions d'un séjour de silence propice à la réflexion, à la quête spirituelle.

Accueil

Écrire au service Accueil-Animation :

• 35 chambres individuelles, 55 chambres à deux lits, avec lavabo, sanitaires à l'étage • repas dans les salles à manger • accueil de personnes handicapées • bibliothèque • possibilité d'accompagnement et d'échanges spirituels • parking.

OFFICES

Pour les horaires, se renseigner sur place.

ACCÈS

• Sur la N 7 (Paris/Lyon), et par la D 977 (depuis Varzy) et de la D 978 (depuis Autun).
• SNCF à Nevers, puis taxi.

♦ GARD

**34, rue de Brunswick
30000 Nîmes**

**NÎMES
MONASTÈRE SAINTE-CLAIRE**

♦ Téléphone : 04.66.26.66.76

Jusqu'à sa récente « résurrection », en 1995, grâce à l'arrivée des 26 clarisses d'Alger qui ont dû quitter leur couvent pour des raisons de sécurité, le monastère Sainte-Claire de Nîmes a connu une destinée mouvementée. Fondée en 1240, du vivant de sainte Claire, la communauté des *Pauvres Dames* était établie dans le Vieux Nîmes, non loin de la cathédrale Saint-Castor (très restaurée au siècle dernier, mais dont il reste encore la façade du XIe siècle). La maison fut détruite en 1567 par les Calvinistes, et les clarisses ne revinrent à Nîmes qu'en 1891, dans un quartier plus excentré. Bombardé en 1944, le monastère fut reconstruit dix ans plus tard en style semi-provençal, alignant dans un agréable jardin ses bâtiments modernes aux murs de pierre apparente et aux toits de tuiles rondes. Mais les moniales n'étaient plus que quatre lorsque la communauté d'Alger vint leur insuffler un nouveau dynamisme. Aujourd'hui, elles mènent en silence leur vie cloîtrée consacrée à la prière et au travail, vie fraternelle tout empreinte de la simplicité et de la joie qui sont l'héritage de saint François et de sainte Claire d'Assise. Elles reçoivent, pour des retraites individuelles de courte durée (une semaine maximum), les personnes en quête de ressourcement, qui aspirent à partager leur idéal contemplatif.

ACCUEIL

Écrire à la sœur hôtelière :
• quelques chambres individuelles au confort simple • possibilité d'échanges spirituels • vente sur place des travaux des moniales : layettes, broderie, étoles, cartes et images, cierges et bougies.

OFFICES

En français :
• 6 h 30 : laudes • 8 h : messe, précédée de tierce • 11 h 45 : sexte • 14 h : none • 17 h 15 : vêpres • 19 h 30 : complies, suivies de l'office des lectures.

ACCÈS

- Nîmes est à la jonction de l'A 9 (la Languedocienne Orange/Perpignan) et de l'A 54 (Salon-de Provence/Nîmes), et de la N 86 (Lyon/Montpellier). Le monastère des clarisses est à la périphérie sud de la ville.
- SNCF à Nîmes, puis bus ou taxi.

◆ PUY-DE-DÔME

ORCIVAL
BASILIQUE NOTRE-DAME D'ORCIVAL

63210 Orcival

◆ Téléphone : 04.73.21.21.49 (monsieur le curé d'Orcival).

La basilique d'Orcival, adossée à une colline sur les hauteurs du vallon du Sioulet, est un magnifique édifice du XIIᵉ siècle, joyau de l'architecture romane auvergnate. Dans la douce pénombre du chœur, que souligne la luminosité de la nef, trône la statue miraculeuse de la Vierge en majesté, bois du XIIᵉ siècle en partie plaqué

d'argent doré. Le pèlerinage, fort ancien, remonte peut-être au VIᵉ siècle, mais les premiers témoignages écrits datent de la fin du XIᵉ siècle, alors que n'existait sur place qu'un modeste prieuré dépendant de l'abbaye de La Chaise-Dieu (cf. *p. 66*). La légende veut que l'image miraculeuse de la Vierge ait été découverte sur un rocher surplombant une source, laquelle jaillissait autrefois au fond du narthex du sanctuaire, et Orcival signifierait *source de la vallée* ; en fait, il s'agit vraisemblablement de la christianisation d'un antique lieu cultuel celtique.

La prospérité du pèlerinage ne s'est jamais démentie, sauf durant la Révolution, encore que la vénération de la Mère de Dieu s'y poursuivît dans la clandestinité ; Notre-Dame y était invoquée en paticulier par les prisonniers et les galériens, sous le titre de Notre-Dame des Fers : émouvants témoignages de grâces reçues, de nombreux fers et chaînes de captifs sont suspendus au-dessus de la porte Saint-Jean dont les vantaux sont ornés de belles ferrures du XIIIᵉ siècle.

On remarquera encore l'élégance de l'architecture intérieure, les chapiteaux, la vaste crypte. La basilique, entourée d'un tout petit village qui conserve quelques maisons gothiques, est située dans un cadre paisible, au cœur d'une région d'élevage aux paysages verdoyants. À quelques kilomètres au nord, le château médiéval de Cordès a été remanié au XVIIᵉ siècle et mis en valeur par des charmilles qu'a dessinées Le Nôtre.

ACCUEIL

Écrire à M. le curé :
• une modeste hôtellerie accueille les pèlerins qui veulent faire une halte de silence dans ce lieu de pèlerinage (éviter les fêtes de la Vierge et surtout le jeudi de l'Ascension).

OFFICES

L'eucharistie est célébrée les dimanches et fêtes à 11 h. Pour les horaires de semaine, se renseigner sur place.

ACCÈS

• N 89 (Clermont-Ferrand/Bordeaux), puis D 216 aux Quatre-Routes.
• SNCF au Mont-Dore (depuis Clermont-Ferrand), puis car ou taxi (20 km).

♦ **PYRÉNÉES-ATLANTIQUES**

35, rue Saint-Gilles 64300 Orthez

ORTHEZ
MONASTÈRE SAINTE-CLAIRE

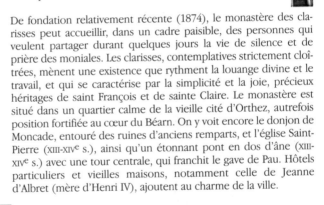

♦ Téléphone : 05.59.69.46.55

De fondation relativement récente (1874), le monastère des clarisses peut accueillir, dans un cadre paisible, des personnes qui veulent partager durant quelques jours la vie de silence et de prière des moniales. Les clarisses, contemplatives strictement cloîtrées, mènent une existence que rythment la louange divine et le travail, et qui se caractérise par la simplicité et la joie, précieux héritages de saint François et de sainte Claire. Le monastère est situé dans un quartier calme de la vieille cité d'Orthez, autrefois position fortifiée au cœur du Béarn. On y voit encore le donjon de Moncade, entouré des ruines d'anciens remparts, et l'église Saint-Pierre (XIII-XIVᵉ s.), ainsi qu'un étonnant pont en dos d'âne (XIII-XIVᵉ s.) avec une tour centrale, qui franchit le gave de Pau. Hôtels particuliers et vieilles maisons, notamment celle de Jeanne d'Albret (mère d'Henri IV), ajoutent au charme de la ville.

ACCUEIL

Les possibilités étant limitées, écrire au monastère :
• quelques chambres individuelles au confort simple • une cuisine permettant de préparer soi-même les repas.

OFFICES

Ouverts aux hôtes :
7 h 30 : laudes • 8 h : eucharistie (en été 18 h 30) • 11 h 30 : office des lectures et milieu du jour • 18 h 30 : vêpres (DF 17 h 45).

ACCÈS

• A 64 (Bayonne/Tarbes) ou N 117 (Bayonne/Pau), D 947 (Castets/Dax/Orthez).
• SNCF à Orthez (lignes Bayonne/Pau ou Dax/Pau).

♦ **BAS-RHIN**

67530 Ottrott

OTTROTT
HÔTELLERIE DU MONT-SAINTE-ODILE

♦ Téléphone : 03.88.95.80.53
♦ Fax : 03.88.95.82.96

Haut-lieu emblématique de l'Alsace, le Mont Sainte-Odile est le site d'un pèlerinage plus que millénaire, et aussi une étape touristique à l'écart de la Route des Vins, où la localité d'Ottrott est l'une des rares à produire du vin rouge.

HISTOIRE

Le Mont, appelé jadis Hohenbourg (le *Haut Castel)*, est un promontoire qui domine de ses 761 m la plaine d'Alsace, sur laquelle s'étend une vue grandiose jusqu'au Rhin et à la Forêt Noire ; habité depuis la préhistoire, il est ceint par le « Mur païen » mégalithique, dont on ignore s'il constituait la défense d'une place forte ou s'il délimitait un espace sacré ; peut-être les deux à la fois. C'est là qu'à la fin du VIIe siècle, Odile, la fille d'un duc local, établit le premier monastère de femmes en Alsace : la légende dit qu'aveugle de naissance, elle recouvre la vue à son baptême, et obtient de son père l'autorisation de fonder un monastère sur la Hohenbourg ; élue abbesse, elle se montre un modèle d'observance et de piété, se consacre au soulagement des pauvres, des malades et des handicapés ; après sa mort, en 720, son tombeau devient le but de pèlerinages ininterrompus jusqu'à nos jours. Elle est la patronne de l'Alsace.

SITE

Le monastère, maintes fois ravagé, a subsisté jusqu'à la Révolution, qui en fit un bien national ; il abrite toujours, dans une chapelle du XIIIe siècle, le tombeau de la sainte (VIIIe s.) ; la chapelle Sainte-Croix (XI-XIIe s.) est également remarquable. Le sanctuaire a retrouvé en partie sa vocation initiale, grâce à l'institution de l'Adoration perpétuelle depuis 1931, et à l'implantation d'une communauté de sœurs de la Croix qui sont au service des personnes en quête de ressourcement spirituel. Malgré l'afflux des touristes et des pèlerins, le site offre la possibilité d'un séjour dans le silence, que favorise le calme des forêts alentour où l'on peut, au gré de sentiers ombreux, visiter la source Sainte-Odile et les vestiges de l'abbaye de Niedermunster fondée en 707 par la sainte, ainsi que les ruines de châteaux médiévaux aux noms pittoresques : Birkenfels (le *Roc du Tilleul*), Dreystein (les *Trois Pierres*) et Hagelschloss (le *Château de la Grêle*).

ACCUEIL

S'adresser par écrit à l'hôtellerie (fermeture 17-30 novembre et 7-20 janvier) :
• nombreuses chambres confortables (60 chambres individuelles)
• bibliothèque • magasin et librairie • accueil des personnes handicapées • parking.

OFFICES

Plusieurs messes sont célébrées chaque jour.

ACCÈS

• À partir d'Obernai, par la D 426 (8 km) jusqu'à Ottrott, puis la D 109. Obernai est à une vingtaine de kilomètres au sud-ouest de Strasbourg par l'A 352, puis la D 500.
• SNCF à Obernai (14 km) ou Barr (8 km), ligne Strasbourg/Sélestat, puis taxi.

♦ **SAÔNE-ET-LOIRE**

**PARAY-LE-MONIAL
FOYER DU SACRÉ-CŒUR**

14, rue de la Visitation 71600 Paray-le-Monial

♦ Téléphone : 03.85.81.11.01
♦ Fax : 03.85.81.26.83

Aux portes du Brionnais et du Charollais, la paisible petite ville de Paray-le-Monial est connue des catholiques du monde entier comme la « cité du Sacré-Cœur » : c'est là, au monastère de la Visitation, que Marguerite-Marie Alacoque (1647-1690), fille d'un notaire des environs entrée depuis quelques années en religion, a reçu en 1673-1675 des révélations du Cœur de Jésus qui sont à l'origine du culte et de la fête du Sacré-Cœur. Le foyer du Sacré-Cœur est situé en face de la chapelle des Apparitions. Il abrite les activités et l'apostolat de l'association *Cor Christi*, érigée en 1982 par Mgr Séguy, évêque du diocèse d'Autun, Chalon et Mâcon, pour coordonner les œuvres de formation spirituelle fondées par le père Armand Roustand : « l'association des Hommes du Sacré-Cœur » et les « Cinq jours de Paray ».

Cor Christi propose, au foyer du Sacré-Cœur, des retraites spirituelles qui ont pour but de favoriser une découverte personnelle du mystère du Cœur du Christ, en vue de répondre aux exigences du monde actuel et de « bâtir une civilisation de l'Amour », en réponse à l'appel pressant du pape Jean-Paul II. En dehors des retraites organisées (programme sur demande), le foyer est ouvert aux pèlerins, aux groupes et aux touristes, ainsi qu'aux personnes désirant y faire une retraite individuelle dans un climat de silence et de recueillement ; le bâtiment, qui comporte un jardin spacieux, y est tout à fait adapté, notamment en dehors des périodes de vacances scolaires.

ACCUEIL

Écrire à la directrice du foyer :
• 80 lits répartis en chambres individuelles, doubles ou familiales, avec lavabo • sanitaires à l'étage • hébergement avec ou sans repas • bibliothèque, salles de réunion • chapelle et oratoire • possibilité d'accompagnement et d'échanges spirituels.

OFFICES

Se renseigner sur place pour les horaires des messes.

ACCÈS

• A 6 (Paris/Lyon), sortie à Chalon-Nord, depuis Paris, puis N 80 jusqu'à Montceau-les-Mines et N 70 jusqu'à Paray-le-Monial ; sortie à Mâcon-Sud, depuis Lyon, puis N 79 jusqu'à Paray-le-Monial.
• N 79 (Mâcon/Digoin).
• SNCF à Paray-le-Monial (ligne Lyon/Moulins), ou gare TGV Le Creusot (ligne Paris/Le Creusot), puis autocar SNCF ou taxi.

♦ **SAÔNE-**
ET-LOIRE

PARAY-LE-MONIAL
MAISON BETHLÉEM

15, route
de Volesvres
71600 Paray-
le-Monial

♦ Téléphone : 03.85.88.84.15
♦ Fax : 03.85.81.03.47

Berceau de la congrégation des auxiliaires du Sacerdoce fondée en
1923 par Magdeleine Galliod (mère Marie-Magdeleine de la Croix), la Maison Bethléem a gardé de ses origines l'ordonnancement simple de bâtiments qu'enveloppe la quiétude d'un grand parc ; elle est sise sur la colline de Vignemont, au nord-est de la ville. Les flots paisibles de la Bourbine s'étalent plus bas, miroir dans lequel se reflètent les tours de façade encadrant le porche de l'ancienne abbatiale Notre-Dame (aujourd'hui basilique) édifiée entre 1090-1110 ; cette majestueuse église, dont la pierre aux tons cuivrés flamboie sous la caresse du soleil, donne, dans des proportions plus modestes, une idée de ce que dut être la splendeur de Cluny : on remarquera, dominés par une tour octogonale, les différents étages du chevet, auxquels correspondent à l'intérieur les chapelles, le déambulatoire et le chœur, baignés d'une douce lumière.

Conformément à leur vocation, les auxiliaires du Sacerdoce orientent leur accueil vers le clergé et vers les laïcs engagés dans l'église. Leur maison, qui abrite retraites et séminaires de spiritualité ignatienne, est également ouverte pour un temps de réflexion aux personnes en quête de ressourcement. Elle organise aussi des sessions d'éveil à la spiritualité, à partir du riche patrimoine religieux et artistique de la région.

ACCUEIL

Écrire auparavant :
• 21 chambres individuelles et 6 chambres doubles avec lavabo, sanitaires à l'étage • possibilité de séjour en pension complète ou demi-pension • accueil des personnes handicapées • bibliothèque • possibilité d'accompagnement et d'échanges spirituels • parking.

OFFICES

Pour les horaires, se renseigner sur place.

ACCÈS

Cf. *p. 181.*

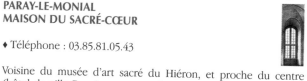

**♦ Saône-
et-Loire**

PARAY-LE-MONIAL
MAISON DU SACRÉ-CŒUR

**3 ter, rue
de la Paix
71600 Paray-
le-Monial**

♦ Téléphone : 03.85.81.05.43

Voisine du musée d'art sacré du Hiéron, et proche du centre (hôtel de ville Renaissance, tour Saint-Nicolas, du XVIᵉ siècle), la maison du Sacré-Cœur n'est guère éloignée non plus de la résidence des pères jésuites, où se trouve la chapelle de saint-Claude La Colombière, qui fut le directeur spirituel de sainte Marguerite-Marie ; elle abrite la communauté des Petites Servantes du Cœur de Jésus. Les religieuses accueillent retraites et récollections, séminaires et conférences ; leur établissement par sa situation dans un quartier paisible, et par le jardin qui l'entoure, se prête également à une halte spirituelle de silence et de prière, si l'on évite la période des vacances scolaires et l'été, où des milliers de personnes participent à Paray-le-Monial aux sessions du Renouveau charismatique. À un kilomètre de la ville, sur la route de Mâcon, la petite chapelle romane de Notre-Dame de Romay (XI-XIIᵉ s.) se dresse près d'une fontaine dont les eaux sont tenues pour miraculeuses.

Accueil

Écrire à la sœur hôtelière : • 45 chambres avec lavabo, sanitaires à l'étage • possibilité d'accompagnement et d'échanges spirituels.

Offices

Se renseigner sur place pour les horaires.

Accès

Cf. *p. 181.*

**♦ Saône-
et-Loire**

PARAY-LE-MONIAL
MONASTÈRE DU ROSAIRE DU SACRÉ-CŒUR

**40, avenue
de Charolles
71600 Paray-
le-Monial**

♦ Téléphone : 03.85.81.09.09

Les moniales dominicaines se sont établies en 1929 à Paray-le-Monial, pour y mener leur vie contemplative dans le rayonnement d'amour du Cœur de Jésus ; don de la miséricorde divine, il vivifie la « prière pour les pécheurs » chère à saint Dominique et à sa famille religieuse ; source de lumière et de vérité, il éclaire les études et les travaux des moniales. Celles-ci reçoivent, dans leur vaste maison qu'entoure un parc arboré, les personnes souhaitant effectuer une retraite dans le silence et la solitude. L'accueil, limité à cause du petit nombre de chambres – réservées en priorité aux familles des moniales – est fermé durant le Carême et l'Avent.

ACCUEIL

Écrire à la sœur hôtelière :
• 10 chambres avec lavabo, sanitaires à l'étage • possibilité d'accompagnement et d'échanges spirituels • vente à la porterie des travaux des moniales : ouvroir liturgique (aubes, étoles, etc.), tricots, animaux en peluche. Travaux de reliure, de dactylographie et de polycopie.

OFFICES

Chantés en grégorien et en français :
• 7 h : laudes • 8 h : tierce • 8 h 15 : messe • 11 h 45 : sexte • 14 h : nones • 18 h : vêpres • 20 h : complies.

ACCÈS

Cf. *p. 181.*

♦ SAÔNE-ET-LOIRE

PARAY-LE-MONIAL
MONASTÈRE SAINTE-CLAIRE DU SACRÉ-CŒUR

2, route de Volesvres 71600 Paray-le-Monial

♦ Téléphone : 03.85.81.06.05

Désireuses de « représenter l'Ordre franciscain auprès du Cœur de Jésus », quelques clarisses de Périgueux ont suscité la fondation d'un monastère à Paray-le-Monial. La communauté s'y est établie en 1878 dans un cadre rustique et paisible, et mène, depuis plus d'un siècle, une vie silencieuse de prière et de travail dans ce haut-lieu de la spiritualité catholique, dont le rayonnement et la richesse toujours renouvelés nourrissent la vocation contemplative des moniales. Celles-ci peuvent accueillir, pour un séjour en solitude, les personnes qui aspirent à un temps de recueillement, et qui désirent dialoguer ou prier avec elles.

ACCUEIL

Écrire à la sœur hôtelière :
• quelques chambres individuelles simples, mais confortables • repas en silence et en solitude • possibilité d'accompagnement et d'échanges spirituels • vente à la porterie des travaux des moniales : imagerie, broderie. Uniquement sur commande : reliure, dactylographie de textes.

OFFICES

Chantés en français, messe en français ou en grégorien :
• 6 h 45 : office du matin • 11 h : office du milieu du jour, suivi de la messe (DF 10 h 45) • 17 h 30 : vêpres (DF 17 h) • 19 h 30 : complies (DF 19 h 45).

ACCÈS

Cf. *p. 181.*

♦ Saône-
et-Loire

PARAY-LE-MONIAL
MONASTÈRE DE LA VISITATION

**13, rue
de la Visitation
71600 Paray-
le-Monial**

♦ Téléphone : 03.85.81.09.95

La chapelle du monastère, où une humble religieuse reçut au XVIIe siècle des révélations du Cœur de Jésus qui allaient susciter un extraordinaire renouveau du culte au Sacré-Cœur et l'institution d'une fête en son honneur, a en quelque sorte éclipsé la belle abbatiale clunisienne toute proche ; élevée au rang de basilique, celle-ci profite néanmoins de l'afflux des nombreux pèlerins venus visiter la « chapelle des apparitions », et ses proportions se prêtent aux grandes célébrations liturgiques en l'honneur du Sacré-Cœur, que ne pourrait contenir le petit sanctuaire de la Visitation.

Histoire

La Visitation de Paray-le-Monial est fondée en 1626, dans une maison qui peut abriter une vingtaine de religieuses. Mais la communauté est très modeste à ses débuts, et Jeanne de Chantal, qui vient la visiter, trouve le lieu « chétif ». La peste se déclare deux ans plus tard : la fondatrice veut en profiter pour supprimer ce « chétif établissement » en unissant la communauté à celle de Roanne, mais les jésuites insistent pour garder les religieuses dans la ville, et Jeanne de Chantal cède, à condition qu'on fournisse à ses filles « un honnête bâtiment ». C'est l'origine de l'actuel monastère, dont l'austère façade sur la rue cache un magnifique bâtiment du XVIIe siècle : l'autre façade, qui s'ouvre à l'est sur un beau et calme jardin, est inondée de soleil. Trois ailes sont bâties (celle du nord est occupée par la chapelle), pour dessiner un cloître aux arcades en plein cintre entourant un jardinet, le *préau*, pourvu d'un puits en son centre. Les travaux sont achevés en 1657.

En 1671, la communauté compte plus de quarante religieuses. Elle reçoit une postulante de 24 ans, Marguerite Alacoque, orpheline d'un notaire de Vérosvres ; la jeune fille est d'une piété solide, d'une évidente bonne volonté. Deux ans plus tard, devenue religieuse choriste sous le nom de Marguerite-Marie, elle reçoit les premières communications du Cœur de Jésus ; celles-ci se multi-

185

plient, sous forme de visions et de paroles. Marguerite-Marie s'en ouvre, avec réticence, à ses supérieurs ecclésiastiques, qui lui donnent l'ordre de tout mettre par écrit et qui, ayant longuement éprouvé la chose, en admettent le caractère surnaturel. D'ailleurs, la vie de Marguerite-Marie, toute d'amour, de patience dans les épreuves, de discrétion et d'abnégation, est un témoignage en faveur des grâces dont elle se dit favorisée. Elle n'en est pas moins traitée avec rudesse, voire mépris, et tenue par certaines pour folle et visionnaire. Quand elle meurt, à peine âgée de 43 ans, elle a transmis le message qu'elle a reçu, et surtout en a vécu les exigences : le primat de l'amour, dans un monde tiède et indifférent, marqué par le jansénisme. Il faudra près d'un siècle pour que le « message » du Cœur de Jésus à Paray-le-Monial soit entériné officiellement par l'Église. Marguerite-Marie a été canonisée en 1950.

À VOIR

La chapelle du monastère, lieu des principales apparitions, ornée d'une fresque de Louis Barbier, abrite la châsse où sont conservées les reliques de sainte Marguerite-Marie. Au chevet de la basilique, une salle est consacrée aux souvenirs de la sainte, et, dans le parc des Chapelains, un diorama représente des scènes de sa vie.

Les moniales accueillent en clôture les femmes et jeunes filles qui souhaitent étudier leur vocation, ou simplement connaître, pour une durée limitée (deux à huit jours) un temps de réflexion, de prière et de silence.

ACCUEIL

Écrire à la Visitation :
• quelques chambres au confort simple • repas avec la communauté, en silence • possibilité d'accompagnement et d'échanges spirituels • vente sur place de souvenirs religieux, livres, chapelets, images, médailles. Travaux de ronéo, de dactylographie et de photocopie (sur commande).

OFFICES

Ouverts à tous :
• 9 h en hiver, 11 h en été : messe • 16 h 30 le dimanche, et tous les jours de mai et d'octobre : récitation du chapelet • 17 h 30 : vêpres.

ACCÈS

Cf. *p. 181.*

♦ **SEINE**

PARIS
ABBAYE SAINTE-MARIE

**3, rue de
la Source
75016 Paris**

♦ Téléphone 01.45.25.30.07

Les moines bénédictins de la congrégation de Solesmes ont fondé en 1893
cette abbaye pour qu'un espace monastique de prière et de liturgie existe dans
la capitale. Les moines y mènent,
comme dans toutes les maisons de
l'Ordre, leur vie contemplative de prière et de silence rythmée par la grande
prière liturgique de l'office divin, qui
culmine dans la célébration de la
messe, par la *lectio divina* et l'étude,
par le travail. L'abbaye dispose d'un
grand jardin paisible, favorable au
recueillement. Les moines peuvent accueillir des groupes pour la journée.
Fidèles à la tradition bénédictine de
l'hospitalité monastique, ils reçoivent
également les hommes qui désirent
faire une retraite spirituelle dans le
silence et la solitude.

ACCUEIL

Écrire au père hôtelier :
• plusieurs chambres individuelles avec lavabo, sanitaires à l'étage
• bibliothèque.

Les chercheurs peuvent avoir accès à la bibliothèque de prêt, spé-
cialisée dans les sciences religieuses, et, sur rendez-vous, consulter
la remarquable collection de cartes postales (plus d'un million de
documents).

OFFICES

Chantés en grégorien :
• 8 h 15 : laudes • 11 h 45 : messe conventuelle (DF 10 h) • 18 h :
vêpres (18 h 45 le jeudi) • l'église est ouverte au public de 7 h 45
à 12 h 30, et de 14 h 30 à 19 h.

ACCÈS

• Métro Jasmin.
• RER ligne C, arrêt à Javel, Président-Kennedy ou Boulainvilliers
(correspondance La Muette).
• Autobus RATP, lignes 22, 52, 62.

♦ SEINE

PARIS
MONASTÈRE DE L'ADORATION RÉPARATRICE

**39, rue
Gay-Lussac
75005 Paris**

♦ Téléphone 01.43.26.75.75

En plein cœur d'un des quartiers les plus animés de la capitale, le monastère de l'Adoration Réparatrice est une oasis de paix dont beaucoup de Parisiens même ignorent l'existence. Sa chapelle a vu, en 1935, la conversion de l'écrivain et futur académicien André Frossard (✝ 1994), qui la relate dans son livre *Dieu existe, je l'ai rencontré*. Les bâtiments, édifiés en 1861-1863, abritent la famille religieuse fondée en 1848 par Théodelinde Dubouché : les sœurs de l'Adoration Réparatrice, contemplatives s'inspirant de la spiritualité carmélitaine.

La chapelle, où est exposé en permanence le Saint-Sacrement, est ouverte au public tous les jours de 7 h à 22 h. On peut participer aux offices liturgiques, et prendre part à l'adoration nocturne des religieuses après entente préalable avec la prieure. La communauté accueille également (sauf en été) les personnes désirant faire durant quelques jours une retraite individuelle.

ACCUEIL

Écrire à la sœur hôtelière :
• quelques petites chambres confortables et calmes • repas dans la salle à manger commune, ou en solitude dans la chambre • petite bibliothèque d'ouvrages de spiritualité.

Les hôtes peuvent se détendre dans le jardin du monastère, havre de verdure et de paix entre le Panthéon et l'hôpital du Val-de-Grâce (superbe chapelle baroque récemment restaurée). L'église Saint-Étienne-du-Mont (xve s.), sur la place du Panthéon, est consacrée à sainte Geneviève et abrite ses reliques ; on y admire un élégant jubé.

OFFICES

En français :
- 7 h 55 : office du matin (DF 8 h 45) • 14 h : heure médiane
- 18 h : office du soir (DF 18 h. 30) • 18 h 30 : eucharistie (DF 9 h 30) • 21 h : complies.

ACCÈS

- RER Port-Royal (ligne B : Roissy - Robinson/Saint-Rémy-les-Chevreuse).
- Autobus RATP : ligne 89, arrêts Panthéon ou Gare du Luxembourg.

♦ **SEINE**

68, avenue
Denfert-
Rochereau
74014 Paris

PARIS
MONASTÈRE DE LA VISITATION

♦ Téléphone : 01.43.27.12.90

Répondant au désir de plusieurs catholiques de Paris, qui souhaitent un « établissement de Sainte-Marie » dans la capitale, François de Sales invite Jeanne de Chantal à effectuer la fondation, tout en lui annonçant que celle-ci se heurtera à « d'innombrables difficultés ». De fait, tout débute le 1er mai 1619 dans une extrême pauvreté : « Nos bonnes sœurs étaient logées au faubourg Saint-Michel, entre deux tripots, ayant nuit et jour le tintamarre des joueurs » ; on manque de pain, de linge, de bois, et une épidémie de peste éclate... Après deux années difficiles, la communauté, qui a tenu bon, peut acquérir les écuries de l'hôtel Zamet, rue Saint-Antoine, que l'on « disposa en maison religieuse ». C'est là que le monastère, le sixième de l'Ordre, subsiste jusqu'à la Révolution. Après la tourmente, qui a expulsé et dispersé la communauté, celle-ci se regroupe et s'établit à l'emplacement actuel : c'est encore presque la campagne. Dans les carrières voisines, on a déposé en

1785 les restes de milliers de Parisiens exhumés du cimetière des Innocents (près des Halles), que l'on voulait dégager pour des motifs de salubrité : ces « catacombes » se visitent. Tout proche, le nouveau bâtiment de la Fondation Cartier offre la luminosité d'une architecture presque transparente de J. Nouvel et E. Cattani (1994).

De nos jours, situé dans un quartier très animé, le monastère n'en est pas moins resté un havre de paix et de silence. Les moniales y accueillent les dames et jeunes filles qui souhaitent faire une retraite spirituelle de quelques jours.

ACCUEIL	Écrire à la mère prieure : • 5 chambres individuelles avec lavabo, sanitaires à l'étage • repas en silence au réfectoire des moniales • retraites en clôture • possibilité d'accompagnement et d'échanges spirituels • petit dépôt de livres relatifs à la spiritualité salésienne.
OFFICES	En français : • 7 h 25 : messe (DF 9 h) • 17 h 30 : vêpres (DF 17 h, suivies du Salut du Saint-Sacrement).
ACCÈS	• Métro Denfert Rochereau ou Raspail. • RER Port-Royal (ligne B : Roissy - Robinson/Saint-Rémy-lès-Chevreuse). • Autobus RATP, lignes 38, 83 ou 91.

♦ SEINE

110, rue
de Vaugirard
75006 Paris

PARIS
MONASTÈRE DE LA VISITATION

♦ Téléphone : 01.42.22.48.08

Le second monastère de la Visitation à Paris – « la maison du faubourg Saint-Jacques » – est fondé en 1626, rue Saint-Jacques. La communauté y demeure jusqu'à la Révolution, qui chasse en 1792 les religieuses de leur maison ; elles parviennent néanmoins à rester regroupées et, après la tourmente, s'établissent à l'emplacement actuel. Le monastère est situé dans un quartier calme, entre la rue de Rennes, commerçante et animée, et le boulevard Pasteur, tout aussi passant. Non loin de là, l'Institut catholique conserve le souvenir des bienheureux « Martyrs de Septembre » (1792), que les lieux restés presque en l'état évoquent de façon bouleversante ; et on peut visiter la paisible chapelle des Carmes (XVIIe s.), fort bien restaurée.

Les moniales reçoivent pour des retraites spirituelles les dames et jeunes filles qui aspirent à un temps de recueillement, et souhaitent partager la vie de prière de la communauté. Une retraite en solitude à l'accueil « Aïn Karim » répondra davantage encore aux personnes éprises de silence.

ACCUEIL

Écrire à la mère prieure :
• chambres individuelles avec lavabo, sanitaires à l'étage • repas en silence au réfectoire des moniales • retraites en clôture • possibilité d'accompagnement et d'échanges spirituels.

OFFICES

En français :
• 7 h : laudes (DF 7 h 30)
• 7 h 25 : messe (DF 9 h 30)
• 9 h 15 : tierce (en semaine)
• 11 h 30 : sexte (DF)
• 14 h 05 : none • 17 h : vêpres (DF 17 h 30) • 20 h 10 : complies.

ACCÈS

• Métro Saint-Placide, Montparnasse ou Duroc.
• Nombreux autobus de la RATP (plusieurs lignes).

♦ **SEINE**

3, cité du Sacré-Cœur 75018 Paris

PARIS
PRIEURÉ SAINT-BENOÎT-SAINTE-SCHOLASTIQUE

♦ Téléphone : 01.46.06.14.74

À l'ombre de la basilique du Sacré-Cœur, dont l'architecture a fini par s'intégrer au paysage parisien, et tout près de la place du Tertre, haut-lieu du tourisme de masse, la cité du Sacré-Cœur, en retrait dans une cour-impasse, est, dans un des quartiers les plus animés et les plus bruyants de la capitale, un lieu étrangement calme. Toute proche, et souvent négligée par les touristes, la belle église romane Saint-Pierre-de-Montmartre est le plus ancien sanctuaire de Paris (chœur de 1147) ; elle fut autrefois l'église de l'abbaye bénédictine de Montmartre, détruite à la Révolution, dont la dernière abbesse mourut sur l'échafaud ; ses vitraux des années 50 soulignent l'atmosphère de silence et de paix qui y règne en permanence. On ne saurait omettre non plus la place du Calvaire, moins bruyante que la place du Tertre, d'où la vue s'étend sur Paris, particulièrement superbe par beau temps.

Les bénédictines du Sacré-Cœur de Montmartre résident dans la Cité du Sacré-Cœur. Fondées en 1898 par Adèle Garnier (mère Marie de Saint-Pierre), elles mènent une vie contemplative centrée sur le mystère de l'eucharistie et l'adoration du Saint-Sacrement, source d'un apostolat qui se traduit par l'accueil et par l'animation spirituelle et matérielle des sanctuaires. Les moniales peuvent recevoir, pour quelques jours, les personnes qui désirent prier, chercher Dieu au sein d'une communauté monastique ; les hôtes sont invités à participer, dans la chapelle moderne baignée de lumière, à la prière de l'office divin, à la célébration de l'eucharistie et à l'adoration du Saint-Sacrement.

ACCUEIL

Écrire à la sœur hôtelière :
• quelques chambres individuelles avec lavabo, sanitaires à l'étage
• possibilité d'accompagnement et d'échanges spirituels.

OFFICES

Chantés en français, ouverts au public :
• 7 h 30 : office des lectures • 8 h : laudes • 11 h 30 : eucharistie (samedi et DF 11 h) • 13 h 30 : office du milieu du jour • 18 h : office du soir (suivi des vigiles le samedi soir) • 21 h 15 : complies • adoration du Saint-Sacrement de 13 h 45 à 18 h (DF 13 h 45 à 16 h).

ACCÈS

• Métro Abbesses, ou métro Anvers, puis funiculaire.
• Autobus de la RATP, lignes 30, 31, 64, 80 et 85.

LE PASSAGE-D'AGEN
CARMEL NOTRE-DAME DE BEAUREGARD

2, rue
du Carmel
47000 Le
Passage-d'Agen

♦ Téléphone : 05.53.96.12.29

Agen est une cité attachante, dont les rues tranquilles permettent d'agréables flâneries, que l'on peut prolonger sous les platanes qui bordent la Garonne. Le quartier des Cornières aligne de belles maisons anciennes à colombages et parements de brique ; la plus élégante, celle du Sénéchal (XIIIᵉ s.), donne accès au musée, groupe d'hôtels particuliers du XVIᵉ siècle qui abritent notamment cinq Goya et la Vénus du Mas, marbre hellénistique découvert dans la région. En contre-bas de la cathédrale Saint-Caprais (chœur et chevet romans, nef gothique), l'étonnant pont-canal construit au siècle dernier pour permettre le passage du canal latéral au-dessus du fleuve, permet de gagner le Passage-d'Agen. C'est là qu'il y a une vingtaine d'années s'est transféré le carmel fondé à Agen en 1628, dans le cadre plus calme que lui offrait la localité périphérique ; cela a permis l'adaptation des bâtiments aux exigences de la vie contemplative : dans la solitude et le silence, les moniales cloîtrées s'efforcent de mener une existence consacrée à l'intimité avec Dieu, au fil de journées que rythment l'oraison, les offices liturgiques et le travail. À ceux qui souhaitent partager la spiritualité du désert propre au carmel, elles proposent un accueil pour quelques jours, dans un climat de paix, de simplicité et de recueillement.

Sainte Thérèse de l'Enfant Jésus © Roger-Viollet

ACCUEIL

Pour des retraites en silence et en solitude, écrire :
• quelques chambres individuelles au confort simple • possibilité d'accompagnement et d'échanges spirituels • à la porterie, vente des produits du monastère : ornements liturgiques, biscuits, reliure.

OFFICES

La chapelle est ouverte à tous :
• 7 h : laudes • 7 h 30 : messe • 17 h : vêpres • 20 h : complies.

ACCÈS

• à 4 km au sud d'Agen par la N 2.
• SNCF à Agen, puis taxi.

♦ **INDRE**

PELLEVOISIN
MONASTÈRE DE MARIE, MÈRE DE MISÉRICORDE

3, rue
Notre-Dame
36180
Pellevoisin

♦ Téléphone : 02.54.39.00.46

En 1893, un monastère de dominicaines est fondé à Pellevoisin pour y assurer la garde d'un sanctuaire marial récent ; l'origine en remonte en effet aux apparitions de la Vierge dont a été favorisée en 1876 une humble servante, Estelle Faguette, guérie miraculeusement à l'article de la mort d'une tuberculose intestinale. La fondation se fait dans la croix, mais la communauté se pénètre du message de la Vierge – faire connaître l'amour du Cœur de Jésus – et en nourrit sa contemplation. Aujourd'hui, les moniales dominicaines témoignent par leur vie consacrée à la célébration de l'office divin, à l'étude et au travail, du primat de cet amour ; assurant sur les lieux une présence contemplative, elles accueillent volontiers toute personne désirant partager le silence et la prière du monastère, et se ressourcer sur le lieu des apparitions : la chambre d'Estelle, transformée en chapelle et accessible à tous.

À VOIR

La *chapelle des apparitions*, ancienne chambre d'Estelle Faguette. Le parc des Pèlerinages, cadre de verdure paisible, abritant un chemin de croix. L'église paroissiale Saint-Pierre-et-Saint-Paul. La grotte de Montbel, où la jeune fille malade déposa une lettre à la Vierge pour demander sa guérison. Et, au cimetière, la tombe d'Estelle, morte en réputation de sainteté le 23 août 1929, après avoir vécu dans l'effacement et la fidélité au message reçu ; toute proche, la tombe de l'écrivain Georges Bernanos, qui fut un fervent du *message* de Pellevoisin.

ACCUEIL

Écrire à la sœur hôtelière :
• 7 chambres individuelles, simples mais confortables • possibilité d'accompagnement et d'échanges spirituels • vente sur place et dans les boutiques de l'artisanat monastique de cartes-lettres, layettes et étoles.

OFFICES

Chantés en français :
• 7 h 30 : laudes • 11 h : messe • 17 h 30 : vêpres • 20 h : vigiles.

ACCÈS

• D 15 par la N 143 (Tours/Châteauroux) ou la D 956 (Blois/Châteauroux).
• SNCF à Châteauroux (ligne Paris Austerlitz/Châteauroux) puis à la gare routière (téléphone : 02.54.22.01.38) car Châteauroux/Buzançais ou Châteauroux/Pellevoisin.

**PERPIGNAN
MONASTÈRE SAINTE-CLAIRE**

107, avenue
du Maréchal-
Joffre
66000
Perpignan

♦ Téléphone : 04.68.61.29.54

Les clarisses de Perpignan ont une histoire mouvementée, marquée par celle de la cité, tour à tour française, espagnole, puis de nouveau française, mais toujours très fière de son originalité. Fondé vers 1270, le monastère est dirigé par l'abbesse Ermengarde de Botonaco, dont on conserve le procès-verbal d'élection. La communauté prospère, fidèle au charisme franciscain, changeant plusieurs fois de résidence, jusqu'à s'établir au XVIe siècle dans le couvent royal édifié par Charles-Quint (le Roussillon est alors espagnol) ; le monastère fait partie des multiples établissements religieux que compte alors la ville dans un arc de cercle qui se déploie au pied la citadelle englobant l'ancien palais des rois de Majorque (XIII-XIVe s.), et que délimitent la Loge de Mer et le Castillet, vers la vallée de la Têt, et les remparts courant de la cathédrale Saint-Jean-Baptiste à l'église Saint-Jacques. Tous ces monuments sont encore visibles aujourd'hui : la Loge de Mer (1388) dresse son architecture élégante à côté de l'hôtel de ville rebâti aux XVI-XVIIe siècles ; des statues de Maillol ornent la place et la cour ; la cathédrale, vaste et lumineuse, abrite de superbes retables, dont celui du maître-autel en marbre blanc (1619-1621) dû à Claude Perret ; dans une chapelle voisine est conservé le *Dévôt Christ*, crucifix d'un réalisme saisissant (XIVe s.) ; l'église gothique Saint-Jacques, remaniée jusqu'au XVIIe siècle, est le siège de la confrérie de la Sanch, qui organise la procession des pénitents du Vendredi saint.

Lorsque, par le traité des Pyrénées (1659), le Roussillon devient français, le couvent des clarisses est gouverné par une femme exceptionnelle, mère Anne-Marie Antigo (1602-1676) : elle parvient à préserver la cohésion et l'autonomie d'une communauté déchirée entre son attachement à l'Espagne (plusieurs religieuses sont espagnoles, les franciscains qui les dirigent le sont aussi) et la brutalité de l'obligatoire « francisation » ; par sa douce fermeté, son abnégation et l'exemple d'une vie sainte, elle oriente le monastère dans le sens d'une plus grande ferveur, d'une intériorisation et d'un retour au charisme primitif de pauvreté, de simplicité et de joie, qui valent aux religieuses un respect unanime... et leur évitent la dispersion dans d'autres couvents « français ». Aujourd'hui encore, mère Antigo – dont le corps resté intact par delà la mort attire de nombreux pèlerins – est considérée comme la « sainte de Perpignan ». L'ancien monastère est aujourd'hui propriété de la ville, qui en a fait un centre culturel, et les clarisses se sont établies à la périphérie de la cité, sur la rive gauche de la Têt, dans l'ancien couvent du Vernet, dont les origines remontent au IXᵉ siècle. Elles y mènent dans le silence leur vie fraternelle de prière et de travail, fidèles à l'héritage franciscain et au souvenir exemplaire de mère Antigo. Leur maison paisible se prête à l'accueil de personnes qui souhaitent y faire une halte dans la prière et l'accompagnement spirituel.

ACCUEIL

Écrire à la mère prieure :
• très limité, uniquement pour des retraites spirituelles • quelques chambres individuelles dotées d'un confort simple • possibilité d'accompagnement et d'échanges spirituels • à la porterie, vente de chapelets confectionnés par les moniales, librairie religieuse.

OFFICES

Chantés en français :
• 17 h 15 : office du soir (DF 16 h) • 18 h 15 : messe (17 h 30 en hiver, DF 9 h).

ACCÈS

• Perpignan est à la jonction de l'A 9 (Orange/Le Perthus/Espagne, sortie Perpignan nord), de la N 9 (Lodève/Le Perthus), de la N 116 (Puigcerda/Perpignan) et de la D 117 (Foix/ Perpignan).
• SNCF à Perpignan, puis taxi ou bus urbain n° 2 (arrêt Barande).

♦ **SAVOIE**

PLANCHERINE
ABBAYE NOTRE-DAME DE TAMIÉ

73200 Plancherine

♦ Téléphone : 04.79.32.42.01
♦ Fax : 04.79.37.05.24

Sise sur le flanc est du massif des Bauges à 900 m d'altitude, l'abbaye cistercienne de Notre-Dame de Tamié est proche du Fort de Tamié qui, du sommet du col, offre une vue exceptionnelle sur la combe de Savoie et sur le Mont-Blanc ; un sentier botanique riche d'une grande variété d'espèces, ouvert durant les mois d'été, permet également de tonifiantes et agréables promenades.

HISTOIRE

L'abbaye est fondée en 1132 par saint Pierre de Tarentaise, moine de Bonnevaux, en Dauphiné, devenu dix ans plus tard archevêque de Moûtiers. Après l'âge d'or du XIIe siècle, elle connaît le relâchement dû à l'enrichissement et au fléau de la commende ; mais elle est à la fin du XVIIe siècle la première abbaye cistercienne à adopter la réforme que l'abbé de Rancé vient d'instaurer à la Grande Trappe, en Normandie (d'où le nom de *trappistes*) ; ce renouveau est concrétisé par la construction du monastère actuel. Bien que la communauté doive s'exiler en 1792, à cause de la Révolution, les bâtiments ne sont pas détruits. En 1861, quelques moines de l'abbaye de la Grâce-Dieu, près de Besançon, viennent rouvrir Tamié, qui retrouve son plein rayonnement seulement en 1909, quand la totalité de la communauté franc-comtoise y est transférée. L'abbaye abrite aujourd'hui une trentaine de moines. La liturgie, ouverte à tous, est célébrée en français, mais le chant grégorien y garde encore une place de choix.

L'abbaye ne se visite pas : elle n'est pas un « monument », mais le lieu de vie d'une communauté de moines qui partagent leur temps entre la prière, l'étude et le travail manuel. Une fromagerie, alimentée par le lait de vache collecté dans les fermes de la région, est la principale ressource du monastère. Depuis l'origine, Tamié a une vocation d'accueil : au visiteur d'une heure comme à l'hôte de quelques jours (une semaine maximum), la communauté s'efforce d'offrir un cadre de silence et de recueillement, ainsi qu'une écoute attentive. L'hôtellerie est ouverte à toute personne en quête d'une halte de réflexion ou de prière ; il n'y a pas de retraites organisées, mais on peut rencontrer un moine. Les frais de séjour sont laissés à la discrétion de chacun.

Aux visiteurs, le centre Saint-Pierre de Tarentaise (après le parking, à 300 m avant le monastère) propose un lieu de recueillement, une exposition de photos et un montage audiovisuel sur la vie des moines, un magasin de livres religieux et de produits monastiques ouvert en semaine de 10 h à 12 h, et de 14 h 30 (14 h le dimanche) à 18 h (17 h d'octobre à Pâques). De là, il est possible de monter à pied jusqu'au monastère et d'entrer dans l'église abbatiale pour y prier ou participer à l'un des offices qui rythment la journée.

ACCUEIL

Écrire au père hôtelier :
• 30 chambres individuelles, avec lavabo, sanitaires à l'étage • accueil des personnes handicapées • bibliothèque • possibilité d'accompagnement et d'échanges spirituels • parking.

OFFICES

Se renseigner sur les horaires, qui peuvent varier selon les saisons :
• 4 h : vigiles • 7 h 15 : laudes (DF 7 h) • 7 h 35 : eucharistie (DF 11 h) • 9 h 30 : tierce (DF 8 h 30) • 12 h 15 : sexte (en semaine) • 14 h 15 : none • 18 h 15 : vêpres (DF 17 h) • 20 h : complies • adoration le dimanche à partir de 18 h 15.

ACCÈS

• RN 508 (Annecy/Ugine), sortie à Faverges (12 km) et RN 90 (Chambéry/Albertville), sortie à Frontenex (10 km).
• SNCF à Albertville, puis taxi (20 km).

♦ **AIN**

01330
Le Plantay

LE PLANTAY
ABBAYE NOTRE-DAME DES DOMBES

♦ Téléphone : 04.74.98.14.40
♦ Fax : 04.74.98.16.70

La Dombes, ample plateau qui s'étale entre Lyon et la Bresse, a été creusée au Moyen Age d'un millier d'étangs et de plans d'eau qui lui confèrent son charme mélancolique, « sous un ciel de Hollande ». Aujourd'hui splendide territoire de chasse au gibier d'eau, et région d'intense activité piscicole qui attire hérons cendrés, canards, oies bernaches, foulques et aigrettes, lors de leurs migrations annuelles, c'était une région insalubre où sévissait le paludisme : au XVIe siècle déjà, on y envisageait une politique d'assèchement.

HISTOIRE

Au siècle dernier, l'évêque de Belley prend à cœur les vœux du Conseil général de l'Ain et de la population, qui désire une action d'envergure dans ce sens, et fait appel à la Trappe d'Aiguebelle (Drôme) : « Donnez-moi des hommes, je vous offrirai un monastère. » En 1863, lorsque les 44 moines arrivent, l'église et la moitié des bâtiments conventuels sont achevés. Fidèles à leur tradition de défricheurs, les trappistes se mettent au travail pour valoriser les terres : création d'un verger et d'un potager, plantation d'une vigne, amendement des sols par la chaux, labourage en profondeur. Ils associent à leurs efforts la population locale, assez déchristianisée, en donnant des primes pour chaque hectare d'étang desséché. Le rayonnement du monastère, érigé en abbaye

en 1866, ne se dément pas jusqu'au début du siècle. Mais ni la suppression des congrégations religieuses, ni la Première Guerre mondiale ne viennent à bout de la communauté, malgré la baisse des vocations. Pendant la dernière guerre, l'abbaye est un foyer de résistance très actif : le père Bernard est torturé, puis déporté à Bergen-Belsen, où il mourra ; deux autres moines sont exécutés ; l'abbaye recevra à titre collectif la Légion d'Honneur et la Croix de Guerre, pour sa contribution à la résistance au nazisme.

Aujourd'hui, les moines mènent une vie contemplative, communautaire et fraternelle ; fidèles à la devise bénédictine *ora et labora*, ils partagent leur temps entre la prière, le travail manuel et l'étude. Ils accueillent pour quelques jours les personnes qui désirent se recueillir dans le silence et partager leur prière. Leur hôtellerie est ouverte à tous et toutes, ainsi que le magasin, qui propose les fabrications de l'abbaye : confitures, pâtes de fruits, petits fours, et un aliment énergétique reconstituant, la Musculine « G ».

C'est à Notre-Dame-des-Dombes que se tiennent chaque année depuis 1937 les rencontres œcuméniques du « Groupe des Dombes », fondé par l'abbé Couturier.

ACCUEIL	Écrire au père hôtelier : • 9 chambres individuelles, 16 chambres doubles, avec lavabo, sanitaires à l'étage • bibliothèque et salles de travail • parking.
OFFICES	En français, dans l'église ouverte toute la journée : • 7 h 30 : eucharistie (DF 10 h 45) • 17 h : vêpres (DF 16 h).
ACCÈS	• N 83 (Lyon/Bourg-en-Bresse) jusqu'à Marlieux, bifurcation à La Mitaine (2 km). • SNCF à Marlieux (10 km, taxi) ou Villars (4 km, taxi).

♦ **ILLE-ET-
VILAINE**

35540 Plerguer

**PLERGUER
MONASTÈRE DES DOMINICAINES**
NOTRE-DAME DE BEAUFORT

♦ Téléphone : 02.99.48.07.57
♦ Fax : 02.99.48.48.95

Château de Beaufort... Un manoir breton niché au creux de la forêt, surplombant l'étang du même nom, entouré d'un silence que ne rompt pas le chant des oiseaux. Tel est le site pittoresque que l'on découvre au croisement de la N 137 (Rennes/Saint-Malo) et de la N 176 (Dol/Dinan). C'est là que, depuis trente ans, les moniales dominicaines perpétuent une solide tradition d'accueil.

SPIRITUALITÉ

Il leur a fallu pour cela cette foi dont on dit qu'elle soulève les montagnes ! Arrivées en 1963 avec des moyens précaires, les quatre premières sœurs ont dû restaurer les bâtiments qui, restés inoccupés pendant dix-huit ans, avaient subi les atteintes du temps et de l'humidité. À présent, la maison abrite une communauté dynamique de vingt moniales, dont la vie se partage entre la prière, l'étude et le travail.

À VOIR

Filles de saint Dominique, les moniales vivent de la Parole du salut ; elles la célèbrent dans la joie d'une liturgie allègre et vivante que rythment parfois tam-tam et koras ; elles l'annoncent au monde par le témoignage de leur vie fraternelle. S'adonnant à divers travaux qui assurent leur subsistance, elles proposent dans leur magasin une production artisanale de confitures, de miel et de bougies, ainsi que des ornements liturgiques, des tissus teints selon le procédé du batik. Elles accueillent, pour un séjour à l'hôtellerie, toute personne en quête de silence, de paix et de ressourcement intérieur. Il est toujours possible de rencontrer une sœur.

Le monastère ne se visite pas, mais les hôtes admireront dans l'aile qui leur est réservée (origine du XVIe s. largement remaniée au XIXe s.) les très belles boiseries, que les sœurs ont décapées, et dans la chapelle (XVIIIe s.), la splendide charpente du chœur actuel, dégagée des plâtres qui la recouvraient. Les travaux, effectués en grande partie par la communauté et de nombreuses aides bénévoles, ont restitué aux bâtiments leur caractère d'authenticité, alliant dans la simplicité la beauté à la pauvreté ; ils se poursuivent, actuellement, en vue d'améliorer les conditions de l'accueil.

ACCUEIL
Écrire à la sœur hôtelière :
• 20 chambres avec lavabo, sanitaires à l'étage • pension complète • bibliothèque • possibilité d'accompagnement et d'échanges spirituels • parking.

OFFICES
Chantés en français :
• 7 h : laudes • 11 h : eucharistie (DF 11 h 15) • 17 h : vêpres suivies d'un temps d'adoration • 20 h 15 : office du soir • (tous ces offices sont retardés d'une demi-heure en été).

ACCÈS
• N 137 à quatre voies Rennes/Saint-Malo. Sortir à Plerguer-Vieux Bourg, prendre la direction de Dol et tourner à droite 3 km plus loin.
• SNCF à Dol-de-Bretagne (ligne de Saint-Malo), puis taxi (8 km).

♦ MORBIHAN

B.P. 11
56340
Plouharnel

PLOUHARNEL
ABBAYE SAINTE-ANNE DE KERGONAN

♦ Téléphone 02.97.52.30.75
♦ Téléphone 02.97.52.45.14 (hôtellerie)

L'abbaye bénédictine Sainte-Anne de Kergonan est une fondation de Solesmes. En 1897, les moines s'établissent sur la paroisse de Plouharnel, à l'entrée de la presqu'île de Quiberon. À peine installés, ils doivent s'expatrier, victimes des lois d'expulsion, et trouvent refuge en Belgique de 1901 à 1922. Pendant la dernière guerre mondiale, l'abbaye est réquisitionnée entre 1942 et 1946. Enfin rétablis dans leurs murs, les moines entreprennent l'aménagement des bâtiments inachevés. L'église (1968) est saluée comme une réussite de l'architecture contemporaine : ses proportions harmonieuses s'intègrent admirablement aux parties plus anciennes, et sa remarquable acoustique se prête avec bonheur au chant grégorien. Une aile plus récente (1990) complète l'ensemble abbatial.

L'hôtellerie monastique, aux chambres calmes et confortables, accueille les hommes pour des temps de retraite ou d'études. Les repas sont pris au réfectoire avec les moines. La proximité de l'océan et du site mégalithique de Carnac permet, en dehors de la saison touristique, de tonifiantes randonnées. La participation aux offices liturgiques est susceptible de « rendre aux hommes une signification spirituelle, des inquiétudes spirituelles, (de) faire pleuvoir sur eux quelque chose qui ressemble au chant grégorien » (Saint-Exupéry).

ACCUEIL

Écrire au père hôtelier :
• chambres simples et confortables avec lavabo, sanitaires à l'étage • possibilité d'accompagnement et d'échanges spirituels • parking • vente sur place d'enregistrements de chants grégoriens ; librairie religieuse proposant des ouvrages sur la spiritualité et la liturgie bénédictines ; poterie, céramique (également dans les boutiques de l'artisanat monastique).

OFFICES

En latin et chant grégorien :
• 10 h : messe • 18 h : vêpres (DF 16 h. 30) • 20 h 30 : complies.

ACCÈS

• D 768, entre Auray et Quiberon ; D 781 à 4 km de Carnac.
• SNCF : gare d'Auray (TGV Atlantique), puis autocar (ligne Auray/Quiberon).
• En été, SNCF : gare de Plouharnel.

♦ Morbihan
56340
Plouharnel

PLOUHARNEL
ABBAYE SAINT-MICHEL DE KERGONAN

♦ Téléphone : 02.97.52.32.14

Voisine de son pendant masculin, l'abbaye des bénédictines de Saint-Michel de Kergonan est fondée en 1898 par madame Cécile Bruyère, première abbesse de Sainte-Cécile de Solesmes. Trois ans plus tard, la jeune communauté prend le chemin de l'exil, à cause des lois d'expulsion : les moniales s'établissent en Angleterre de 1901 à 1919, laissant inachevée la construction des bâtiments abbatiaux. Ceux-ci sont occupés par les Allemands entre 1942 et 1944, et les moniales doivent se replier près de Vannes. La reprise, après la guerre, est laborieuse, et il faut attendre 1970 pour que l'église soit consacrée. Depuis ce temps, la vie strictement cloîtrée des bénédictines adonnées à la vie contemplative attire de nombreuses vocations. La prière – le chant de l'office divin et la *lectio divina* – et le travail rythment l'existence des moniales, qui accueillent, dans leur hôtellerie, les personnes à la recherche d'un temps de silence et de solitude.

ACCUEIL

Ouvert toute l'année, sauf en juillet et en août (réservés aux familles des moniales), et de la mi-novembre au début du mois de février. Écrire à la sœur hôtelière :
• l'hôtellerie propose des conditions d'herbergement confortables • l'assistance aux offices liturgiques est souhaitée, car les moniales ont pour mission de faire fructifier l'héritage spirituel que constitue le chant grégorien.

OFFICES

En latin et chant grégorien :
• 10 h : messe • 17 h : vêpres (DF 16 h).

ACCÈS

Cf. *p. 202.*

♦ Morbihan

Bieuzy-Lanvaux
56330
Pluvigner

PLUVIGNER
MAISON NOTRE-DAME DE FATIMA

♦ Téléphone : 02.97.56.01.69
♦ Fax : 02.97.56.04.76

Bieuzy-Lanvaux est un bourg appelé parfois « la petite Suisse de la Bretagne », en raison de son paysage accidenté et de ses nombreux cours d'eau. La maison Notre-Dame de Fatima s'élève sur une colline, au cœur des landes de Lanvaux et des bois de Floranges, entourée d'une propriété de 17 hectares de bois et de landes, avec un étang.

HISTOIRE

Tout à fait isolé, le site est riche de souvenirs. À l'origine, une communauté de cisterciens s'établit en 1138 dans un vallon désert, et entreprend de défricher les vastes terrains broussailleux. L'église abbatiale, consacrée à la Vierge, prend le nom de Notre-Dame de Lanvaux. Jusqu'à la Révolution, la communauté connaît une destinée semblable à celle des autres monastères cisterciens : heures de ferveur et de grandeur, puis, dès le XVIᵉ siècle, relâchement et décadence dus au régime de la commende et aux troubles des guerres de Religion. À la Révolution, les quatre ou cinq moines présents sur les lieux sont dispersés et le site, devenu bien national, est acquis par un industriel de Lorient. En 1879, un banquier parisien achète non loin de là un vaste domaine, Les Granges, qui s'étend sur plusieurs communes ; la mort de sa fille, Marcelle, l'incite à consacrer une partie de sa propriété à l'édification d'un orphelinat de jeunes filles, Notre-Dame des Pins : les bâtiments, construits entre 1885 et 1890, sont bientôt nantis d'une chapelle consacrée à sainte Marcelle.

SPIRITUALITÉ

L'établissement, confié aux filles de la Sagesse, reste en activité jusqu'en 1957. Ensuite, désaffecté et mis en vente, il ne trouve pas

d'acquéreur, jusqu'à ce qu'en 1954 l'évêque de Vannes autorise les coopérateurs paroissiaux du Christ-Roi à prêcher des retraites dans son diocèse ; cette jeune famille religieuse, fondée par le père Vallet (1883-1947), a pour mission de christianiser la société, par la prédication aux hommes et aux jeunes gens des exercices spirituels de saint Ignace de Loyola. En 1962, les coopérateurs peuvent acquérir l'ancien orphelinat, qui devient la maison Notre-Dame de Fatima.

Desservie par des religieux (prêtres et frères) et des religieuses, la maison accueille prêtres, religieux, jeunes gens, séminaristes, pour des retraites en silence selon la spiritualité ignacienne. Pendant 5, 8 ou 30 jours, les retraitants suivent les Exercices spirituels de saint Ignace, dans un cadre propice au silence et au recueillement. Il n'y a pas d'accueil en séjour libre.

ACCUEIL

Écrire auparavant :
- 48 chambres, dotées d'un confort simple, sanitaires sur place
- accompagnement spirituel.

OFFICES

Célébrés en français, en grégorien les dimanches et fêtes ; horaires sur place.

ACCÈS

- N 24 (Lorient/ Rennes), puis D 768 à Kermorvan vers Pontivy et D 1 à Port-Arthur.
- SNCF à Pontivy (ligne Vannes/Saint-Brieuc), puis taxi (16 km).

♦ **JURA**

13, rue Sainte-Colette 39800 Poligny

POLIGNY
MONASTÈRE DE SAINTE-CLAIRE

♦ Téléphone : 03.84.37.11.40

Sise entre plaine et plateau, la paisible cité comtoise de Poligny semble surveiller la Culée de Vaux, une belle vallée qui s'ouvre largement vers Champagnole ; tout autour, vignes et prairies montent à l'assaut de pentes couronnées d'épaisses forêts, au profond desquelles murmurent les cascades, nombreuses dans la région. Très tôt, la ville profite de sa situation au croisement de voies romaines, devenant au Moyen Age un poste stratégique bientôt nanti de remparts et de fortifications, dont il subiste le tracé et plusieurs vestiges, comme la tour de la Sergenterie.

HISTOIRE

Jean sans Peur, duc de Bourgogne, sollicité par son épouse Marguerite de Bavière, qu'il aime tendrement, fait don en 1415 d'une maison de bois servant de cuvage et d'entrepôt pour les récoltes, afin que la duchesse y puisse établir une de ses protégées : une femme étonnante qui a reçu de Dieu mission de réformer l'Ordre de saint François d'Assise et de sainte Claire, de ranimer la flamme de l'idéal séraphique de prière et de pauvreté évangélique. Colette Boëlley, née une trentaine d'années plus tôt à Corbie, en Picardie, a vécu en recluse pendant quatre ans ; puis elle a suivi ses voix – quelques années plus tard, Jeanne d'Arc suivra aussi les siennes – , est allée voir le pape d'Avignon, Benoît XIII, et lui a exposé son projet. Le pape la revêt de l'habit des clarisses, l'admet à la profession religieuse, et la nomme « Dame, mère et abbesse à perpétuité de la Réforme » ! Commence alors l'extraordinaire odyssée de cette femme géniale qui parcourt la France pour fonder ou réformer des couvents, laissant dans son sillage la réputation d'une éminente sainteté, signalée par des miracles à foison. Poligny est son couvent de prédilection, elle y séjourne par intermittence durant dix années, y travaillant de ses mains, n'en sortant que pour assurer une nouvelle fondation. Mais c'est à Gand, en Belgique, qu'elle s'éteint, épuisée par ses travaux, ses luttes et ses austérités, ayant néanmoins conservé jusqu'au terme la paix et la joie de l'élan initial.

SPIRITUALITÉ

Niché à flanc de rocher, le monastère se développe régulièrement, fidèle à l'esprit de la fondatrice. Il est incendié lors de la guerre de Trente Ans, relevé dix ans plus tard (1646). Il voit la cité s'accroître et s'embellir au fil du temps, autour de la collégiale Saint-Hippolyte (XV-XVIe s.), qui abrite aujourd'hui de belles statues bourguignonnes et un orgue superbe de Cavaillé-Coll. De majestueux hôtels particuliers s'édifient – ceux d'Astorg, de Beaufremont, et d'autres –, les rues et les places s'ornent de fontaines, l'hôpital s'enrichit d'une magnifique pharmacie encore intacte de nos jours. Au-dessus de la cité existe déjà peut-être une croix, au sommet du Dan, veillant sur la population.

Mais la Révolution éclate, et les clarisses sont dispersées : elles mettent en lieu sûr les reliques de Colette, que leur ont apportées dix ans plus tôt les clarisses de Gand, expulsées par Joseph II. Après la tourmente, les deux plus jeunes sœurs de Poligny viennent rétablir la vie régulière en leurs murs, avec d'autres clarisses : c'est en 1817 ; Colette a été canonisée dix ans auparavant.

À l'heure actuelle, les clarisses mènent toujours dans la maison fondée par sainte Colette leur vie cloîtrée, partagée entre la prière et le travail, empreinte de la pauvreté et de la joie séraphiques dont leur mère leur a légué l'héritage. Le monastère est surtout un lieu de pèlerinage à sainte Colette (invoquée par les futures mamans, en particulier) ; mais le cadre très calme, modelé par l'histoire et riche de souvenirs, peut constituer durant la belle saison (de mai à octobre) une étape de réflexion pour les personnes en quête de silence et d'intériorisation.

ACCUEIL

Écrire à la sœur hôtelière :
• 4 chambres modestes mais confortables • produits de l'artisanat liturgique des sœurs, brochures consacrées à sainte Colette, etc.
• voir dans la chapelle la châsse de sainte Colette, de beaux tableaux et statues • de nombreux pèlerins viennent invoquer la

sainte, notamment les futures mères.

OFFICES

La disposition de la chapelle permet une large participation des fidèles :
• 8 h 30 : eucharistie • 17 h 30 : vêpres • 20 h : chapelet, suivi des complies (en été seulement).

ACCÈS

• Poligny est au carrefour de la N 5 (Paris/Genève) et de la N 83 (Strasbourg/Lyon).
• SNCF à Poligny (TGV Paris/Genève), puis taxi.

♦ LANDES

**Bouricos
40200 Pontenx-
les-Forges**

PONTENX-LES-FORGES
FRATERNITÉ DE LA VIERGE DES PAUVRES

♦ Téléphone et fax : 05.58.07.45.22

En 1956, cinq moines bénédictins touchés par l'appel au désert de Charles de Foucauld et aspirant à vivre son charisme, se retirent au cœur de la forêt landaise pour y mener une vie de contemplation dans la solitude ; ils s'installent dans un hameau abandonné, dont subsiste la chapelle romane. C'est l'origine de la Fraternité de la Vierge des Pauvres, qui a trouvé là un cadre d'une âpre beauté, non loin de l'étang d'Aureilhan, havre de sérénité et de silence. À l'écart de tout, les moines accueillent dans des conditions de grande simplicité les personnes qui désirent partager leur expérience.

ACCUEIL

Écrire à la communauté :
• quelques chambres individuelles (confort minimal) • participation possible à la vie de la communauté : travaux manuels, repas
• possibilité d'accompagnement et d'échanges spirituels • produits de l'artisanat des moines (apiculture) sur place • parking.

OFFICES

Chantés en français :
• 6 h : vigiles • 7 h 30 : laudes • 15 h : office du jour et vêpres
• 19 h : messe • DF, horaires variables (renseignements sur place).

ACCÈS

• D 626 (Labouheyre/Mimizan), par la N 10 (Bordeaux/Bayonne).
• SNCF à Labouheyre (départ de Bordeaux) ; puis taxi (17 km), ou car « Les Rapides de la Côte d'Argent » (arrêt à Pontenx-les-Forges).

m n o p

PUIMISSON
SAINT-JOSEPH DE MONT-ROUGE

34480
Puimisson

♦ Téléphone : 04.67.36.07.85
♦ Fax : 04.67.36.32.59

Au nord de Béziers s'étend le vignoble de Saint-Chinian, qui prend d'assaut les premiers contreforts des Cévennes. Au cœur de la plaine viticole, le petit village de Puimisson draine depuis 1966 de nombreux pèlerins qui viennent prier saint-Joseph en son sanctuaire de Mont-Rouge : la belle statue de bois de Janos Horvath a été bénite par le pape Paul VI en 1972.

Situé à l'écart de la localité, dans un site à la fois austère et attachant, le centre spirituel Saint-Joseph abrite dans ses bâtiments modernes sessions, récollections et retraites spirituelles organisées par l'établissement ou par les hôtes eux-mêmes. Mais la configuration des lieux, le calme profond qui entoure le centre, permettent des séjours individuels de repos et de réflexion, avec une motivation spirituelle : une communauté de prêtres et de laïcs accueille toute personne qui souhaite trouver, durant quelques jours, un espace de silence et de recueillement. À l'écart du village, la nature sauvage et authentique est garante d'une atmosphère de paix que l'on savourera d'autant plus qu'on aura eu la chance de bénéficier de l'isolement d'un des trois ermitages mis à la disposition des retraitants. De là, on découvre les magnifiques horizons des Cévennes au nord, la Méditerranée au sud et, par temps clair, la barrière des Pyrénées.

ACCUEIL

Écrire au secrétariat :
• 50 chambres individuelles et 8 chambres doubles, avec lavabo, sanitaires à l'étage • 3 ermitages indépendants, à l'abri des pins • accueil des personnes handicapées • bibliothèque • parking.

OFFICES

En français :
• 7 h 30 : laudes • 11 h : eucharistie (DF 10 h 30, mercredi 15 h 30 en hiver, 17 h en été) • 17 h 30 : adoration eucharistique le jeudi (le vendredi à 19 h 15) • 18 h 30 : vêpres • 20 h 30 : complies.

ACCÈS

- A 9 (Orange/Perpignan), sortie à Béziers-Est, puis D 909 direction Bédarieux.
- N 113 (Narbonne/Montpellier), puis D 909 à Béziers, direction Lodève.
- SNCF à Béziers, puis autocar des Courriers du Midi, pour Puimisson (12 km).

♦ **HAUTE-LOIRE**   **LE PUY-EN-VELAY**
MAISON DE LA PROVIDENCE

4, boulevard
Chantemesse   ♦ Téléphone : 04.71.09.04.73
43000 Le Puy   ♦ Fax : 04.71.02.93.46

La maison diocésaine de cette ville paisible est ouverte toute l'année à des groupes de pèlerins, ou aux personnes qui souhaitent organiser des sessions, des récollections, ou se replonger dans une atmosphère de calme propice à la réflexion. Malgré ses activités, l'établissement, nanti d'un jardin, est susceptible d'abriter (en dehors des périodes de vacances scolaires) une halte de silence et de réflexion à l'ombre du haut-lieu spirituel qu'est la cathédrale, un des plus prestigieux pèlerinages marials de France.

Une promenade dans les ruelles escarpées que bordent des maisons anciennes permet d'accéder à la cathédrale. Le monument, d'une hardiesse et d'une majesté incomparables, semble posé en haut de la ville. Après avoir gravi le grand escalier et franchi les portes à vantaux du XIIᵉ siècle, on admire les richesses que recèle l'édifice : fresques des XI-XIIIᵉ siècles, statue miraculeuse de la Vierge Noire à l'origine mystérieuse (détruite sous la Révolution, elle est remplacée par une copie) ; passant par le cloître roman, on rejoint la chapelle des Reliques qui abrite une fresque du XVᵉ siècle ; par le porche Saint-Jean, on gagne la chapelle des Pénitents, ornée en 1630 d'un plafond à caissons peints et, plus tard, de beaux tableaux de peintres locaux. Plus haut, le rocher Corneille dominé par la statue colossale de Notre-Dame de France, d'où la vue sur la ville et sur les environs est incomparable, surtout par beau temps, quand le regard se porte jusqu'aux monts d'Auvergne à l'horizon.

ACCUEIL

Écrire auparavant :
• plusieurs chambres individuelles, confortables • possibilité d'accompagnement et d'échanges spirituels • parking.

OFFICES

La messe est célébrée dans la chapelle de l'établissement. Horaires sur place.

ACCÈS
- N 88 (Saint-Étienne/Pradelles), N 102 depuis Brioude et l'A 75 (Clermont-Ferrand/Le Monastier).
- SNCF au Puy (ligne Saint-Étienne/Le Puy), puis taxi.

◆ HAUTE-LOIRE — LE PUY-EN-VELAY
MAISON SAINT-FRANÇOIS

**Association
Haute-Loire -
Terre Mariale
1, rue
Saint-Mayol
43000 Le Puy**

◆ Téléphone : 04.71.05.98.86
◆ Fax : 04.71.05.98.87

Au cœur de la vieille ville, la maison Saint-François est proche des monuments les plus remarquables de la cité : la cathédrale et son cloître roman, le baptistère du XIe siècle, la chapelle Saint-Michel d'Aiguilhe (X-XIe s.) juchée sur un piton haut de 85 m et, vers l'ouest, les dykes volcaniques d'Espaly-Saint-Marcel, l'un coiffé des ruines d'un château, l'autre supportant une immense statue de saint Joseph qui émerge au-dessus de bâtiments d'un intérêt médiocre. On peut gravir le rocher Corneille qui domine la ville et d'où la vue s'étend au loin sur les monts du Velay et, par temps clair, jusqu'aux montagnes d'Auvergne ; la statue colossale de Notre-Dame de France y a été érigée en 1860, fondue avec le bronze des canons pris à Sébastopol.

Maison d'accueil pour les pèlerins, la maison Saint-François est aussi un lieu de réinsertion pour les personnes en difficultés sociales et professionnelles. Les sœurs de Saint-François reçoivent également, pour une durée n'excédant pas cinq jours, toute personne qui souhaite trouver un temps fort de réflexion dans le calme : la configuration des lieux et leur situation dans un quartier paisible sont propices au silence et au recueillement.

ACCUEIL

Écrire auparavant :
• plusieurs chambres individuelles, simples et confortables • possibilité de pension complète • bibliothèque et salle de travail • possibilité d'échanges spirituels • parking.

OFFICES

Se renseigner sur place pour les horaires.

ACCÈS

Cf. *p. 210.*

♦ **HAUTE-LOIRE** **LE PUY-EN-VELAY**
MONASTÈRE SAINTE-CLAIRE

**2, rue
Sainte-Claire
43000 Le Puy**

♦ Téléphone : 04.71.09.17.47

Lorsqu'en 1432 Colette de Corbie établit ses religieuses au Puy, la cité vellave est le pèlerinage marial le plus prestigieux de France, et la vieille ville a déjà la physionomie qu'elle a conservée de nos jours : ruelles étroites, sinueuses qui, entre les façades médiévales, montent en pente raide vers la cathédrale où converge l'élan de prière de la population et d'une foule de pèlerins. Toute proche du monastère, l'église du Collège (Saint-Régis Saint-Georges), édifiée dans le premier tiers du XVIIe siècle sur le modèle des églises de la Compagnie de Jésus à Rome, est le premier exemple en France des églises de style « jésuite » ; elle faisait partie du collège des jésuites fondé quelques années auparavant, et conserve le souvenir des prédications de saint François Régis, l'apôtre du Velay et du Vivarais. De là, on peut descendre jusqu'à la place du Breuil, autour de laquelle s'ordonne la ville moderne, ou bien poursuivre dans le lacis des ruelles pittoresques jusqu'à la place des Tables, où s'amorce la rue du même nom : celle-ci aboutit au pied du grand escalier donnant accès à la cathédrale, dont la façade caractéristique, alternant les bandes de pierre claire et de lave sombre, présente au-dessus d'un triple porche des rangées d'arcades que couronnent trois frontons rectangulaires. Au-delà, la rue des Farges conduit jusqu'à l'église Saint-Laurent (XIVe-XVe s.).

Aujourd'hui, les clarisses sont toujours à l'emplacement où sainte Colette les établit et vécut deux années. Le monastère a conservé sa belle église du XVe siècle ; les moniales y vivent dans le silence et la prière, le travail et la pauvreté, conformément à l'idéal séraphique ; l'esprit de saint François et de sainte Claire habite toujours les lieux, porteur d'une joie sereine. Les moniales le partagent avec les hôtes qu'elles accueillent dans un havre de paix aménagé au cœur de la vieille ville ; chacun peut venir s'y ressourcer durant quelques jours, bénéficiant du silence et du recueillement qu'offre l'hospitalité monastique.

ACCUEIL

De juin à octobre, et pendant les vacances scolaires, écrire à la sœur hôtelière :
• quelques chambres simples mais confortables • confection de vêtements et de linge liturgique (sur commande).

OFFICES

Chantés en français :
• 7 h : laudes, suivies de la messe (7 h 30) • 18 h 30 : vêpres.

ACCÈS

Cf. *p. 210.*

q r s t

♦ **CANTAL**

QUÉZAC
SANCTUAIRE NOTRE-DAME DE QUÉZAC

Maison Béthanie
15600 Quézac

♦ Téléphone : 04.71.46.70.41 ou 04.71.46.78.31
♦ Fax : 04.71.49.00.52

Cet ancien sanctuaire de la Châtaigneraie, région de plateaux couverts de landes au sud d'Aurillac, où des bois de châtaigniers tempèrent l'austérité du paysage, date de 1313 ; c'était un pèlerinage champêtre, à quelque distance de la place-forte de Maurs, bâtie autour d'une abbaye bénédictine du xe siècle, dont l'église du xive siècle renferme de belles statues en bois. Il ne reste presque rien de l'église primitive, restaurée au début du siècle dernier, puis démolie parce que trop petite : seules en subsistent deux colonnettes et deux chapiteaux, intégrés dans la nouvelle église ; même l'antique statue de Notre-Dame, une Vierge romane en majesté, a été détruite en 1830, tant elle était vermoulue, et remplacée par la Vierge à l'Enfant que l'on vénère aujourd'hui. Le sanctuaire actuel, décoré en 1925 par J. Ningres (peintures et marouflages représentant les femmes célèbres de l'Ancien testament, les saints de la Haute Auvergne, des scènes de la vie de la Vierge), conserve l'autel de la Vierge en bois doré du xviiie siècle et deux belles huiles : *La Sainte Parenté* (1593) et *La Mort de saint Joseph* (1680).

Construite en 1936, la maison d'accueil spirituel « Béthanie » reçoit durant toute l'année (éviter les périodes de vacances scolaires) les personnes aspirant à un temps fort de silence et de recueillement, que favorisent l'isolement du site et la situation des bâtiments, entourés d'un jardin et d'un vaste parc. La campagne des environs se prête à de longues marches solitaires, dans un paysage calme et contrasté, jusqu'aux vallées de la Veyre et de l'Anes.

ACCUEIL

S'adresser à la maison Béthanie :
• une trentaine de chambres individuelles avec lavabo, sanitaires à l'étage • repas en salle à manger commune • accueil des personnes handicapées • bibliothèque • possibilité d'accompagnement et d'échanges spirituels • parking • magasin (cierges, objets de piété, cartes postales).

OFFICES

• messe à 10 h 30 toute l'année, deuxième messe à 16 h 30 de Pâques à la Toussaint.

ACCÈS

• Par la N 122 (Aurillac/Figeac) et la D 19.
• SNCF à Maurs (ligne Aurillac/Figeac), puis taxi (6 km).

♦ **NORD**

114, rue
Léopold-Dusart
B.P. 17
59590 Raismes

RAISMES
COMMUNAUTÉ DU CÉNACLE
MAISON DIOCÉSAINE

♦ Téléphone : 03.27.36.92.00
♦ Fax : 03.27.25.40.37

La maison Diocésaine du diocèse de Cambrai est avant tout au service des groupes chrétiens du diocèse ; elle est aussi un lieu de ressourcement, de prière et de silence, où des personnes peuvent faire une halte spirituelle d'un ou plusieurs jours. Bâtie au début du siècle par les jésuites, qui en firent un centre de retraites, la maison est animée depuis vingt ans par une communauté de sœurs de la congrégation du Cénacle.

SPIRITUALITÉ

Cette famille religieuse, fondée en 1825 à La Louvesc par le père Terme et sainte Thérèse Couderc, accueillait les pèlerins venus prier sur le tombeau de saint François Régis ; très vite, elle leur a

offert de les aider à vivre cette démarche comme une expérience spirituelle : prière à partir de la Parole de Dieu, apprentissage du discernement, relecture de la vie quotidienne à la lumière de l'Évangile. Aujourd'hui encore, outre un certain nombre de retraites organisées, il est proposé un séjour individuel avec, si on le souhaite, un accompagnement personnel selon la dynamique des exercices spirituels de saint Ignace de Loyola. La congrégation est aussi fortement marquée par le mystère du Cénacle, ce temps que l'Écriture nous montre entre l'Ascension et la Pentecôte, où les apôtres sont réunis avec Marie à la demande de Jésus, pour appeler et attendre l'effusion de l'Esprit saint qui les enverra témoigner de la bonne nouvelle du Christ ; aussi la prière liturgique de l'Église tient-elle une grande place dans la vie de la communauté.

Située dans un beau parc de cinq hectares, et à proximité de la forêt domaniale de Raismes et Saint-Amand, la maison baigne dans une atmosphère de silence et de sérénité incomparable. Cet environnement permet de belles promenades solitaires, propices à la réflexion et au repos.

ACCUEIL

Écrire à la sœur supérieure :
• chambres individuelles confortables • accueil des personnes handicapées • possibilité d'accompagnement et d'échanges spirituels.

OFFICES

Laudes, vêpres, eucharistie quotidienne : se renseigner sur place pour les horaires.

ACCÈS

• A 23 (Lille/Valenciennes), sortie Raismes, ou A 1 (Paris/Bruxelles), puis A 23.
• SNCF à Raismes (ligne Douai/Valenciennes), puis bus n° 2, arrêt Raismes-Place.

♦ **HAUT-RHIN**

68950
Reiningue

REININGUE
ABBAYE NOTRE-DAME D'OELENBERG

♦ Téléphone : 03.89.81.91.23

Les moines de Darfeld, en Allemagne, ont fait renaître cet ancien site monastique à l'histoire mouvementée. Au milieu du XIe siècle, la comtesse d'Egisheim fonde un prieuré de chanoines réguliers de Saint-Augustin dont son fils, le futur pape Léon IX consacre la chapelle. Notre-Dame d'Oelenberg connaît les vicissitudes des guerres, des jacqueries, puis de la Réforme ; le régime de la commende marque le déclin de l'abbaye, qui est confiée en 1626 aux jésuites de Fribourg-en-Brisgau ; ceux-ci lui assurent jusqu'à la veille de la Révolution un grand rayonnement. En 1825, les cisterciens de La Trappe, réfugiés à Darfeld au terme d'une véritable « odyssée monastique » qui les a menés à travers toute l'Europe, s'établissent à Notre-Dame d'Oelenberg ; ils y ont restauré la vie contemplative : chant de l'office divin, *lectio divina,* études, travail manuel, silence rigoureux. Le monastère a beaucoup souffert des deux guerres mondiales, il abrite aujourd'hui une vingtaine de moines qui accueillent, pour des retraites n'excédant pas huit jours, les personnes en quête d'une halte de silence et de recueillement.

L'abbaye est située au pied des Vosges, à l'écart du village, et non loin de la ville de Thann, dont le clocher serait le plus beau d'Alsace, et dont la collégiale Saint-Thiébaut, aux portails sculptés et aux verrières lumineuses (XIV-XVe s.), mérite une visite.

ACCUEIL

Ouvert toute l'année :
• 40 lits répartis en 27 chambres, dont plusieurs individuelles, douches à l'étage • bibliothèque • possibilité d'accompagnement et d'échanges spirituels • le magasin monastique propose les produits de l'abbaye : farine, œufs, légumes.

OFFICES

En français, messe chantée en grégorien :
• 7 h 10 : laudes et messe (DF grand-messe concélébrée à 10 h 30)
• 17 h 30 : vêpres (DF 16 h) • 19 h 45 : complies et salve.

ACCÈS

• A 36 (Mulhouse/Belfort) puis E 512 à la sortie Thann-Colmar (en venant de Mulhouse), et D 20 ; ou N 83 à la sortie Burnhaupt (en venant de Belfort), puis D 20.
• SNCF à Mulhouse (10 km), puis taxi ou car Chopin (ligne Mulhouse/Reiningue/Thann : départs de la gare à 7 h 40, 11 h 50 et 17 h 50).

♦ **BAS-RHIN**

67440
Reutenbourg

**REUTENBOURG
COUVENT DE REINACKER**

♦ Téléphone : 03.88.70.60.50

Au siècle dernier, l'abbé Fritsch acquiert les bâtiments de l'ancien pèlerinage de Reinacker devenus bien national sous la Révolution, et y installe quelques jeunes filles aspirant à se consacrer à Dieu : c'est l'origine de la congrégation des sœurs franciscaines de la Miséricorde de Reinacker, qui se dévouent au soin des malades et des pauvres. Gardiennes du sanctuaire, elles assurent également l'accueil de personnes en quête de silence et de recueillement.

Les origines du pèlerinage sont mal connues ; l'église, construite dans le premier tiers du XVe siècle, est restée inachevée ; on lui a ajouté à la fin du XVIIe siècle un clocher octogonal de style gothique. L'abbé Fritsch a sommé le sanctuaire d'une statue monumentale de la Vierge Immaculée et, à la fin du siècle dernier, le maître-verrier Ott a réalisé les vitraux de l'église ; celle-ci, déparée par des œuvres néogothiques, a été heureusement restaurée en 1991 ; elle accueille aujourd'hui de nombreux pèlerins et visiteurs.

Le sanctuaire se trouve en pleine campagne, à la lisière du Kochersberg, opulentes collines qui s'étendent au nord-ouest de Strasbourg ; cet ancien « grenier à blé » de la capitale alsacienne se consacre aujourd'hui encore à la culture des céréales, du houblon et du tabac. Des villages aux vieux clochers-donjons ponctuent ce paysage en patchwork, ainsi Wasselone, aux maisons médiévales, Hohatzenheim (belle église romane), et surtout Marmoutier : l'ancienne abbatiale, sécularisée à la Révolution, a gardé sa superbe façade (1150) caractéristique de l'art roman rhénan, et une nef gothique fermée par un chœur du XVIIIe siècle ; la crypte présente des vestiges mérovingiens, carolingiens et ottoniens. Jusqu'à la Révolution, le sanctuaire de Reinacker était une dépendance de Marmoutier.

ACCUEIL

S'adresser par écrit à la sœur hôtelière :
• 18 chambres, avec 40 lits - Plusieurs chambres individuelles
• parking.

OFFICES

Pour les horaires détaillés, se renseigner sur place :
• 18 h : messe (du lundi au vendredi) • 7 h : messe (le samedi)
• 9 h 30 : messe (les dimanches et fêtes).

ACCÈS

• RN 4 (Strasbourg/Saverne), puis D 883 jusque Jetterswiller, et D 683 (en venant de Strasbourg), ou D 668, puis D 68 à partir de Marmoutier (en venant de Saverne).
• SNCF à Saverne, puis taxi (15 km).

♦ **LOIRE-ATLANTIQUE**

REZÉ
LES NAUDIÈRES
CENTRE SPIRITUEL DIOCÉSAIN

31, rue des Naudières 44400 Rezé

♦ Téléphone : 02.40.75.51.74
♦ Fax : 02.40.32.81.29

A quelques kilomètres de Nantes, le centre spirituel diocésain « Les Naudières » offre aux personnes qui le souhaitent un espace pour la réflexion intellectuelle, la formation spirituelle, la recherche du sens de la vie, la relation aux autres et à Dieu. Ouvert en 1976 dans les locaux qui avaient abrité auparavant le Petit Séminaire des Missions africaines, le centre est animé par des prêtres du diocèse et une communauté de sœurs de Saint-Gildas. Ses vastes bâtiments entourés d'un parc paysager de 4 ha accueillent mouvements chrétiens et services d'église pour des retraites, en majorité ouvertes à tous (envoi gratuit du programme sur demande) ; mais le site se prête également à des séjours en solitude ; le parc est propice à la promenade et à la méditation, et dans l'enceinte du bâtiment, le silence – « valeur rare et constructive » – est demandé aux hôtes.

ACCUEIL

Écrire ou téléphoner auparavant :
• 100 chambres à 1 ou 2 lits, avec lavabo (26 avec douche), sanitaires à l'étage • il est demandé d'apporter ses draps (ou draps en location sur place) • repas en salle commune • accueil des personnes handicapées • salle de travail • divers services (cabines téléphoniques, distributeurs de boissons, boîte aux lettres) • librairie, carterie, vente de timbres et de télécartes • parking.

OFFICES

En français, dans l'oratoire « Aurore » :
• 9 h 30 : eucharistie • 18 h 30 : vêpres.

ACCÈS

• Par le périphérique sud de Nantes (sortie Rezé).
• De Nantes, par le tramway direction Trocardière, arrêt Pirmil, puis bus 31 ou 94 desservant les Trois Moulins.
• SNCF à Nantes (TGV Paris/Nantes), puis taxi.
• Aéroport Nantes-Atlantique, puis taxi (8 km) .

♦ GIRONDE

33410 Rions

RIONS
MONASTÈRE DU BROUSSEY

♦ Téléphone : 05.56.62.60.90
♦ Fax : 05.56.62.60.79

Le monastère est situé sur la rive droite de la Garonne, dans une région vallonnée qui domine la plaine du Sauternes, avec une vue superbe sur les Landes. Au cœur du vignoble des premières Côtes de Bordeaux, il est à l'écart des grandes routes et des villes. Les bastides fortifiées des environs, Cadillac et Rions, offrent un réel intérêt architectural.

HISTOIRE

Au lendemain de la Révolution, l'Ordre des Carmes déchaux est éteint en France. Les carmélites, en revanche, restées sur place, subissant souvent la prison, et même le martyre, ont pu reprendre la vie régulière dès la fin de la Terreur. En 1839, mère Bathilde, prieure du monastère de Bordeaux, entend parler d'un carme espagnol, le père Dominique de Saint-Joseph : naguère chapelain du prétendant Don Carlos, dont il a partagé les revers, il a été chassé par la sédition et a gagné la France afin de s'embarquer pour le

Mexique. Mère Bathilde le rencontre, le persuade de fonder un couvent à Bordeaux. L'abbé Guesneau, un ecclésiastique désirant travailler à la restauration religieuse, offre sa maison de campagne au lieu-dit du Broussey, en vue de l'établissement d'un monastère. C'est ainsi que le Jeudi saint 8 avril 1841, le père Dominique établit sa communauté au Broussey. Dans les années suivantes, les vocations affluent, si bien que c'est à partir du Broussey que sont fondées les maisons de France, puis, plus tard, d'Espagne, d'Angleterre et de Pologne. Lors des spoliations du début du siècle, les frères desservaient la paroisse voisine ; ils occupent donc les lieux depuis les origines sans interruption. Le Broussey conserve le souvenir du père Augustin-Marie (Hermann Cohen), jeune pianiste prodige, disciple de Liszt, et converti du judaïsme, qui y fit profession en 1850.

La maison de l'abbé Guesneau (XVIIIᵉ s.) ne suffit bientôt plus à la communauté, si bien que l'on y ajoute progressivement des ailes, de façon à délimiter le cimetière conventuel. Dans les années 60, d'autres constructions ont complété l'ensemble, qui est donc assez disparate : ainsi, la chapelle (XIXᵉ s.) est anormalement courte, car il était prévu d'abattre l'actuel bâtiment de l'hôtellerie pour l'agrandir, ce qui ne fut jamais réalisé ; la façade et le clocher sont assez originaux.

SPIRITUALITÉ   La petite communauté (une quinzaine de frères) qui vit au Broussey partage son temps entre la prière et le travail. Tous les jours sont célébrées l'eucharistie et la liturgie des Heures, auxquelles s'ajoutent deux heures d'oraison silencieuse en commun. Outre l'entretien de la maison et l'accueil, les frères exercent un ministère de prédication pour les retraitants ou à l'extérieur du monastère, pour enseigner les voies de la prière selon la doctrine de sainte Thérèse d'Avila, de saint Jean de la Croix et de sainte Thérèse de Lisieux. Aidés par les sœurs du carmel apostolique Notre-Dame de Bethléem, ils reçoivent des groupes, tout en réservant des plages aux retraitants individuels, pour des séjours n'excédant pas huit jours.

ACCUEIL

Écrire auparavant :
• l'hôtellerie propose une vingtaine de chambres, au confort simple • repas à la salle à manger de l'hôtellerie, en silence • bibliothèque • possibilité d'accompagnement et d'échanges spirituels • parking.

OFFICES

En français :
• 8 h : laudes • 11 h 30 : eucharistie (DF 9 h 30) • 18 h : vêpres • tous les jours, oraison silencieuse de 6 h 30 à 7 h 30, et de 18 h 20 à 19 h 20.

ACCÈS

• A 62 (Bordeaux/Toulouse), sortie Podensac, direction Cadillac ; au premier feu à Beguey, tourner à gauche, direction Cardan, puis à 3 km prendre à droite la direction du monastère ; ou bien N 113 (Bordeaux/Agen).
• SNCF à Cérons (ligne Bordeaux/Agen).
• Car de Bordeaux à Rions.
• Un frère peut passer prendre en voiture les retraitants qui arrivent par le train ou le car.

♦ **HAUTES-ALPES**

ROSANS
MONASTÈRE DE NOTRE-DAME DE MISÉRICORDE

05150 Rosans

♦ Téléphone : 04.92.66.63.98

Disparue dans le diocèse de Gap depuis la Révolution, la vie monastique y renaît en 1991, non loin de l'ancien prieuré clunisien de Saint-André de Rosans (XIIᵉ s.). Des moniales bénédictines, venues de l'abbaye Notre-Dame de Fidélité de Jouques, s'établissent dans ce site magnifique : une vallée ceinte de montagnes, réputée pour son ensoleillement parfait et la pureté de son ciel, oasis de silence et de beauté qui invite à l'intériorité. À quelque distance, sise sur un mamelon, la localité de Rosans offre au visiteur qui parcourt ses rues calmes les vestiges d'un riche passé ; si les traces d'installation celte, puis gallo-romaine, et celles des incursions sarrasines et lombardes, sont rares, des fortifications qui entouraient la cité à l'époque médiévale il subsiste quelques portes et une partie du chemin de ronde, ainsi que l'église Saint-Arey – la plus ancienne – très remaniée au fil des siècles, la Tour Sarrasine, et le château (XII-XVIᵉ s.) qui domine toujours fièrement

la place ; sur celle-ci, l'élégante fontaine Ladoucette (1806), dont l'eau fraîche bruisse à l'ombre des platanes, témoigne de l'opulence acquise par la localité au siècle dernier, grâce aux foires et au négoce. Ces témoins de l'histoire, le charme des rues étroites et des vieilles maisons, et la beauté du site ont valu à Rosans d'être inscrit à l'inventaire des monuments historiques. Les alentours ne sont pas moins intéressants : des sentiers balisés mènent le promeneur dans les hauteurs environnantes, où la garrigue exhale les senteurs du thym, du genêt, de la lavande ; la montagne toute proche (1800 m d'altitude) s'offre aux randonneurs.

À Rosans, la vie monastique est menée dans la fidélité à la Règle de saint Benoît et à sa devise : « Ora et labora » (prie et travaille). L'office, célébré en latin et en grégorien, culmine dans la messe chantée quotidienne. Les moniales s'adonnent à divers travaux : ferme, potager, verger, cultures, construction et entretien des bâtiments, artisanat. La maison des hôtes, contiguë au monastère, accueille les familles des moniales, mais aussi toute personne avide de prière et de silence, et, l'été, des jeunes qui souhaitent donner de leur temps à l'édification et à l'embellissement de la maison de Dieu. On peut assister aux offices liturgiques.

ACCUEIL

Pour les conditions d'accueil, écrire à la sœur hôtelière.

OFFICES

Chantés en grégorien :
• 8 h 30 : messe (DF 10 h 45) • 17 h 45 : vêpres (DF 17 h 30).

ACCÈS

• D 994 (Nyons/Serres), puis D 25, en direction du col de Pommerol.
• SNCF à Serres (ligne Marseille/Briançon), puis taxi ; ou à Montélimar, puis autocar jusqu'à Nyons ou Rémuzat.

♦ **BAS-RHIN**

**1, rue Saint-Benoît
67560 Rosheim**

ROSHEIM
MONASTÈRE NOTRE-DAME DU SACRÉ-CŒUR

♦ Téléphone : 03.88.50.41.67
♦ Fax : 03.88.50.42.71

Blottie au creux de collines sous-vos-giennes, Rosheim est une étape pittoresque de la Route des Vins ; ses vestiges médiévaux en font une des plus belles cités romanes d'Alsace : maisons civiles et militaires coiffées de tuiles (la *Maison du Païen* date du XIIᵉ siècle) se groupent autour de l'église Saints-Pierre-et-Paul, dont iconographie sculptée illustre les épîtres de saint Pierre ; les restes des remparts, avec leurs portes fortifiées, attestent l'importance stratégique de la localité, qui barrait un des accès de la Lorraine à la plaine d'Alsace ; celle-ci déploie vers l'est d'amples vallonnements, où de pimpants villages s'égrènent jusqu'à Strasbourg, distante de 25 km.

HISTOIRE

La région possède une très ancienne tradition monastique : dès la fin du VIIᵉ siècle, la Hohenbourg (l'actuel mont Sainte-Odile) est le berceau de la vie religieuse féminine en Alsace, et le monastère possède des biens et des droits à Rosheim, tout proche ; à la même époque, saint Déodat réunit ses moines à Ebersheim, avant d'établir un monastère dans la ville qui aujourd'hui porte son nom, Saint-Dié. C'est là que naît en 1614 Catherine de Bar, âme mystique dont la vocation est ballottée de monastère en couvent par les malheurs des temps : guerre de Trente Ans, épidémies, luttes de la Fronde, etc. Ayant pu faire profession chez les bénédictines de Rambervillers sous le nom de Mechtilde du Saint-Sacrement, elle voit une fois de plus sa communauté dispersée et, obligée de quitter la Lorraine, elle se rend à Paris, où elle fonde en 1652 l'Institut des bénédictines du Saint-Sacrement. Elle ouvre bientôt un monastère à Toul ; les moniales y assurent l'Adoration perpétuelle jusqu'à la Révolution, qui les expulse ; elles poursuivent clandestinement leur vie de prière, avant de se regrouper en 1812 à Saint-Nicolas de Port, en Lorraine. Cinquante ans plus tard, la communauté essaime à Rosheim et fonde le monastère Notre-Dame du Sacré-Cœur, renouant ainsi avec la tradition ; son développement est soutenu par la réputation d'un pensionnat florissant jusqu'à sa fermeture, en 1939. Pendant la guerre, les moniales de Rosheim hébergent les bénédictines d'Ottmarsheim (Haut-Rhin), et les religieuses de Ribeauvillé, interdites d'enseignement par le régime nazi dont, à une vingtaine de kilomètres de Rosheim,

223

le camp de concentration du Struthof, le seul implanté en France, rappelle les atrocités : désormais haut-lieu de silence et de recueillement, il dresse ses baraquements et sa chambre à gaz entourés de barbelés dans un site superbe de la forêt vosgienne qui en souligne l'horreur.

SPIRITUALITÉ

Les moniales chantent, suivant la tradition de leur ordre, la messe et l'office divin en grégorien ; au fil des Heures canoniales, la louange divine rythme leurs journées partagées entre la *lectio*

divina et le travail ; elles y ajoutent, selon leur charisme spécifique, l'Adoration perpétuelle du Saint-Sacrement, à laquelle les laïcs sont associés depuis les origines de l'Institut. Leur implantation géographique et leur appartenance à la famille de saint Benoît, patron de l'Europe, ont incité en 1972 l'évêque de Strasbourg à leur confier la mission de prier pour la paix et pour l'unité européenne. Enfin, pour concrétiser l'intuition de leur fondatrice, les moniales de Rosheim confectionnent des hosties, qui sont envoyées par millions en France et au-delà des frontières.

L'ancienne ferme du monastère, jouxtée par une tour des anciens remparts, a été aménagée pour agrandir l'hôtellerie ; les moniales reçoivent, dans un cadre paisible qu'agrémente un jardin, les personnes qui aspirent à un temps fort de silence et de recueillement. Éviter les périodes de vacances.

ACCUEIL

Écrire auparavant à la sœur hôtelière :
• 10 chambres individuelles, chambres doubles, avec douches et sanitaires à l'étage • dans la ferme, 4 chambres individuelles avec sanitaires, douches, et une kitchenette • bibliothèque • possibilité d'accompagnement ou d'échanges spirituels • parking.

OFFICES

En grégorien :
• 6 h 55 : angelus suivi de laudes • 9 h : tierce et messe (DF 9 h 30)
• 11 h 55 : angelus suivi de sexte • 13 h 50 : none • 17 h 30 : vêpres
• 20 h 30 : angelus suivi de complies • 20 h 45 : vigiles.

ACCÈS

• A 35 (Strasbourg/Molsheim et Rosheim), sortie à Rosheim.
• SNCF à Rosheim (ligne Strasbourg/Sélestat), puis taxi (2,5 km).
• Aéroport de Strasbourg à 16 km.

♦ SARTHE

**SABLÉ-SUR-SARTHE
CENTRE SPIRITUEL**

La Chapelle-
du-Chêne
72300
Sablé-sur-Sarthe

♦ Téléphone : 02.43.95.48.01
♦ Fax : 02.43.92.31.72

A la sortie de Sablé, que domine un imposant château, on s'engage, en longeant la Sarthe, dans la campagne du Haut-Maine. L'abbaye de Solesmes n'est pas loin ; tout proche aussi le sanctuaire de Notre-Dame du Chêne, havre de paix dans un agréable cadre de verdure.

HISTOIRE

Les origines du sanctuaire sont modestes : ni apparition, ni miracle. Les paysans remarquent un jour que des vols de colombes se déploient autour du chêne de la Jarriaye, isolé en pleine campagne ; la nuit, des lueurs insolites auréolent l'arbre. Le curé de Vion, la paroisse voisine, place dans un creux de l'arbre une statuette de la Vierge, et les gens viennent prier devant cet oratoire champêtre. Cela se passe en 1494. Vingt ans plus tard, on édifie un oratoire, mais les guerres de Religion portent un coup fatal au pèlerinage naissant. En 1595, une femme qui ramasse du bois voit la Vierge au-dessus du toit en ruine du modeste sanctuaire, et les fidèles y reviennent. En 1621, un enfant difforme est guéri après que sa nourrice est venue prier chaque jour durant six semaines dans la chapelle. Le pèlerinage reprend ; d'autres signes insolites

sont attestés, qui contribuent à sa renommée. La Révolution épargne la chapelle et, au siècle dernier, des structures sont mises en place pour accueillir les fidèles, toujours plus nombreux : une résidence abrite les prêtres missionnaires diocésains, des religieuses ouvrent une maison d'où elles développent un apostolat actif, et surtout, en 1872, on édifie une grande basilique qui remplace la chapelle devenue trop petite : 40 000 personnes assistent à sa consécration en 1891. Puis on aménage le *Jardin du Saint-Sépulcre*, dont les plantations de buis dessinent le plan des lieux saints de Jérusalem ; on y élève l'édicule du Saint-Sépulcre, copie exacte de celui de Terre Sainte. Le pèlerinage prospère jusqu'à la veille du concile Vatican II, les missionnaires diocésains quittent le lieu, et l'évêque du Mans décide de transformer leur résidence en centre spirituel diocésain. Les débuts sont difficiles, et en 1994, cinquième centenaire du pèlerinage, les religieuses partent à leur tour. Sous la conduite du curé de Vion, une équipe de laïcs, dont certains mènent une recherche de vie communautaire, insuffle un fort élan spirituel au sanctuaire.

SPIRITUALITÉ

Le sanctuaire de Notre-Dame du Chêne est une halte spirituelle, que marquent chaque année deux importants pèlerinages, le

15 août pour la solennité de l'Assomption de la Vierge, et le premier dimanche de septembre pour la fête de Notre-Dame du Chêne. Le centre spirituel accueille aussi, dans ce lieu isolé, quiconque aspire au silence et au recueillement : que ce soit le fidèle qui désire un temps de désert et de prière, l'étudiant qui souhaite travailler dans le calme, la personne qui veut retrouver une atmosphère de repos et de ressourcement, etc.

À VOIR

La basilique, qui abrite la statuette de terre cuite de la Vierge du Chêne (xve s.) et le jardin du Saint-Sépulcre, avec l'édicule et les dernières stations d'un antique chemin de croix.

ACCUEIL

Écrire, ou téléphoner après 9 h 30 et en dehors des heures d'offices religieux :
• renseignements et informations sur Minitel : 3615 FIS • plusieurs chambres individuelles avec lavabo, sanitaires à l'étage (apporter des draps, si possible) • déjeuner dans la salle à manger commune • bibliothèque • possibilité d'accompagnement et d'échanges spirituels • parking.

OFFICES

En français :
• 8 h 30 : laudes, suivies de l'adoration jusqu'à 9 h 30 (toute l'année, à l'oratoire) • 11 h 45 : messe (en été, à la basilique) • 17 h : chapelet (en été, à la basilique) • 18 h : chapelet (en hiver, à l'oratoire) • 18 h 30 : messe (en hiver, à l'oratoire).

ACCÈS

• D 306 (Sablé/La Flèche), puis bifurcation à la sortie de Sablé.
• A 11 / E 501 (Paris/Angers/Nantes), sortie à Louailles, puis D306 vers Sablé.
• SNCF à Sablé (TGV Paris/Sablé), puis taxi (5 km).

♦ MAYENNE

14, rue
Pierre-Boisramé
53390 Saint-
Aignan-sur-Roë

SAINT-AIGNAN-SUR-ROË
MAISON D'ACCUEIL SAINT-JEAN
PETITES SŒURS DE MARIE, MÈRE DU RÉDEMPTEUR

♦ Téléphone : 02.43.06.58.84

Saint-Aignan-sur-Roë est situé dans le Craonnais, région bocagère aux portes de la Bretagne, au point de rencontre des départements de la Mayenne, de l'Ille-et-Vilaine, de la Loire-Atlantique et du Maine-et-Loire. Les Petites Sœurs de Marie, mère du Rédempteur, sont établies depuis 1964 dans cette localité paisible d'où est originaire leur fondatrice. Afin de répondre à de nombreuses demandes, les religieuses ont créé la Maison Saint-Jean, lieu d'accueil pour ceux et celles qui souhaitent se ressourcer dans le silence en partageant leur spiritualité.

HISTOIRE

Née en 1901, Maria Nault fait un essai de vie religieuse chez les sœurs hospitalières de Saint-Joseph de Laval. Une grave maladie

l'oblige à retourner dans sa famille. Guérie lors d'un pèlerinage à Lourdes, elle entre en 1931 chez les sœurs de l'Immaculée Conception. C'est à partir de là qu'en 1939 elle jette les bases d'une nouvelle famille religieuse. La guerre retarde l'érection de la fondation en Pieuse-Union (1954) par le cardinal Saliège, archevêque de Toulouse, qui établit la future maison mère dans son diocèse. Dès 1969, Maria Nault – devenue mère Marie de la Croix – doit demeurer à cause d'ennuis de santé dans la maison de Saint-Aignan-sur-Roë, où elle transfère la maison mère. Mgr Billé, alors évêque de Laval, préside aux chapitres constitutifs de 1986-1989, au terme desquels il transmet à la Congrégation des religieux le dossier en vue de la reconnaissance canonique de la jeune famille religieuse.

SPIRITUALITÉ

Les sœurs mènent une vie de type canonial, vie communautaire conventuelle de forme stable, dans l'observance des vœux de chasteté, de pauvreté et d'obéissance, où l'Évangile est à la source des relations fraternelles. Cette vie est rythmée par la célébration quotidienne de la liturgie des Heures au chœur, l'adoration eucharistique, l'oraison, la méditation de l'Écriture et du rosaire. Elle est harmonisée par le travail quotidien : services communautaires,

227

œuvres apostoliques (éveil à la foi, catéchèse, service évangélique des malades) et participation aux œuvres de miséricorde (maisons de retraite, centres de soins, soins à domicile). Elle se veut témoignage d'une vie réconciliée, signe du monde à venir.

ACCUEIL

Écrire ou téléphoner à la sœur hôtelière :
La maison Saint-Jean est une structure de taille humaine, jouxtant la communauté et reliée directement à la chapelle. Elle abrite les hôtes qui souhaitent participer aux retraites prêchées et aux récollections (calendrier sur demande), mais aussi les personnes qui, à titre individuel, souhaitent trouver un lieu d'accueil calme, propice à la réflexion, au travail et au recueillement. La campagne voisine permet d'agréables promenades solitaires.

OFFICES

• 26 chambres avec lavabo, sanitaires à l'étage • repas en salle à manger • accueil des personnes handicapées • petite bibliothèque et salle de travail • possibilité d'accompagnement et d'échanges spirituels • parking •Il est conseillé d'apporter : draps, serviettes de toilette et de table, bible ou évangile.

ACCÈS

En français :
• 8 h 30 : laudes (DF 9 h 05) • 9 h : messe, suivie de l'adoration (DF 9 h 30) • 17 h 30 : chapelet et vêpres.

• D 32 (Laval/Saint-Poix), puis D 11 jusqu'à Saint-Aignan.
• N 171 (Laval/Craon), puis D 111 jusqu'à Saint-Aignan.
• SNCF à Laval (TGV Paris/Laval), puis autocar ligne 40 Laval/Nantes jusqu'à Renazé.
• Depuis Rennes ou Angers, autocar ligne 20 (Rennes/Angers) jusqu'à La Roë.

♦ **PUY-DE-DÔME**

SAINT-AMANT-TALLENDE
ABBAYE NOTRE-DAME DE RANDOL

63450 Saint-Amant-Tallende

♦ Téléphone : 04.73.39.31.00
♦ Fax : 04.73.39.05.28

Située en Auvergne, dans la vallée de la Monne, l'abbaye Notre-Dame de Randol est de fondation récente. Son architecture, résolument contemporaine, traduit l'idéal des moines qui y vivent : témoigner, dans le monde d'aujourd'hui, de leur quête de Dieu et de sa gloire « au cœur de l'Église ».

SITE

En 1968, l'abbaye Notre-Dame de Fontgombault, répondant à l'appel de l'évêque de Clermont-Ferrand, entreprend de restaurer la vie bénédictine dans cette région au riche passé monastique : à deux kilomètres en amont, l'église romane de Saint-Saturnin appartenait autrefois à un petit prieuré et, en face du château (XIV-XVᵉ s.) qui domine la localité, elle rayonnait l'esprit de pauvreté des fils de saint Benoît ; sa crypte abrite encore une émouvante Pietà du XVᵉ siècle. Plus au sud, l'agréable station thermale de Saint-Nectaire s'enorgueillit, bien plus que de son fromage justement réputé ou de sa fontaine pétrifiante, d'une église du XIIᵉ siècle qui, malgré ses dimensions modestes, incarne la perfection de l'art roman auvergnat, par l'équilibre de ses lignes et de ses proportions ; on y voit une centaine de chapiteaux, dont six – dans le chœur – sont historiés, et un intéressant trésor, exposé dans le croisillon gauche.

SPIRITUALITÉ

En 1971, la vie monastique qui est inaugurée à Randol, dont la première pierre a été bénie deux ans plus tôt, est placée sous le patronage de Notre-Dame de la Visitation. Dans ce site escarpé au-dessus du torrent, une plate-forme naturelle fait un parvis à l'église, les accidents du terrain couvert d'une végétation dense mettent en valeur les lignes dépouillées des bâtiments ; cette nature au charme austère s'accorde à la quête de Dieu, que poursuivent les moines au fil de journées rythmées par la célébration de l'office divin, la *lectio divina* et le travail intellectuel et manuel : il n'est que d'assister à la liturgie solennelle dans l'église baignée de

lumière grâce aux vitraux modernes en dalle de verre, pour se laisser saisir par l'atmosphère de recueillement et de paix qui imprègne les lieux. Fidèles à la tradition d'hospitalité monastique préconisée par la Règle de saint Benoît, les moines reçoivent – pour cinq jours maximum – hommes et adolescents qui désirent effectuer une retraite dans le silence et assister aux principaux offices ; le site de l'abbaye est propice aux promenades solitaires et à la méditation.

ACCUEIL

Écrire au père hôtelier :
• chambres individuelles dans le monastère • pension complète • bibliothèque • possibilité d'accompagnement et d'échanges spirituels • parking • à la porterie, vente des produits du travail des moines : icônes, pâtes de fruits, miel, fromage de Saint-Nectaire, enregistrements du chœur des moines. Vente de livres, cassettes et disques religieux, artisanat religieux, etc.

g r s t

OFFICES

En latin et en grégorien :
• 10 h : messe conventuelle • 17 h 15 : vêpres (DF 17 h, les jeudis en été 15 h 15).

ACCÈS

• A 75 (Clermont-Ferrand/Le Monastier), sortie à Saint-Amant-Tallende, puis D 793 ou D 215.
• SNCF à Clermont-Ferrand, puis car à partir de la gare routière, jusqu'à Saint-Saturnin (à 1,5 km de l'abbaye). Il n'y a pas de car les dimanches et fêtes.

♦ **LOIRET**

**45730
Saint-Benoît-
sur-Loire**

SAINT-BENOÎT-SUR-LOIRE
ABBAYE DE FLEURY

♦ Téléphone : 02.38.35.72.43
♦ Fax : 02.38.35.77.71

Au milieu du VIIe siècle, des moines venus d'Orléans s'établissent sur une butte proche du village de Fleury ; les religieux élèvent une église à la Vierge Marie, tandis qu'une deuxième colonie de moines vient s'installer quelque cent mètres plus loin, autour d'une église dédiée à saint Pierre. Les deux communautés ne tardent pas à fusionner, et le monastère est connu sous le nom de Saint-Pierre de Fleury.

HISTOIRE

Au siècle suivant, la translation des reliques de saint Benoît, rapportées du Mont-Cassin (Italie) à l'initiative de l'abbé Mummolus, motive le changement de nom du monastère, qui se place sous le

patronage du Patriarche des moines d'Occident. Pillée et détruite lors des invasions normandes, l'abbaye surmonte l'épreuve et connaît aux X-XIe siècles un rayonnement sans précédent. Sous l'abbatiat d'Abbon (988-1004), tenu par ses contemporains pour l'homme le plus instruit de son époque, une pléiade d'écrivains, d'historiens, d'hagiographes et de poètes peuple l'abbaye, tandis que la génération suivante, sous l'abbatiat de Gauzlin, se distingue par ses talents artistiques : c'est à elle que l'on doit la prestigieuse tour-porche de l'église abbatiale, somp-

230

tueux reliquaire édifié tout au long du XIIe siècle pour abriter les restes de saint Benoît. Pendant longtemps nombreuse et fervente, la communauté subit les déprédations causées par la guerre de Cent Ans, puis, plus grave, celles des guerres de Religion : le monastère est ruiné, les effectifs s'effondrent, la vie régulière se relâche. Le rétablissement de l'observance par les bénédictins de la congrégation de Saint-Maur, au XVIIe siècle, suscite un regain de ferveur ; en même temps on restaure l'église, on reconstruit le monastère et ses dépendances. La vie continue jusqu'à la Révolution, qui disperse les moines en 1790.

SPIRITUALITÉ

En 1865, à la demande de Mgr Dupanloup, évêque d'Orléans, trois moines de la Pierre-qui-Vire occupent le presbytère de Saint-Benoît et prennent en charge la paroisse. En 1903, les religieux

sont expulsés de France ; un moine reste sur place, vêtu en prêtre séculier et exerçant les fonctions de vicaire. Rentrée d'exil en 1920, la communauté de la Pierre-qui-Vire peut, après s'être reconstituée, envoyer un petit groupe de moines à Fleury, puis y restaurer en 1944 l'observance monastique inté-grale et entreprendre la recons-truction du monastère, menée à bien sous l'énergique impul-sion de Dom Marie-Louis du Haldat, premier abbé de la nou-velle communauté.

Aujourd'hui, une quarantaine de moines perpétuent la vie bénédictine à Saint-Benoît-sur-Loire. Fidèle à la tradition de l'hospitalité, la communauté accueille ceux qui sont en quête d'espaces intérieurs de silence et de paix. On peut admirer la splendide basilique romane, dont la crypte abrite les restes de saint Benoît, et sa tour-porche qui évoque, dans son architecture, le symbolisme de l'Apocalypse : telle la Cité céleste, la *Jérusalem nouvelle* décrite par saint Jean, elle est carrée, a douze portes, et ses chapiteaux historiés retracent quelques passages caractéristiques du dernier livre de la Bible. Aux alentours, la campagne s'étend, favorisant de longues promenades dans le calme.

ACCUEIL

Écrire au père hôtelier :
• à l'hôtellerie, pour les personnes souhaitant vivre un temps de récollection et participer à la liturgie monastique (apporter draps ou sacs de couchage) • possibilité de partager les repas avec la communauté monastique (pour les hommes) • possibilité d'accompagnement et d'échanges spirituels • parking • vente de produits du travail des moines : confiserie, peinture sur porcelaine, émaux, etc., de la revue trimestrielle *Renaissance de Fleury*.

OFFICES

En français, avec latin, chant grégorien à la messe :
• 6 h 30 : laudes (DF 7 h 15) • 12 h : messe solennelle (DF 11 h) • 14 h 30 : none (DF 15 h) • 18 h 10 : vêpres • 21 h : vigiles • de novembre à mars, la liturgie est célébrée dans la crypte.

ACCÈS

• A 71 (Paris/Orléans), puis N 60 direction Gien, jusqu'à Châteauneuf s/ Loire, et D 60.
• N 7 (Paris/ Montargis), puis D 961 jusqu'aux Bordes, et D 96, puis D 148.
• SNCF à Orléans (départ de Paris Gare d'Austerlitz), puis car Rapides du Val de Loire, ligne n° 3.

♦ **ISÈRE**

38660
Saint Bernard-
du-Touvet

SAINT-BERNARD-DU-TOUVET
MONASTÈRE NOTRE-DAME DES PETITES-ROCHES

♦ Téléphone : 76.08.31.13
♦ Fax : 76.08.36.35

En 1970, un groupe de moniales cisterciennes arrive à Saint-Bernard-du-Touvet, en Isère. Le site est magnifique : à 1000 mètres d'altitude, le plateau des Petites-Roches s'adosse aux contreforts du massif de la Grande Chartreuse ; il domine la vallée du

Grésivaudan au-delà de laquelle, à l'est, la chaîne de Belledonne dresse une barrière impressionnante dont les pics enneigés, étincelants sous le soleil, culminent à près de 3 000 mètres. C'est là que le monastère Notre-Dame est officiellement érigé en 1987. La communauté est issue d'une branche de la famille cistercienne qui, après la Révolution, regroupa à

Esquermes, près de Lille, des moniales désireuses de continuer leur vie régulière ; contemplatives, elles assumèrent alors des activités éducatives pour pouvoir subsister matériellement.

L'hôtellerie accueille toute personne aspirant à faire une halte de calme et de silence, que favorisent la majesté paisible du paysage alpin et le recueillement de la communauté monastique. Aussi est-il demandé aux hôtes de contribuer à cette paix silencieuse par leur propre silence. Ils sont les bienvenus s'ils souhaitent participer à la prière de la communauté.

ACCUEIL
Écrire à la sœur hôtelière :
• 8 chambres individuelles, 12 chambres doubles, avec lavabo, sanitaires à l'étage • participation aux frais (séjour et repas) : 160 francs par jour (ce chiffre indicatif ne doit pas retenir les personnes de venir à cause d'une question d'argent. Si l'on peut donner davantage, d'autres hôtes moins fortunés en bénéficieront) • bibliothèque • possibilité d'accompagnement et d'échanges spirituels • parking.

OFFICES
Chantés en français :
• 7 h 30 : laudes • 8 h : eucharistie (DF 10 h) • 8 h 30 : tierce
• 14 h : heure médiane • 17 h : vêpres • 20 h 20 : vigiles.

ACCÈS
• A 41 (Grenoble/Chambéry), sorties Montbonnot-Saint-Ismier et Le Touvet.
• N 90, par Saint-Ismier ou Le Touvet.
• SNCF à Grenoble, puis car Eyraud pour Saint-Bernard (30 km).

♦ GIRONDE

SAINT-BRICE
LE BON PASTEUR

Château Semens
33540
Saint-Brice

♦ Téléphone : 05.56.71.83.66
♦ Fax : 05.56.71.55.18

Entre les vallées de la Dordogne et de la Garonne, le pays d'Entre-Deux-Mers déploie son charme bucolique ; la grande forêt d'autrefois a cédé la place aux prairies, aux champs de maïs et de tabac, aux vergers ; des bosquets couronnent les coteaux, sur les pentes desquelles dévale la vigne ; de petites routes sinueuses en suivent les crêtes, tandis que les vallons abritent des rivières paresseuses. Cette région peu connue est caractérisée par ses bastides, villages fortifiés dont beaucoup possèdent encore leurs églises romanes, les vestiges d'anciens remparts, leurs moulins. À La Sauve, les ruines imposantes de l'abbatiale bénédictine fondée au XIIe siècle rappellent l'importance de cette étape sur la route de Saint-Jacques de Compostelle.

Dans une vaste demeure isolée au cœur d'un jardin de douze hectares, les sœurs de Sainte-Marthe de Périgueux accueillent pour récollections ou retraites des groupes constitués, mais aussi des personnes seules en quête de silence et de ressourcement.

ACCUEIL

Pour une durée maximale de 15 jours, sauf en juillet / août. Écrire à la sœur hôtelière :
• 8 chambres simples avec lavabo, douches et sanitaires à l'étage • 14 chambres de plain-pied, avec baignoire • 7 chambres pour handicapés en fauteuil roulant • bibliothèque • possibilité d'accompagnement ou d'échanges spirituels • parking.

OFFICES

Horaires disponibles sur place.

ACCÈS

• D 936 (Bordeaux/Bergerac), puis D 671 (direction Sauveterre-de-Guyenne).
• A 61 (Bordeaux/Toulouse), puis sortie à Langon et D 672 (direction Sainte-Foy).
• SNCF à La Réole (ligne Bordeaux/Agen), puis taxi (15 km).

♦ CHER

115, route de Vouzeron 18230 Saint-Doulchard

SAINT-DOULCHARD
MONASTÈRE DE L'ANNONCIADE

♦ Téléphone : 02.48.65.57.65

En réalisant cette fondation en 1988, le monastère de Thiais effectue un retour aux sources, puisque c'est à Bourges que sainte Jeanne de France, fille de Louis XI répudiée par Louis XII, a fondé en 1501 l'Ordre de la Vierge Marie, appelé depuis l'Ordre de l'Annonciade. On peut visiter, près de la cathédrale de Bourges, la chapelle qui signale l'emplacement du monastère primitif (avenue du Quatre-Vingt-Quinzième-de-Ligne), et qui abrite le gisant de sainte Jeanne de France, dont les restes ont été profanés et détruits durant les guerres de Religion. Fidèles au charisme de leur fondatrice, les religieuses mènent dans un cadre paisible leur vie contemplative très marquée par une filiale dévotion à la Vierge Marie et la recherche de l'union à Dieu moyennant l'imitation de sa mère Immaculée, dans la pratique fidèle des vertus mariales par excellence – silence, douceur, humilité et recueillement – qui imprègnent leur vie de prière et de travail. Les moniales proposent aux personnes qui aspirent à un temps de ressourcement, de partager durant quelques jours l'atmosphère contemplative de leur maison, et de s'associer à la célébration de l'office divin ; un grand parc arboré garantit la quiétude du lieu.

ACCUEIL

Écrire à la sœur hôtelière :
• plusieurs chambres individuelles simples mais confortables
• salles de réunion • possibilité d'accompagnement et d'échanges spirituels.

OFFICES

En français :
• 8 h 30 : messe (jeudi à 10 h, DF à 18 h) • pour les horaires des autres offices, se renseigner sur place.

ACCÈS

• À 4 km au nord de Bourges, par la D 944. Par l'A 71 (Orléans/Clermont-Ferrand), sortie à Chevry (à la hauteur de Vierzon), puis N 76.
• SNCF à Bourges, puis bus devant la gare.

♦ **CANTAL**

7, montée des Roches 15100 Saint-Flour

**SAINT-FLOUR
MONASTÈRE DU CARMEL**

♦ Téléphone : 04.71.60.01.66
♦ Fax : 04.71.60.93.94

Couronnant une plate-forme basaltique, l'ancienne capitale de la Haute-Auvergne domine fièrement la vallée de l'Ander qui, au sud-est de l'agglomération, se fraie un passage dans des gorges accidentées, avant de mêler ses eaux à celles de la Truyère ; entre le viaduc de Garabit, superbe arche métallique due à Gustave Eiffel (1884), et les ruines du château d'Alleuze (XIIIe s.) dressées sur un piton abrupt, les deux rivières confondues s'étalent pour former un immense plan d'eau retenu par le barrage de Granval, impressionnant ouvrage de 85 m de hauteur. Saint-Flour garde de son passé de belles rues qui, entre vieilles demeures et hôtels particuliers Renaissance, s'élèvent jusqu'à la cathédrale ; cet édifice du XVe siècle, austère et trapu, abrite le *Bon Dieu noir*, grand Christ médiéval en bois, assombri par les années et la fumée des cierges.

Les carmélites se sont établies en 1839 dans la vieille ville, témoignant au cœur de la cité du primat de la contemplation et de la vie intérieure. Elles accueillent, pour des retraites spirituelles, les personnes qui souhaitent se ressourcer dans le silence et la solitude.

ACCUEIL

Possibilités limitées, écrire à la mère prieure :
• quelques chambres individuelles, simples mais confortables • repas pris en silence et en solitude • possibilité d'échanges spirituels • la porterie propose des ouvrages de reliure et de confection, des tableaux pour enfants.

OFFICES

En français : pour les horaires, variables suivant la saison, se renseigner sur place.

ACCÈS

• A 75 (Clermont-Ferrand/Le Monastier), sortie à Saint-Flour.
• SNCF à Saint-Flour (ligne Paris/Béziers).

♦ **CANTAL**

SAINT-FLOUR
MONASTÈRE DE LA VISITATION

7, avenue
du Docteur-
Mallet
15100
Saint-Flour

♦ Téléphone : 04.71.60.07.82
♦ Fax : 04.71.60.43.97

En 1628, les religieuses du couvent de la Visitation de Montferrand doivent quitter la localité, à cause de la peste qui frappe la région : ainsi en ont décidé les supérieurs ecclésiastiques et la fondatrice,

Jeanne de Chantal. Le petit groupe gagne Saint-Flour, encore à l'abri de l'épidémie, et s'y établit ; la communauté y subsistera jusqu'à la Révolution, dans une grande fidélité à l'observance. Dispersées, les moniales poursuivent dans la clandestinité leur vie régulière et, ayant pu se regrouper lorsque la persécution a cessé, elles reprennent la vie communautaire en 1826.

Aujourd'hui, le monastère, agrandi, accueille comme hôtes durant toute l'année des étudiantes et des jeunes filles engagées dans le monde du travail. Les religieuses proposent également, aux dames et jeunes filles qui désirent effectuer une retraite spirituelle, le cadre paisible de leur maison entourée d'un jardin : la situation des bâtiments, dans un quartier calme, favorise le silence et le recueillement, mais aussi la détente.

ACCUEIL	Écrire à la sœur hôtelière :

Écrire à la sœur hôtelière :
• chambres simples et confortables (eau chaude, sanitaires à l'étage)
• repas en pension complète • bibliothèque • possibilité d'accompagnement et d'échanges spirituels.

OFFICES

En français :
• 8 h 10 : laudes • 8 h 30 : messe (DF 10 h 20) • 13 h 30 : office du milieu du jour • 17 h : vêpres • 21 h 10 : complies.

ACCÈS

Cf. *p. 236.*

♦ AUBE

**1164, rue
de Troyes
10120
Saint-Germain**

SAINT-GERMAIN
CARMEL DE NOTRE-DAME DE PITIÉ

♦ Téléphone : 03.25.75.68.17

Le carmel de Troyes est fondé en 1620 par Marie de la Trinité (d'Hannivel), première moniale française de la réforme thérésienne, qui n'y séjourne qu'un an : elle est appelée à la fondation de Châtillon, mais reviendra à Troyes en 1630 pour y établir un second monastère, dit « du faubourg », qui fusionnera plus tard avec le premier. Disciple très aimée des mères espagnoles, Marie de la Trinité insuffle d'emblée à sa communauté un dynamisme spirituel incomparable. Le monastère est sis dans la vieille ville, non loin de la basilique Saint-Urbain (XIIIe s.) dont les murs très fins soutiennent de beaux vitraux, et abritent la *Vierge au raisin* (XVIe s.) ; assez proche aussi, en suivant le dédale des rues étroites aux maisons à pans de bois – aujourd'hui restaurées, parfois un peu trop ! –, l'église Sainte-Madeleine, la plus ancienne de la cité (XIIe s.), qui a été remaniée à la Renaissance : on lui a ajouté une tour, un chœur, et surtout un élégant jubé à trois arches dû à Jean Gailde, véritable dentelle de pierre ; on y vénère une splendide statue de sainte Marthe, chef-d'œuvre de la sculpture troyenne (XVe s.). Le carmel se maintient, fervent, jusqu'à la Révolution, qui disperse la communauté. Il est reconstitué en 1828, et les moniales y reprennent leur vie cloîtrée, toute consacrée à l'oraison et à la louange de Dieu. Mais les bâtiments sont incendiés et détruits en 1940, lors du bombardement de la ville par les Allemands : intacte parmi les ruines, la statue de Notre-Dame de Pitié... Le monastère a été reconstitué en 1948 à Saint-Germain, petite localité tranquille située à 5 km au sud de la ville. Les moniales peuvent accueillir quelques hôtes qui désirent trouver une atmosphère de silence et de recueillement propice à la réflexion.

ACCUEIL

Écrire à la sœur hôtelière :
• quelques chambres individuelles au confort simple • repas en silence et solitude • possibilité d'accompagnement et d'échanges spirituels.

OFFICES

En français :
• 7 h 25 : laudes • 8 h : messe (DF 9 h) • 17 h 25 : vêpres chantées.

ACCÈS

• Troyes est à la convergence de l'A 5 (Paris/Langres) et de l'A 26 (Chalons-sur-Marne/ Troyes), des N 19 (Paris/Troyes/Chaumont) et 60 (Sens/Troyes), etc.
• A 5, sortie à Prugny en venant de Paris, puis D 141 ; sortie à Buchères, en venant de Langres, puis N 71 et N 77.
• SNCF à Troyes (ligne Paris/Troyes), puis taxi ou voiture du monastère (7 km).

♦ MANCHE

**SAINT-JAMES
PRIEURÉ SAINT-JACQUES**

**50240
Saint-James**

♦ Téléphone : 02.33.48.31.39

En 1960, les religieuses trinitaires établies près de Saint-James fusionnent avec un groupe de bénédictines de Jésus-Crucifié, dont la maison-mère se trouve à Brou-sur-Chantereine (cf. *p. 54*), et dont elles partagent l'idéal contemplatif : c'est l'origine de la communauté monastique du prieuré Saint-Jacques. L'hôtellerie est ouverte aux personnes souhaitant trouver un climat de silence propice à la réflexion et s'associer à sa prière liturgique, qui rythme la journée et souligne la dimension fraternelle d'une vie avant tout contemplative.

SITE

La localité, non dénuée de charme, est connue surtout pour son *Cimetière de Bretagne* où reposent plus de 4 000 combattants américains de la dernière guerre. Les bâtiments du prieuré, tout proches de l'église paroissiale et agrémentés d'un grand jardin, offrent un espace de paix que prolonge la campagne environnante. À 15 km à l'ouest, Pontorson, dernière ville normande avant la Bretagne, se mire dans le Couesnon ; l'église Notre-Dame, fondée par Guillaume-le-Conquérant, conserve de ses origines une puissante façade de granit et un portail latéral roman ; une de ses chapelles abrite un étonnant retable de pierre dit *des Saints-Cassés* (XVe s.) ; on y voit également un beau Christ de bois peint du XVIIIe siècle, à l'expression pathétique.

ACCUEIL	Écrire à la sœur hôtelière : • quelques chambres à 1 ou 2 lits (sanitaires communs) • parking.
OFFICES	En français : • 7 h 15 : office des lectures • 9 h : laudes, suivies de l'eucharistie (DF eucharistie à 11 h 15) • 12 h 15 : heure médiane (DF 16 h) . • 18 h 30 : vêpres • 20 h 45 : vigiles (ou complies à 21 h).
ACCÈS	• D 998 (Fougères/Avranches). • SNCF à Pontorson (ligne Saint-Malo/Granville), puis taxi (14 km).

♦ MOSELLE

57930 Saint-Jean-de-Bassel

SAINT-JEAN-DE-BASSEL
ACCUEIL COUVENT C.D.P.

♦ Téléphone : 03.87.03.00.50
♦ Fax : 03.87.03.00.51

Au début du siècle dernier, Jean Decker, curé de Hommarting, au pays de Sarrebourg, accueille dans sa paroisse un groupe de religieuses qui reviennent d'exil après la tourmente révolutionnaire. Ce sont les sœurs de la Divine Providence, fondées en 1762 par un prêtre lorrain, Jean-Martin Moÿe, que l'analphabétisme et l'ignorance religieuse des populations rurales de la région ont bouleversé. Missionnaire dans l'âme, le père Moÿe a poursuivi son apostolat en Chine où, parti comme membre des Missions étrangères de Paris, il a également rassemblé des femmes et des jeunes filles pour aider à l'évangélisation du vaste pays. Il n'est rentré en France

239

que pour se voir bientôt contraint à l'exil, à cause de la Révolution, et il meurt en 1793 à Trèves, en Rhénanie, victime de son dévouement auprès des soldats atteints du typhus. Il a été béatifié en 1954.

De retour en France, la petite congrégation se développe rapidement, si bien que le curé Decker doit envisager de loger les sœurs dans des lieux moins exigus. Il acquiert la Commanderie de Saint-Jean-de-Bassel, où la communauté s'installe en 1827. Cette paisible petite localité lorraine, sise à proximité de la forêt de Fénétrange (parc régional de Lorraine), s'enorgueillit d'une ancienne tradition spirituelle : sur le site d'une chapelle dédiée à l'ermite Bassolus,

un couvent d'augustines fut érigé ; les moniales y recevaient les filles cadettes des seigneurs de la région. Il reste de cette époque le clocher carré, de style roman, du XIe siècle, et l'actuelle église paroissiale (XIVe s.). En 1436, la dernière abbesse fit don des lieux à l'évêque de Metz, car les vocations manquaient, et dix ans plus tard, l'évêque proposa le domaine à l'Ordre Hospitalier de Saint-Jean-de-Jérusalem, connu plus tard sous le nom de Chevaliers de Saint-Jean-de-Malte, qui embellirent la chapelle et nommèrent le lieu Saint-Jean-de-Bassel ; mais la Commanderie fut ravagée par les armées suédoises durant les guerres de Religion, et elle ne s'en releva jamais. Pendant la Révolution, les murs furent vendus comme bien national, et ils purent être acquis en 1826 pour la jeune congrégation revenue d'exil. Aux bâtiments existants furent adjointes d'autres constructions, et en 1868 on entreprit l'édification de la cha-

pelle, réalisée dans le plus pur style gothique. Jusqu'à la fin du siècle, des travaux embellirent et améliorèrent le site. En 1976, la maison a subi les transformations intérieures lui permettant de répondre aux normes prescrites par le service de Santé.

Aujourd'hui maison mère de la congrégation, le couvent est également un centre d'apostolat et d'accueil où se poursuit la mission, conformément à l'esprit du fondateur. Les sœurs de la Divine Providence y hébergent groupes et particuliers pour des retraites prêchées, sessions, récollections et écoles de prière. Mais la situation et l'environnement très calmes – la maison se trouve dans un village paisible et entourée d'un parc et d'un jardin – se prêtent aussi à une halte de silence et de recueillement, que ne trouble nullement la présence des groupes.

ACCUEIL	Fermé du 1er au 15 janvier, et la première quinzaine de septembre. Écrire auparavant :

• 45 chambres individuelles, 10 doubles, sanitaires à l'étage • pension complète • bibliothèque • possibilité d'accompagnement et d'échanges spirituels • parking.

OFFICES

Pour les horaires, se renseigner sur place.

ACCÈS

• N 4 (Nancy/Strasbourg), puis à Sarrebourg D 43 et D 95 vers Saint-Jean-de-Bassel.
• A 4 (Metz/Strasbourg), sortie Sarre-Union en venant de Metz, puis D 43 jusque Berthelming, et de là D 93 vers Saint-Jean-de-Bassel ; ou sortie à Phalsbourg, en venant de Strasbourg, et de là N 4 vers Nancy, puis D 95 à Sarrebourg.
• SNCF à Sarrebourg (ligne Paris Gare de l'Est/Strasbourg) ou à Réding (ligne Calais/Bâle), puis taxi.

♦ **VIENNE**

11, rue du Parc 86800 Saint-Julien-l'Ars

SAINT-JULIEN-L'ARS
MONASTÈRE DES BÉNÉDICTINES

♦ Téléphone : 05.49.56.66.45
♦ Fax : 05.49.56.09.77

Les bâtiments modernes du monastère – église et hôtellerie –, conçus par les architectes Candilis et Woods, disciples de Le Corbusier, s'adossent à un petit château (XIVe-XIXe s.) sis sur d'anciennes terres monastiques. Le site correspond à la volonté des moniales qui, en 1962, quittèrent Poitiers pour chercher l'espace et surtout le calme, de plus en plus rares dans la ville. Dans la proche vallée de la Vienne, la ville de Chauvigny, gardienne de la route du Berry, dresse sur un promontoire escarpé les ruines impressionnantes de cinq châteaux forts.

HISTOIRE ET SPIRITUALITÉ

Le monastère a une histoire ancienne. L'Ordre de Fontevrault, fondé au XIIe siècle par Robert d'Arbrissel et placé sous la protection de Notre-Dame du Calvaire, suivait la Règle de saint Benoît ; il s'était peu à peu relâché de sa ferveur première, et au XVIIe siècle, Antoinette d'Orléans, abbesse auxiliaire de Fontevrault, tente un « retour aux sources » au prieuré de Lencloître. Cette réforme aboutit à la fondation d'une nouvelle congrégation, approuvée en 1617 par le pape Paul V. L'accent est mis sur la pauvreté et la simplicité dans la vie liturgique, mais aussi dans les rapports fraternels, favorisés par le petit nombre des moniales dans chaque maison, et équilibrés par des temps de solitude. Il n'y a plus d'abbesse, mais une prieure élue à la tête de chaque communauté.

Aujourd'hui, les moniales perpétuent ces traditions. L'office divin, temps fort de leur vie de prière, est préparation et prolongement de l'eucharistie, qui en est le sommet et dispose chacun « à s'ouvrir à l'inspiration de la grâce divine ». Le dialogue avec Dieu s'approfondit dans des temps de désert réguliers. Les moniales prient, certes – chant de l'office, lecture et méditation de la Parole de Dieu, prière personnelle –, mais aussi elles travaillent : le travail maintient l'équilibre, il les rend solidaires du monde et permet le partage ; la communauté gagne son pain grâce à une petite imprimerie artisanale qui exécute cartes de visite, faire-part, papier à en-tête.

Les moniales accueillent à l'hôtellerie ceux qui souhaitent passer quelques jours de recueillement et de silence parmi elles ; les hôtes peuvent participer à leur prière liturgique, rencontrer une moniale, effectuer des travaux manuels s'ils le désirent. Les jeunes filles qui le désirent peuvent effectuer un séjour « au pair ».

ACCUEIL
Écrire à la sœur hôtelière :
- 10 chambres individuelles avec lavabo, sanitaires à l'étage
- possibilité d'accompagnement et d'échanges spirituels.

OFFICES
Psalmodie en français, répertoire grégorien :
- 7 h 15 : laudes (DF 7 h 30) • 8 h 45 : eucharistie (DF 10 h)
- 17 h 45 : vêpres (DF 17 h).

ACCÈS
- A 10 (sortie Poitiers), puis RN 151 (Poitiers/Châteauroux) et D 1 à 13 km de Poitiers.
- SNCF à Poitiers (ligne Paris Montparnasse/Bordeaux), puis taxi ou car (lignes Poitiers/ Montmorillon ou Poitiers/Châteauroux). Saint-Julien-l'Ars est à 13 km de Poitiers.

♦ **YONNE**

89630 Saint-Léger-Vauban

SAINT-LÉGER-VAUBAN
ABBAYE DE LA PIERRE-QUI-VIRE

♦ Téléphone : 03.86.33.19.20
♦ Fax : 03.86.32.22.33
♦ Téléphone et fax de la librairie-magasin : 03.86.33.19.29

De fondation relativement récente, l'abbaye de la Pierre-qui-Vire a connu une expansion et un rayonnement exceptionnels.

ORIGINE
En 1848, Jean-Baptiste Muard, jeune prêtre du diocèse de Sens, décide de tout quitter pour discerner la volonté de Dieu sur lui : curé d'une paroisse d'Avallon, puis supérieur d'une maison de Missionnaires diocésains qu'il a créée à Pontigny, il est estimé de tous pour ses vertus, son talent de prédicateur ; mais il s'aperçoit

que la seule parole ne suffit pas à toucher les cœurs, et son zèle apostolique en pâtit. Parti en Italie, il découvre à Subiaco la Règle de saint Benoît ; puis il rentre en France pour un temps de formation monastique à la Trappe d'Aiguebelle. Enfin, le 2 juillet 1850, il inaugure avec quelques compagnons un petit prieuré, dans un site isolé, en pleine forêt du Morvan, au lieu-dit de la Pierre-qui-Vire : une énorme pierre branlante posée sur une butte a donné son nom à l'endroit, sans doute un ancien lieu de culte païen. Jean-Baptiste Muard fait sceller le roc et y place une statue de la Vierge, à qui il consacre sa fondation. Mais il meurt prématurément en 1854, laissant à sa jeune communauté son idéal de prière et de vie missionnaire dans le cadre de la Règle de saint Benoît.

HISTOIRE ET SPIRITUALITÉ

Le monastère se développe rapidement. En 1859, il entre dans la Confédération bénédictine, et réalise sa première fondation, début d'une extension rapide qui l'amène à essaimer jusqu'aux États-Unis. L'accent est mis sur l'austérité de la stricte observance et les missions diocésaines ; le monastère est érigé en abbaye en 1884. Les lois d'expulsion de 1903 obligent la communauté à s'exiler en Belgique, elle ne rentre qu'en 1920. C'est le point de départ d'une nouvelle expansion : en 1952, la communauté compte plus de cent moines, ils n'étaient que quinze au retour d'exil ! Jusqu'à la fin des années 80, l'abbaye connaît une période d'intense activité, car les vocations sont nombreuses : construction d'une école abbatiale, de cellules pour les frères, d'une hôtellerie, achat de terrains pour constituer une exploitation agricole, création d'une imprimerie (Les Presses monastiques) et d'une maison d'édition (Zodiaque) qui contribuent à faire connaître le patrimoine architectural roman de l'Europe. À partir de 1970, l'expérience originale de la vie en *décanies* (petits groupes de communauté) permet l'aménagement d'espaces de solitude. L'enseignement théologique, l'accueil, le soutien aux fondations éveillent la communauté à la mission universelle de l'Église dans le monde. Depuis 1990, la nouvelle génération des frères – marqués par la culture de

masse de l'audiovisuel, et dont plusieurs viennent de l'incroyance – aspire à une vie monastique soutenue par la *lectio divina*, la célébration commune de l'office divin, l'ouverture du cœur ; aussi de nouveaux bâtiments ont-ils été édifiés, tenant compte de ces désirs : un cloître unifie la vie commune, une vaste bibliothèque rappelle l'importance du travail intellectuel dans la recherche spirituelle. En même temps, l'église est réorganisée pour soutenir la participation liturgique tant des moines que des hôtes et touristes de passage.

Les bâtiments, construits au fil des années, s'ordonnent sur une terrasse dominant la vallée du Trinquelin, du dolmen supportant la statue de la Vierge jusqu'à l'église abbatiale, édifiée sur l'abrupt d'une falaise et reposant, côté chevet, sur deux étages de cryptes ; on lui a adjoint un narthex aux lignes résolument contemporaines, qui abrite la statue originale de la Vierge de la Pierre-qui-Vire. L'intérieur, entièrement rénové, renferme les fresques des apôtres et est éclairé par des vitraux en dalles de verre réalisées au monastère. On remarquera encore la tourporche, porte principale du monastère, sur laquelle débouche la perspective d'arrivée : les sculptures de l'extérieur et les peintures de la voûte, d'une grande richesse iconographique et symbolique, sont l'œuvre de Marc Hénard.

SITE

Au cœur de cette terre de forêts et de granit, de torrents et de lacs d'une beauté austère, l'abbaye de la Pierre-qui-Vire est un cadre propice à la vie monastique. Les moines y célèbrent l'office divin, vaquent à la *lectio divina* et à l'étude, travaillent aux ateliers, à l'imprimerie, exploitent la ferme voisine. Les hôtes sont accueillis toute l'année, en groupe (nombreuses rencontres œcuméniques et inter-religions) et individuellement.

ACCUEIL

Écrire au père hôtelier :
• 70 chambres individuelles, 12 chambres doubles, 1 dortoir de

10 petites cellules • lavabos (eau chaude et froide) dans les chambres, sanitaires à l'étage • pension complète • bibliothèque • possibilité d'accompagnement et d'échanges spirituels • parking • vente sur place : éditions d'art « Zodiaque », poteries (pièces uniques tournées à la main), faïences décorées, fromages biologiques de la ferme. Librairie religieuse et générale, cassettes, CD, vidéo cassettes • exposition photographique et montage audiovisuel sur la vie au monastère.

OFFICES

Chantés en français, avec quelques pièces en grégorien :
• 2 h : vigiles • 6 h : laudes • 9 h 15 : eucharistie (DF 10 h)
• 12 h 45 : office du milieu du jour • 18 h : vêpres • 20 h 30 : complies.

ACCÈS

• A 6 (sortie Avallon, en venant du nord ; Bierre-les-Semur, en venant du sud), et N 6 jusque Rouvray, puis D 4 direction Saint-Léger-Vauban.
• SNCF à Avallon (28 km), puis taxi.

♦ **HAUTE-VIENNE**

Lussac 87400 Saint-Léonard-de-Noblat

SAINT-LÉONARD-DE-NOBLAT
FOYER JEAN XXIII

♦ Téléphone : 05.55.56.04.63

À l'est de Limoges, le cours de la Vienne et de ses affluents est régulé en amont par le lac de Vassivière, vaste plan d'eau artificiel qui est devenu un centre de loisirs et de tourisme particulièrement apprécié : activités sportives, régates et promenades dans une nature remise en valeur y attirent beaucoup de monde. La vallée de la Maulde offre de beaux paysages, où la rivière domestiquée coule ses eaux paisibles. À Peyrat-le-Château, on voit encore l'ancien donjon carré du XIIe siècle ; plus en aval, les ruines du prieuré de l'Artige (XIIe s.) se dressent au-dessus du confluent de la Vienne et de la Maulde, couronnant un coteau qui offre une vue superbe sur la vallée ; puis la cité médiévale de Saint-Léonard-de-Noblat étage ses maisons anciennes à flanc de colline, jusqu'à l'église romane à l'élégant clocher limousin. Toute proche, en pleine campagne, une belle maison entourée d'un grand parc abrite les activités du foyer Jean XXIII ; une communauté de sœurs augustines assure dans cette maison diocésaine un accueil simple et familial, au service des hôtes. Outre les retraites, sessions et récollections qui y sont organisées, le foyer propose aux personnes qui souhaitent effectuer une halte de silence et de ressourcement spirituel, un cadre reposant propice au recueillement et au partage fraternel. La campagne alentour permet d'agréables promenades solitaires.

_q r s t_

ACCUEIL

Fermé du 15 décembre au 15 janvier. Écrire :
• 30 chambres individuelles, 26 chambres doubles, avec lavabo, sanitaires à l'étage • bibliothèque, salles de travail • possibilité d'accompagnement et d'échanges spirituels • parking.

OFFICES

Se renseigner sur place pour les horaires.

ACCÈS

• N 141 (Limoges/Aubusson).
• SNCF à Saint-Léonard-de-Noblat (ligne Limoges/Ussel), puis taxi (5 km).

♦ **LANDES**

SAINT-MARTIN DE HINX
MONASTÈRE SAINT-DOMINIQUE

40390 Saint-Martin de Hinx

♦ Téléphone : 05.59.56.33.50

La petite ville de Peyrehorade, capitale du pays d'Orthe, resserre au confluent des gaves d'Oloron et de Pau ses charmantes maisons regroupées autour du château de Montréal (XVIe s.) ; une agréable

promenade y longe un plan d'eau aménagé en port de plaisance. Dans les environs immédiats, les ruines du château d'Apremont, et surtout les abbayes d'Arthous et de Sorde-l'Abbaye méritent le détour, ainsi que le village de Cagnotte dont l'église romane abrite les étranges monuments funéraires des vicomtes d'Orthe. L'abbaye d'Arthous, fondée au XIIe siècle par les Prémontrés, était une étape sur la route de Saint-Jacques-de-Compostelle ; l'église conserve une belle décoration extérieure, le musée archéologique occupe les anciens bâtiments conventuels. Quant à Sorde-l'ab-baye, également étape sur les che-mins de Saint-Jacques, elle a gardé les vestiges d'un couvent fortifié dont l'église juxtapose des élé-ments romans (abside, portail) et gothiques (nef et transept), et offre des fragments de mosaïque du XIe siècle ; la maison de l'abbé (XVIe s.), une portion de cloître et le grand mur d'un bâtiment du XVIIIe siècle attestent la prospérité passée de l'abbaye.

246

À une quinzaine de kilomètres au nord-ouest, le village de Saint-Martin-de-Hinx est isolé dans une région où de grands champs de maïs alternant avec vergers et bosquets s'étendent vers la vallée de l'Adour toute proche. Ce cadre paisible, aux larges horizons, a accueilli il y a vingt ans une communauté de moniales dominicaines qui y mènent une vie contemplative dans le silence et la solitude. À ceux qui cherchent à se ressourcer dans le calme et la prière, les religieuses offrent la possibilité d'un séjour pour une durée limitée.

ACCUEIL

• 5 chambres individuelles, au confort simple • sur place, produits du travail des moniales : icônes, couture, bougies, chapelets (vendus également dans les boutiques de l'artisanat monastique).

OFFICES

Chantés tous les jours en français :
• 7 h 45 : laudes • 8 h 30 : messe (les horaires peuvent varier, se renseigner sur place) • 12 h : sexte • 18 h 30 : vêpres • 20 h 15 : vigiles / complies.

ACCÈS

• RN 124 (Dax/Saint-Geours-de-Marenne, vers Bayonne), puis D12 vers Urt.
• RN 117 (Bayonne/Peyrehorade), puis D12 à Biarotte vers Saint-Geours-de-Marenne.
• SNCF à Saint-Vincent-de-Tyrosse (ligne Bayonne/Dax), puis taxi (12 km).
• Bus TRP Biarritz/Pau, sur la N 117, arrêt à Biarotte (3 km).

♦ **ORNE**

Saint-Ortaire
61600
Saint-Michel-des-Andaines

SAINT-MICHEL-DES-ANDAINES
PRIEURÉ SAINTE-MARIE DES SERVITES

♦ Téléphone : 02.33.37.81.28

Le hameau de Bas-Bésier – quelques maisons basses entourant une grange – se niche dans une clairière de la forêt des Andaines, non loin de Bagnoles-de-l'Orne ; les Servites (Frères serviteurs de Marie) y ont établi en 1945 un prieuré qui, abritant leur vie de contemplation et de labeur, accueille également des hôtes en quête d'un temps fort de silence. Le cadre s'y prête de façon idéale, oasis de paix blottie dans la verdure, près d'une chapelle de style néo-roman édifiée au début du siècle à l'emplacement d'un antique sanctuaire dédié à la Vierge Marie. Aux alentours, les sous-bois offrent la possibilité d'agréables promenades, notamment vers les châteaux de Couterne et de Monceaux.

HISTOIRE

L'histoire du site remonte, suivant la tradition, au VIᵉ siècle : Ortaire, un saint thaumaturge local, aurait vécu là en ermite, défri-

chant la forêt et accueillant les malades près d'une source curative ; il y aurait bâti une chapelle en l'honneur de Notre-Dame. La légende de sa vie s'inscrit dans ce que l'on sait de l'évangélisation de cette partie de la Gaule à l'époque, et son culte, signalé vers l'an mil par un oratoire, a connu un regain de faveur depuis la fin du XVIIe siècle ; on lui a associé sainte Radegonde, abbesse de Sainte-Croix de Poitiers et surtout – fait important dans cette région rurale – patronne des moissons et protectrice contre le ver blanc du hanneton ; un sanctuaire rustique de pierre blonde au clocher ajouré leur est dédié, jadis but d'un pèlerinage annuel. Quant à la chapelle des Servites, elle intègre remarquablement dans le cadre sylvestre le jeu de lignes droites et d'arcs de cercle d'une construction très « minérale » ; autour d'elle se regroupent les bâtiments de la communauté : le prieuré, lieu de vie des religieux, avec son oratoire; un ermitage ouvert aux hôtes en quête de silence et de solitude ; une hôtellerie propice à la retraite spirituelle, où l'on peut bénéficier d'échanges avec les frères et partager leur prière et leurs travaux.

SPIRITUALITÉ   Fondé en 1233 à Florence par sept patriciens de la cité, l'Ordre des Servites voulut incarner, à l'exemple et sous la protection de la Vierge Marie, un idéal de fraternité, de pauvreté, de disponibilité. Florissant jusqu'au XVIIIe siècle, disparu de France en 1740, il connaît depuis le début du siècle une expansion sans précédent, proposant « une vie simple mais non simpliste, communautaire mais non sectaire, accueillante envers notre monde mais sans s'agenouiller devant lui, nourrie de l'Évangile pour être autant au service du Christ que des hommes, tout inspirée de Marie, elle qui demeure pour toutes les générations la servante du Seigneur ».

ACCUEIL   S'adresser par écrit au prieuré :
• 10 chambres individuelles, simples et confortables • repas en solitude ou avec la communauté.

OFFICES

Les quatre offices quotidiens sont célébrés dans l'oratoire ou dans la chapelle (éclairés de vitraux contemporains de l'abbé Bernard Chardon). Les horaires, variables suivant la saison, et selon qu'on est en semaine ou le dimanche, sont disponibles sur demande.

ACCÈS

- D 908 (Sées/Domfront), à 5 km de La Ferté-Macé.
- SNCF : Bagnoles-de-l'Orne (à 800 m de la gare).

♦ GIRONDE

163, Fournié-Ouest
33650
Saint-Morillon

**SAINT-MORILLON
DOMINICAINES DE BÉTHANIE**

♦ Téléphone : 03.56.20.25.59

Saint-Morillon est un village de la région des Graves, terre viticole attachante, avec ses petites routes serpentant entre vignobles et châteaux, dont le plus célèbre est celui de Labrède : ce manoir fortifié des XIII-XVe siècles conserve le souvenir de Montesquieu, qui en fut le propriétaire, et qui dessina les plans du parc. Les Dominicaines de Béthanie (cf. historique *p. 256*) y possèdent une maison à l'écart du monde, où elles reçoivent les personnes souhaitant vivre un temps fort de silence et de réflexion. Le jardin et le parc qui entourent l'établissement favorisent le recueillement.

ACCUEIL

Sauf du 15 octobre au 15 novembre ; écrire à la sœur chargée de l'accueil :
- 9 chambres individuelles et 3 doubles avec lavabo, sanitaires et douches à l'étage • bibliothèque et salle de travail • possibilité d'accompagnement et d'échanges spirituels • parking.

OFFICES

Horaires disponibles sur place.

ACCÈS

- RN 113, puis D 219 ; ou A 61 (Bordeaux/Toulouse), à 25 km au sud de Bordeaux.
- SNCF à Beautiran (ligne Bordeaux/Agen), puis taxi (8 km).

♦ **CÔTE-D'OR**

**21700
Saint-Nicolas-
lès-Cîteaux**

**SAINT-NICOLAS-LÈS-CÎTEAUX
ABBAYE NOTRE-DAME DE CÎTEAUX**

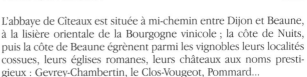

♦ Téléphone : 03.80.61.11.53
♦ Fax : 03.80.62.36.79

L'abbaye de Cîteaux est située à mi-chemin entre Dijon et Beaune, à la lisière orientale de la Bourgogne vinicole ; la côte de Nuits, puis la côte de Beaune égrènent parmi les vignobles leurs localités cossues, leurs églises romanes, leurs châteaux aux noms prestigieux : Gevrey-Chambertin, le Clos-Vougeot, Pommard...

**HISTOIRE ET
SPIRITUALITÉ**

Fondée en 1098 par des moines arrivant de l'abbaye bénédictine de Molesmes, sous la conduite de saint Robert, l'abbaye de Cîteaux connaît des débuts austères : grande pauvreté, faible recrutement. C'est l'arrivée de Bernard de Fontaine (près de Dijon), accompagné d'une trentaine de personnes – parents et amis – qui va lui permettre de prendre un rapide essor. Commence aussitôt la première fondation de La Ferté (1113), suivie de celles de Pontigny (1114), puis de Morimond et de Clairvaux, dont Bernard sera le premier abbé, en 1115, tandis qu'Étienne Harding, d'origine anglaise, dirige Cîteaux et rédige la *Carta caritatis*, texte fondateur de l'Ordre cistercien.

Cîteaux devient bientôt un haut-lieu spirituel – les ducs de Bourgogne demandent à y être inhumés –, un lieu de paix aussi, où s'opèrent des médiations, des réconciliations ; enfin, un lieu de travail : les moines déboisent, défrichent, plantent des vignes, dont le célèbre vignoble de Clos-de-Vougeot. Au début du XIIIᵉ siècle, bénéficiant de l'action, puis de l'éclatante réputation de sainteté de Bernard, l'abbaye est à la tête d'un Ordre qui compte près de 500 maisons. D'illustres personnages se font moines à Cîteaux, tel Alain de Lille, un savant du temps. Cîteaux est à l'époque l'un des centres de la chrétienté.

Les siècles suivants sont plus difficiles. Pillée deux fois pendant la guerre de Cent Ans, relevée en 1400, l'abbaye passe par des alternances de prospérité et d'épreuves ; elle est encore pillée et incendiée pendant les guerres de Religion et en 1636. Les pressions de la fiscalité lui font connaître des moments pénibles. Puis c'est l'époque de la commende : le siège abbatial est devenu un enjeu politique, et Richelieu sera durant sept ans abbé de Cîteaux, sans d'ailleurs jamais y venir !

Le siècle des Lumières insinue dans certaines couches de la société une hostilité ouverte au monachisme : on reproche aux moines leur inutilité. La Révolution accentue ce mouvement de discrédit.

Confisquée, l'abbaye est acquise par des spéculateurs qui la pillent et la démantèlent, vendant jusqu'aux pierres de fondation. Ce qui en subsiste – une partie de la bibliothèque du XVe siècle, un défi-nitoire du XVIIe siècle et un bâtiment édifié en 1772 par l'archi-tecte Lenoir (où logent actuellement les moines) – devient succes-sivement une sucrerie, un phalanstère, une colonie pénitentiaire. En 1898, ces vestiges sont rachetés, et des moines originaires de différents monastères viennent repeupler l'abbaye.

À présent, l'abbaye de Cîteaux, redevenue la maison mère de l'Ordre des cisterciens de la stricte observance (trappistes), est une communauté bien vivante : une quarantaine de moines s'y adonnent à la prière de l'office choral, à la prière privée, à la lec-ture et au travail. La principale activité économique du monastère est la fabrication d'un fromage de vache, genre reblochon.

Les frères accueillent les personnes (à partir de 18 ans) – religieux et laïcs, individuels, couples, groupes – désireuses de se recueillir dans le calme, pour une durée n'excédant pas huit jours. On demande aux hôtes de respecter l'atmosphère de silence.

ACCUEIL Fermé trois semaines en janvier ; écrire au père hôtelier :
• hôtellerie pouvant accueillir 40 personnes en chambres indivi-duelles • possibilité d'accompagnement et d'échanges spirituels • chapelle intérieure et parc • parking • au magasin de la porterie, vente de produits de l'artisanat monastique, et de disques com-pacts et cassettes stéréo enregistrés au monastère.

L'abbaye ne se visite pas, mais une exposition et une présentation audiovisuelle permettent aux hôtes et aux visiteurs de connaître l'histoire et la vie de la communauté.

OFFICES

L'eucharistie est célébrée habituellement à 7 h 30 en été, à 11 h 45 en hiver. La célébration de l'office liturgique rythme la journée sept fois par jour, de 4 h 30 à 20 h.

ACCÈS

- A 37 (sortie Nuits-Saint-Georges, 13 km) et A 36 (sortie Seurre, 16 km).
- SNCF : Dijon (25 km), avec service de cars Amco, sauf samedis, dimanches et fêtes ; ou bien Nuits-Saint-Georges (12 km).
- Aéroport : Dijon-Bourgogne (20 km).

♦ MANCHE

213, route de Lézeaux 50380 Saint-Pair-sur-Mer

SAINT-PAIR-SUR-MER
MONASTÈRE DES CARMÉLITES

♦ Téléphone : 02.33.50.12.00

De fondation relativement récente (1894), le carmel de Saint-Pair est établi dans une petite station balnéaire à quelques kilomètres au sud de Granville, réputée pour sa plage de sable fin que longe une digue-promenade. Le monastère, situé à la périphérie de la localité, jouit de l'isolement et du silence propices à la vie cloîtrée des moniales. L'église paroissiale (chœur du XIVe s., prolongé au siècle dernier par une nef et un transept néo-gothiques) renferme diverses œuvres d'art : sarcophages des saints Pair et Scubilien (VIe s.) avec leurs gisants du XVe siècle ; Christ en bois polychrome du XIVe siècle, Vierge du XVIe siècle, tabernacle à baldaquin encadré de statues de bois doré (XVIIIe s.), etc.

Les visiteurs sont invités à participer aux offices liturgiques de la communauté, qui propose quelques chambres aux personnes en quête d'un temps de retraite dans le silence et la solitude. Sur place, les produits du travail des moniales sont en vente : céramiques, robes à smocks, que l'on trouve également dans les boutiques de l'artisanat monastique.

ACCUEIL

S'adresser par écrit à la sœur hôtelière :
- possibilités très limitées, réservées aux personnes désirant effectuer une retraite individuelle.

OFFICES	Les horaires sont affichés à la porte de la chapelle.

ACCÈS

- D 21 au sud de Granville, ou D 973 (Granville/Avranches), puis D 151 au Croissant.
- SNCF à Granville (Paris Saint-Lazare/Granville), puis car ou taxi jusqu'au monastère (5 km).

♦ **CÔTE-D'OR**

5, rue
du Floquet
21500
Saint-Remy-
les-Montbard

SAINT-REMY-LÈS-MONTBARD
MONASTÈRE SAINT-ÉLIE

♦ Téléphone : 03.80.92.07.40
♦ Fax : 03.80.92.48.79

Proche de la ville rendue célèbre par le naturaliste Buffon, dont on peut encore voir le château qu'il remodela, et l'hôtel du XVIIIe siècle, la localité de Saint-Remy se niche à l'orée du bois de Chaumour, mirant ses toits dans la Brenne et le canal de Bourgogne. À trois kilomètres en aval, les Forges de Buffon déploient les bâtiments d'un intéressant ensemble industriel du XVIIIe siècle. Plus loin vers l'est, l'abbaye de Fontenay – inscrite en 1981 au Patrimoine mondial par l'UNESCO – témoigne de la perfection de l'architecture romane cistercienne : l'église, au carrelage du XIIe siècle, abrite la « Vierge de Fontenay », au délicat déhanchement (XIIIe s.) ; on admirera encore le dortoir à la solide charpente de chêne, la salle capitulaire, les élégantes arcades du cloître.

HISTOIRE

En 1964, le décret sur l'œcuménisme du concile Vatican II trouve au carmel de Nancy un écho pressant. La fondation d'un carmel de rite byzantin est alors envisagée, car la célébration de ce rite permet de communier au cœur de l'orthodoxie. Quatre moniales nancéiennes sont donc formées au carmel de Nogent-sur-Marne, dont la proximité de Paris permet un contact plus facile avec l'orthodoxie, l'initiation à la patristique orientale et l'apprentissage de la peinture d'icônes. En 1974, elles s'installent à Saint-Remy-de-Montbard, dans la maison ayant appartenu naguère à madame Royer, une mystique qui est à l'origine du mouvement de prière de Montmartre. En 1981, la reconnaissance *ad experimentum* pour cinq ans permet l'ouverture d'un noviciat et enfin, en 1986, le monastère est érigé en carmel de rite byzantin, sous la juridiction de l'ordinariat des catholiques orientaux de France, qui délègue ses pouvoirs à l'évêque de Dijon.

SPIRITUALITÉ

En 1991, à la demande d'amis de diverses confessions chrétiennes, naît une Fraternité Saint-Élie dont les membres, en lien avec le monastère, partagent dans leur état de vie le double enracinement carmélitain et œcuménique des moniales : appartenant à diverses

confessions chrétiennes, ils s'engagent à œuvrer pour l'unité des chrétiens par la prière, dans la charité et la vérité évangélique. En 1992, la Fraternité s'ouvre au judaïsme, et invite ses membres chrétiens à mieux connaître leurs racines juives, et le lien qui relie spirituellement juifs et chrétiens. Le 20 juillet de chaque année, pour la fête du prophète Élie, l'une des plus grandes figures du judaïsme en même temps que le « Père et Guide du carmel », les membres qui le peuvent viennent s'unir à la prière des moniales et se retrouvent fraternellement dans la louange et l'intercession. Durant toute l'année, les moniales mettent quelques chambres à la disposition de ceux qui souhaitent partager le silence et la liturgie de la communauté.

ACCUEIL

Écrire à la sœur hôtelière :
• quelques chambres simples et confortables • possibilité d'accompagnement et d'échanges spirituels • vente sur place (porterie) de reproductions d'icônes et de chapelets orientaux. Sur commande, exécution d'icônes et de travaux de reliure.

OFFICES

En français selon le rite byzantin :
• 6 h : matines (en semaine) • 7 h : liturgie eucharistique (DF 9 h 30, précédée de tierce et sexte à 9 h 05) • 11 h 30 : tierce, acathiste, sexte (en semaine) • 17 h : vêpres • 18 h 30 : vigile, le samedi et les veilles de grandes fêtes • 19 h 30 : complies (DF).

ACCÈS

• A 6 (Paris/Lyon), sortie Chablis en venant de Paris, puis D 965 jusqu'à Tonnerre, puis D 905 ; sortie Bierre-les-Semur en venant de Lyon, puis D 980 jusqu'à Montbard, et D 905.
• SNCF à Montbard (ligne Paris/Lyon), puis taxi (4 km).

♦ **LANDES**

**SAINT-SEVER
CARMEL DU CHRIST-ROI**

10, allée
du Carmel
40500
Saint-Sever/
Adour

♦ Téléphone : 05.58.76.00.15
♦ Fax : 05.58.76.36.75

Campé sur une colline en surplomb de la vallée de l'Adour, le site de Saint-Sever est un belvédère d'où le regard se perd sur l'immensité de la forêt landaise. Le bourg s'est édifié autour d'une abbaye bénédictine du Xe siècle, dont l'église, remaniée, a conservé ses superbes chapiteaux d'origine, et dont deux bâtiments sont devenus le presbytère et l'hôtel de ville ; l'église des Jacobins, avec son cloître élégant, a été restaurée récemment. En 1931 les carmélites de Zaraus, en Espagne, choisissent de s'établir dans cet îlot paisible qu'enserre un océan de verdure, cadre parfaitement adapté à leur vie contemplative. Simple retour au pays, puisque la communauté de Zaraus est originaire de Bordeaux, d'où les lois de séparation l'ont chassée vingt-cinq ans plus tôt, sans pour autant briser sa vitalité ; au contraire, renouant outre Pyrénées avec les sources de la réforme thérésienne, elle en a tiré un tel dynamisme que, deux ans seulement après être rentrées en France, les moniales peuvent fonder un autre couvent... à Zaraus !

SPIRITUALITÉ   Le parc, les jardins ombragés par les pins, les bosquets de feuillus entourent d'un espace de paix les bâtiments conventuels où les carmélites mènent une vie d'intimité avec Dieu ; comme l'a voulu expressément sainte Thérèse d'Avila, il ne s'agit pas « de vivre en

religieuses, mais en ermites », dans un silence et une solitude qui favorisent le recueillement, la prière : l'oraison constitue la trame de la vie carmélitaine. Cette *vie au désert*, dont l'austérité est tempérée par la douceur de la Vierge Marie, et qui s'épanouit dans la joie toute simple de la charité fraternelle, est rythmée par l'office liturgique culminant dans la célébration eucharistique, et par le travail dans la solitude de la cellule, par les récréations empreintes de gaieté ; deux heures d'oraison quotidienne sont l'occasion privilégiée d'un « commerce d'amitié, seul à seul, avec Celui dont on se sait aimé » (sainte Thérèse d'Avila). Telle est l'existence des carmélites, moniales cloîtrées, dont le zèle apostolique embrasse par l'universalité de la prière les intentions de l'Église et du monde. Les carmélites ne sont pas pour autant isolées : leurs parloirs sont ouverts à toute personne en quête d'écoute ou d'échange, et elles accueillent, pour des séjours de réflexion dans le silence et la solitude, ceux qui souhaitent durant quelque temps faire une halte de désert dans l'agitation et le bruit du monde.

ACCUEIL

Écrire à la communauté :
• petite hôtellerie de quelques chambres individuelles (on évite un surcroît de travail aux moniales en apportant draps et serviettes) • possibilité de préparer soi-même ses repas, ou repas préparé par les sœurs • petit déjeuner à 8 h, déjeuner à 12 h 30, dîner à 19 h 20 • le silence doit être respecté • un coup de main pour de menus services d'entretien est bienvenu • possibilité d'accompagnement ou d'échanges spirituels • produit du travail des moniales (acquisition sur place ou sur commande) : reliure, broderie, chasublerie, ornements liturgiques, aubes, linge d'autel, PAO et gestion de fichiers, images, cartes de vœux, scapulaires et chapelets, location d'aubes pour les professions de foi • parking.

OFFICES

La chapelle est ouverte à tous :
• 6 h 45 : oraison • 8 h : laudes • 12 h 15 : sexte • 16 h 30 : vêpres (DF 17 h 45) • 18 h 15 : eucharistie (samedi et DF 9 h).

ACCÈS

• D 933 (Mont-de-Marsan/Orthez).
• SNCF à Saint-Sever (lignes Mont-de-Marsan/Dax et Mont-de-Marsan/Hagetmau).

♦ **ESSONNE**

91910
Saint-Sulpice-
de-Favières

SAINT-SULPICE-DE-FAVIÈRES
MAISON SAINT-DOMINIQUE
DOMINICAINES DE BÉTHANIE

♦ Téléphone : 01.64.58.42.08
♦ Fax : 01.69.94.03.32

À 40 km au sud de Paris, dans le site protégé de la vallée de la Renarde, se trouve le village de Saint-Sulpice-de-Favières, regroupé autour de sa belle vieille église du XIIIᵉ siècle. À l'entrée de la localité nichée dans une campagne verdoyante, la maison Saint-Dominique accueille les personnes qui recherchent un lieu de silence et de paix en vue d'une réfection intérieure.

HISTOIRE ET SPIRITUALITÉ

La maison Saint-Dominique abrite la communauté des Dominicaines de Béthanie, une congrégation fondée en 1866 par un jeune dominicain, le père Lataste : ému du sort de femmes détenues en prison, auxquelles il prêche une retraite, il sait leur montrer son estime et sa sollicitude, et leur rendre ainsi leur dignité. Il leur dit : « Dieu ne nous demande pas ce que nous avons été, il n'est touché que de ce que nous sommes. » À partir de l'espérance qu'il suscite ainsi, plusieurs d'entre elles souhaitent se consacrer à Dieu. C'est ainsi que naît cette nouvelle famille religieuse, branche de l'Ordre de saint Dominique : son originalité tient à ce qu'elle accueille indistinctement, sans discrimination aucune, des personnes au passé trouble. Catégories et préjugés sont dépassés, dans une vie commune de type contemplatif, où l'amour fraternel, la discrétion et le respect sur la vie passée et présente – selon l'esprit du père Lataste – sont facteurs de liberté et de paix pour tous.

Les maisons de la congrégation sont largement ouvertes à quiconque souhaite partager, à l'occasion d'un temps fort de silence et de recueillement, la vie de prière des sœurs, dans l'esprit d'espérance et de respect des personnes, de discrétion et de communion dans la miséricorde qui marque l'atmosphère de Béthanie.

La maison Saint-Dominique offre un accueil simple et familial, confortable, où les services font appel à l'entraide fraternelle. La chapelle et un oratoire sont ouverts à ceux qui le désirent, pour la prière individuelle, les offices liturgiques avec la communauté (plusieurs fois par jour, horaires sur place), l'adoration du Saint-Sacrement. Un grand jardin est à la disposition des hôtes, dans le respect des personnes et de la nature. La durée des séjours est limitée, pour permettre l'accueil d'un plus grand nombre de personnes.

ACCUEIL
Écrire à la sœur hôtelière :
• 20 chambres individuelles, 5 chambres doubles, sanitaires à l'étage • pension complète obligatoire • bibliothèque • possibilité d'accompagnement et d'échanges spirituels • parking.

OFFICES
Pour les horaires, se renseigner sur place.

ACCÈS
• A 6 en direction d'Orléans-Chartres, puis Étampes. RN 20, sortie à 9 km après Arpajon, direction Mauchamp/Saint-Sulpice-de-Favières.
• RER ligne C, direction Dourdan (monter en tête du train) : arrêt à Breuillet-Village (4 km), puis taxi (téléphone 01.45.59.86.68, ou 01.43.35.94.82, ou 01.44.22.41.68).

♦ **MARNE**

**51220
Saint-Thierry**

SAINT-THIERRY
MONASTÈRE DES BÉNÉDICTINES

♦ Téléphone : 03.26.03.10.72
♦ Fax : 03.26.03.15.49

À quelques kilomètres au nord de Reims, dans la plaine champenoise qui déploie d'imperceptibles vallonnements entre la Vesle bordée de marécages et le cours nonchalant de l'Aisne, l'abbaye de Saint-Thierry est une des plus anciens monastères de France ; fondé au Ve siècle par saint Thierry, disciple de saint Remi, il a connu durant des siècles une remarquable ferveur qui atteignit son apogée sous l'abbatiat de Guillaume de Saint-Thierry (1121-1135), grand spirituel ami de saint Bernard, illustre par le rayonnement de sa sainteté autant que par ses écrits. Ravagé par les guerres de Religion, le monastère a subi ensuite le régime de la commende, et la régularité s'est à ce point affaiblie, que la communauté fut supprimée en 1777. Dans les bâtiments restés en partie intacts – l'ancienne salle capitulaire du XIIe siècle a été transformée en chapelle –, les moniales bénédictines de Vanves ont restauré la vie monastique en 1968. Conformément aux intentions de leur fondatrice, les moniales privilégient l'accueil spirituel, reprenant en cela l'antique tradition d'hospitalité propre à l'Ordre de saint Benoît. Elles peuvent recevoir des hôtes qui souhaitent connaître un temps fort de silence et de réflexion, et partager la prière de la communauté ; la campagne aux environs se prête à de paisibles promenades en solitude, et l'église romane du village (XI-XIIe s.) mérite une visite.

ACCUEIL

Écrire à la sœur hôtelière :
• quelques chambres individuelles simples, mais confortables, sanitaires à l'étage • repas en silence • possibilité d'accompagnement et d'échanges spirituels • possibilité de bénéficier des travaux des moniales (imprimerie, restauration de tapis, batiks) – magasin proposant les produits de l'artisanat monastique, carterie, livres, cassettes.

OFFICES

En français, avec quelques pièces de grégorien :
• 5 h 30 : matines • 7 h 30 : laudes (DF 8 h) • 12 h : messe (DF 10 h 30) • 14 h 45 : none (DF 13 h 30) • 17 h 30 : vêpres (DF 17 h) • 20 h 30 : complies (DF 21 h) • le samedi, vigiles à 20 h 15.

ACCÈS

• A 4 (Paris/Reims), puis A 26 (Reims/Calais), sortie à Reims-Nord.
• N 44 (Reims/Cambrai), puis D 26.
• SNCF à Reims, puis taxi, ou car Reims/Saint-Thierry.

♦ **SEINE-MARITIME**

SAINT-WANDRILLE-RANÇON
ABBAYE SAINT-WANDRILLE DE FONTENELLE

76490
Saint-Wandrille-Rançon

♦ Téléphone : 02.35.96.23.11
♦ Fax : 02.35.56.63.41

Sise dans les vallonnements du pays de Caux, qui bordent les majestueux méandres de la Seine avant son embouchure, l'abbaye Saint-Wandrille doit son nom à un ministre du roi Dagobert, qui l'a fondée en 649. Après une ère de prospérité et de grand rayonnement spirituel, la communauté doit émigrer pendant plusieurs décennies vers le nord, à cause des invasions des Vikings au IXᵉ siècle. Elle regagne son site primitif en 960, et connaît encore de belles heures – son abbé fonde l'abbaye du Mont-Saint-Michel – avant de subir le sort commun : lent déclin, dû en grande partie aux ravages de la guerre de Cent Ans, puis au régime de la commende. La Révolution disperse les moines. La vie régulière reprend en 1894, grâce à des bénédictins venus de Ligugé et de Solesmes. Chassée en 1901, la communauté est revenue en 1931 dans ses bâtiments, remodelés au XVIIIᵉ siècle.

À l'écart du village, qui a gardé deux belles maisons à colombages, l'abbaye conserve les vestiges de son passé : les ruines de l'ancienne abbatiale (XIVᵉ-XVᵉ s.), le cloître (XIVᵉ-XVIᵉ s.) que l'on visite avec un guide, les bâtiments conventuels aux lignes élégantes (XVIIᵉ-XVIIIᵉ s.). L'église actuelle est une grange du XIIIᵉ siècle, rebâtie sur le site, dont on admirera l'impressionnante charpente de bois ; sur une colline proche, la chapelle Saint-Saturnin (Xᵉ s.) se niche dans un bosquet paisible.

À VOIR

Conformément à la tradition de l'hospitalité bénédictine, les moines accueillent les personnes souhaitant partager avec eux le silence dans lequel se déroule leur vie de prière et de travail. Les hommes sont logés dans l'hôtellerie (en clôture), les femmes et les couples à l'hôtellerie Saint-Joseph, proche de l'abbaye, où règne également le silence monastique.

ACCUEIL

S'adresser par écrit au père hôtelier :
• 18 chambres individuelles à l'hôtellerie en clôture, sanitaires à l'étage • 20 chambres à l'hôtellerie Saint-Joseph, sanitaires à l'étage
• bibliothèque • possibilité d'accompagnement ou d'échanges

spirituels • parking • les moines effectuent à la demande des travaux de microcopie. Leur magasin propose CD et cassettes des chants grégoriens de l'abbaye, livres religieux, et divers produits de l'artisanat monastique.

OFFICES

Chantés en grégorien :
• 5 h 20 : matines • 7 h : laudes (DF 7 h 30) • 9 h 25 : messe (DF 10 h) • 17 h 30 : vêpres (DF 17 h ; jeudi 18 h 45) • 20 h 30 : complies.

ACCÈS

• A 13 (autoroute de Normandie Paris/Caen), sortie à Honguemare, puis D 313 direction Yvetot.
• D 982 (Rouen/Lillebonne) ; ou D 913 (Yvetot/Bourg-Achard).
• SNCF à Yvetot (ligne Paris Saint-Lazare/Le Havre), puis taxi (12 km).

♦ CORSE-DU-SUD

SARI SOLENZARA
MONASTÈRE DE L'ASSUNTA GLORIOSA

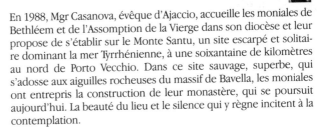

20 145 Sari Solenzara

♦ Téléphone : 04.95.57.43.41

En 1988, Mgr Casanova, évêque d'Ajaccio, accueille les moniales de Bethléem et de l'Assomption de la Vierge dans son diocèse et leur propose de s'établir sur le Monte Santu, un site escarpé et solitaire dominant la mer Tyrrhénienne, à une soixantaine de kilomètres au nord de Porto Vecchio. Dans ce site sauvage, superbe, qui s'adosse aux aiguilles rocheuses du massif de Bavella, les moniales ont entrepris la construction de leur monastère, qui se poursuit aujourd'hui. La beauté du lieu et le silence qui y règne incitent à la contemplation.

SPIRITUALITÉ

Voir Boquen *p. 43.*

ÉCOUTE DE DIEU ET DES HOMMES

À l'écoute de la tradition d'hospitalité biblique, le monastère comporte deux espaces distincts :
– Dans la *maison haute*, loin de tout regard, les moniales demeurent cachées avec le Christ en Dieu, « montant une garde sainte dans l'attente de la venue de l'Époux ».
– À quelque distance, en dehors de la clôture, la *maison d'hospitalité* offre un accueil évangélique et silencieux à ceux qui frappent à la porte. En cette *maison basse*, des ermitages de solitude sont prévus pour ceux qui souhaitent partager, pendant quelques jours, la vie de silence et de solitude des moniales. L'artisanat, vendu à la porterie du monastère, permet aux moniales de gagner leur pain. Par l'art sacré, elles essaient de transmettre à leurs frères un reflet de la beauté de Dieu.

ACCUEIL

Écrire au moins un mois à l'avance :
• logement en silence et solitude dans un ermitage • repas en solitude dans l'ermitage • possibilité d'effectuer un travail manuel pour aider à la construction du monastère • vente d'images, icônes, médailles, statuettes, crèches, vaisselle en grès.

OFFICES

En français (dans la chapelle du monastère) : matines et eucharistie le matin, vêpres le soir, sauf le lundi, jour de désert.

ACCÈS

• N 198 (Bastia/Bonifacio) ; à Solenzara, D 68 jusqu'à Sari Solenzara.

♦ **PYRÉNÉES-ATLANTIQUES**

64490 Sarrance

SARRANCE
SANCTUAIRE NOTRE-DAME DE SARRANCE

♦ Téléphone : 05.59.34.54.78 (presbytère)

Sarrance est un village de la vallée d'Aspe, région pastorale d'une rude beauté, où le gave d'Aspe roule ses eaux parfois tumultueuses entre des massifs montagneux dont les sommets enneigés culminent à plus de 2000 m : le pic d'Anie (2500 m), à une vingtaine de kilomètres au sud-ouest, domine un majestueux paysage de crêtes aux contreforts couverts de forêts, le parc national des Pyrénées est tout proche.

HISTOIRE

La tradition rapporte ainsi les origines du pèlerinage : un pâtre remarque un jour – c'était au XIIᵉ ou au XIIIᵉ siècle – qu'un de ses taureaux prend l'habitude d'aller paître à l'écart du troupeau ; il le suit et le voit agenouillé au bord du gave ; il alerte un pêcheur qui se trouve dans les parages et, s'étant approchés, les deux hommes découvrent l'animal prosterné devant une petite statue de la Vierge, à moitié immergée. Ils font part du prodige aux gens des environs, qui aussitôt organisent les premières processions ; puis on édifie une chapelle pour abriter la statue miraculeuse. En 1343, Gaston de Foix institue par testament une messe perpétuelle à Notre-Dame de Sarrance ; plus tard, Louis XI visite le sanctuaire, et Marguerite de Navarre, sœur

de François Ier, effectue un séjour dans le monastère qui s'y est ajouté. En 1569, les troupes de réformés de Jeanne d'Albret pillent et incendient les bâtiments. Le sanctuaire et le monastère sont restaurés en 1606, tels qu'on les voit aujourd'hui encore, avec le cloître à deux étages et l'église classique qui abrite toujours l'antique statue de pierre de la Vierge Marie. Une hôtellerie accueille les pèlerins et les personnes qui désirent effectuer un séjour dans le calme de ce site pittoresque. En dehors des grands jours de pèlerinages (fêtes de la Vierge, premier dimanche de septembre) et des périodes de vacances scolaires, on peut y trouver de bonnes conditions de silence ; la région offre la possibilité de magnifiques randonnées dans la vallée d'Aspe.

ACCUEIL   S'adresser par écrit à M. le curé au presbytère :
• nombreuses chambres individuelles confortables • accueil des personnes handicapées • possibilité d'accompagnement et d'échanges spirituels • parking • le sanctuaire et le cloître sont classés par les Beaux-Arts et abritent un musée d'art sacré.

OFFICES   Les horaires de la messe étant variables, se renseigner sur place.

ACCÈS   • N 134 (d'Oloron-Sainte-Marie à l'Espagne, par le col du Somport).
• SNCF à Oloron-Sainte-Marie (ligne Pau/Oloron), puis taxi (20 km).

♦ **PYRÉNÉES-**   **SAULT-DE-NAVAILLES**
ATLANTIQUES   **MONASTÈRE DE LA VISITATION**

Route   ♦ Téléphone : 05.59.67.52.31
de Bassercles
64300 Sault-   Le monastère de la Visitation est fondé en 1621 à Valence (Drôme),
de-Navailles   par sainte Jeanne de Chantal qui vient d'achever, avec saint François de Sales, la rédaction des Constitutions de sa jeune famille religieuse ; celle-ci compte alors dix maisons. Dispersées par la Révolution, les moniales se regroupent en 1815, puis vont s'établir en 1920 à Orthez. Enfin, en 1986 elles quittent la ville pour Sault-de-Navailles, à 10 km au nord, en pleine campagne béarnaise. Le village, qui s'étend entre des vallons plantés de vergers, de vignes et de champs de maïs, est dominé par les ruines d'un château. Les visitandines y ont trouvé le cadre propice à leur vie contemplative ; elles y reçoivent, pour un séjour n'excédant pas une semaine, les dames et jeunes filles en quête d'un temps de réflexion dans le silence et le recueillement.

ACCUEIL   Écrire au monastère :
• 8 chambres individuelles hors clôture • possibilité d'accompagnement et d'échanges spirituels • parking.

OFFICES

En français ; possibilité pour les retraitantes de suivre tous les offices avec les sœurs :
• 8 h 30 : office du matin • 13 h 30 : office du milieu du jour • 18 h 30 : vêpres • on remarquera, dans la chapelle, un beau Christ et des statues du XVIᵉ siècle.

ACCÈS

• D 933 (Orthez/Mont-de-Marsan).
• SNCF à Orthez (lignes Bayonne/Pau ou Dax/Pau), puis taxi (10 km).

♦ SAÔNE-ET-LOIRE

71460 Savigny-sur-Grosne

SAVIGNY-SUR-GROSNE
PRIEURÉ DES BÉNÉDICTINES DE LA COMPASSION

♦ Téléphone : 03.85.92.56.28

Savigny-sur-Grosne est l'un des multiples villages pittoresques qui se perchent à flanc de coteau dans la campagne vallonnée s'étendant entre la Saône et la Grosne ; les paysages y sont verdoyants autant qu'accidentés – on visite les grottes d'Azé, celles de Blanot –, çà et là un clocher roman ou le toit d'un château retient le regard, certains méritent un détour : la luxueuse demeure Renaissance de Cormatin (1600), à la magnifique décoration intérieure, et le château de Sercy, plus ancien ; les églises de Malay, de Chapaize avec ses absidioles du XIIᵉ siècle, et surtout de Brancion, austère sanctuaire roman aux émouvantes peintures murales. À Savigny, la petite communauté des bénédictines de la Compassion mène une vie contemplative qu'abritent les murs d'une modeste maison rurale, sise dans un cadre d'une âpre beauté, aux confins de l'agglomération. Les moniales peuvent recevoir des personnes motivées par une quête de silence, de solitude et de prière.

ACCUEIL

Écrire à la sœur hôtelière :
• 2 chambres indépendantes, isolées du prieuré, très simples mais confortables • repas en solitude, préparés par la communauté,

possibilité de les préparer soi-même • possibilité d'échanges spirituels.

OFFICES

Ouverts à tous :
• 8 h 30 : laudes, suivies de la messe • 11 h 45 : sexte • 14 h : none
• 17 h : vêpres.

ACCÈS

• N 80 (Le Creusot/Chalon-sur-Saône), puis D 28 ou D 981 vers Saint-Gengoux-le-National ; ou par la D 980 (Montceau-les-Mines/Cluny), puis D 983 à la Croisée de Gray jusqu'à Joncy, et la D 60 vers Saint-Gengoux-le-National ; de là, D 84.
• SNCF au Creusot (TGV Paris/Le Creusot), puis taxi collectif (« la diligence ») ou autocar.

♦ **ORNE**

**60, rue d'Argentré
B.P. 37
61500 Sées**

SÉES
CENTRE SPIRITUEL DE LA MISÉRICORDE

♦ Téléphone : 02.33.28.79.56
♦ Fax : 02.33.28.79.60

Aux sources de l'Orne, en Basse-Normandie, la petite ville rurale de Sées s'enorgueillit à juste titre d'une splendide cathédrale du XIIIᵉ siècle, joyau de l'art gothique normand, dont le chœur est un pur chef-d'œuvre. La forêt d'Écouves, toute proche, déploie vers le sud-ouest de profondes futaies aux essences variées (chênes, hêtres, sapins, épicéas), encore peuplées de chevreuils, de cerfs et de biches ; le terrain accidenté offre au promeneur de belles échappées, à la faveur d'étoiles de chasse marquées de vieilles bornes de pierre évoquant les équipages de vénerie d'autrefois ; plus loin vers l'ouest, le massif forestier des Andaines s'étend vers la station thermale de Bagnoles-de-l'Orne. Au départ de Sées, la route des Haras et des Châteaux déroule jusqu'à la Suisse normande et au Bocage, des parcours jalonnés d'élégants châteaux, de localités riantes aux églises vénérables.

**HISTOIRE ET
SPIRITUALITÉ**

C'est dans ce contexte rural qu'en 1823 le père Jean-Marie Bazin, prêtre du diocèse de Sées, établit la congrégation religieuse des sœurs de la Miséricorde, « appelées à vivre la miséricorde en communauté fraternelle, qui ont pour mission de participer au ministère de miséricorde de l'Église par le service des pauvres atteints dans leur santé. Dans la contemplation du Christ en sa Passion, avec Marie debout au pied de la Croix, les sœurs apprennent à compatir aux souffrances de Jésus et à celles des hommes, qu'Il sauve. La prière donne sens et vigueur à leur mission, et féconde leur activité apostolique. Dans la solitude et le silence, l'Esprit creuse dans les cœurs la soif de Dieu et les ouvre à une communion plus grande avec leurs frères : *Ma maison s'appellera : maison de prière pour tous les peuples* (Isaïe 56, 7) ».

Aujourd'hui, les sœurs souhaitent partager le patrimoine spirituel que leur a légué leur fondateur : elles ont ouvert en 1996 un centre spirituel dans une aile de leur maison mère : à l'écart du bruit de la ville, le vaste bâtiment bénéficie d'un site privilégié où les espaces verdoyants et calmes sont propices au recueillement. Les sœurs y accueillent des groupes pour des retraites, des week-ends spirituels ; mais aussi des personnes en quête de ressourcement, qui trouveront sur place la possibilité d'un temps de reprise dans le silence et la solitude ; la communauté accompagne volontiers ces personnes dans leur démarche, et leur propose de participer à sa prière.

ACCUEIL

Pour tous renseignements, s'adresser au centre spirituel Miséricorde :
• chambres individuelles simples, mais confortables • parking • accueil des personnes handicapées.

OFFICES

• 7 h 30 : laudes • 9 h : eucharistie (DF 9 h 30) • 18 h 30 : vêpres (DF 18 h, avec adoration du Saint-Sacrement).

ACCÈS

• N 138 (Alençon/Bernay), et N 12 (Versailles/Alençon), puis D 8 à partir de Mortagne.
• SNCF à Sées (lignes Paris-Montparnasse / Granville, et Caen/Tours).

♦ **YONNE**

105, rue Victor-Guichard
89100 Sens

SENS
DOMINICAINES DE L'EUCHARISTIE
MONASTÈRE DE LA NATIVITÉ

♦ Téléphone : 03.89.65.13.41

Le monastère de la Nativité s'élève, par une coïncidence fortuite, tout près de l'endroit où se trouvait au XIIIe siècle le premier couvent des Frères prêcheurs à Sens : les sœurs renouent ainsi, à sept siècles de distance avec une tradition de présence dominicaine dans ce lieu. En effet, c'est en 1926 qu'elles s'établissent dans le monastère qui vient d'être construit dans l'ancien quartier Saint-Antoine, sur un terrain à la limite de la campagne. De fondation récente (1920), l'institut des Dominicaines de l'Eucharistie a vécu jusque-là au cœur de la cité, à l'ombre la cathédrale Saint-Étienne.

Première en date des cathédrales gothiques, l'antique primatiale de Gaule et de Germanie est le témoin d'un passé glorieux : à peine achevée, sa nef – où se décèlent d'ultimes influences romanes – a abrité le concile de Sens (1164), puis a vu le mariage de saint Louis avec Marguerite de Provence ; elle a été ouverte aux XV-XVIᵉ siècles sur des transepts flamboyants qui confèrent à l'édifice une élégance et une légèreté soulignées par leurs grandes roses et les verrières du déambulatoire ; la tour méridionale a été coiffée d'un campanile Renaissance. À côté de la cathédrale, le palais synodal couvert de tuiles vernissées et les bâtiments de l'ancien archevêché ajoutent à la beauté du lieu.

ARCHITECTURE   Loin des maisons et des églises anciennes du centre – l'église Saint-Savinien date en partie du XIᵉ siècle – , les sœurs occupent une maison entourée d'un grand parc paisible. De 1930 à 1933, l'architecte Henri Vidal construit le couvent, à partir du plan proposé par le fondateur de l'institut, le père Brisset : des bâtiments ordonnés autour de l'église, qui est au centre de la construction, comme l'eucharistie doit être au centre de la vie des religieuses et des fidèles. S'inspirant de l'art roman, l'architecte a réalisé un ensemble aux lignes sobres et puissantes que mettent en valeur l'emploi de la pierre dorée, sans appareillage à l'extérieur, et, dans l'église, les vitraux non figuratifs embrasant de lumière les murs blancs et nus qui fusent vers la voûte. Sous l'autel, la crypte abrite une Vierge à l'Enfant du XVᵉ siècle, invoquée sous le nom de Notre-Dame de Toute Grâce.

SPIRITUALITÉ   Les Dominicaines de l'Eucharistie – institut de vie contemplative – ont été fondées dans la perspective d'un nécessaire *aggiornamento* de la vie religieuse, pour tenir compte de l'évolution de la société et de nouveaux besoins intellectuels chez les femmes, appelées à jouer un rôle croissant dans la société : si le but de la vie contemplative reste toujours le même – la recherche de l'union avec Dieu par la contemplation –, une adaptation de la vie religieuse est nécessaire. Ces intuitions, très novatrices à l'époque, donnent à l'institut son caractère spécifique.

Les Dominicaines de l'Eucharistie mènent, dans le rayonnement de l'Hostie, une vie contemplative et directement apostolique. Fidèles à l'esprit de saint Dominique, elles poursuivent tout au long de leur existence une inlassable quête de Dieu, par l'oraison et par l'étude. La vie de prière, favorisée par le silence et la solitude, est préparée et nourrie par l'étude, qui tient une grande place dans la formation des religieuses et se poursuit en permanence : spiritualité, théologie, patristique, histoire de l'Église. Elle s'exprime dans la liturgie des Heures, louange divine culminant dans la célébration de l'eucharistie, et se manifeste de façon plus particulière, souvent aussi plus intime, dans l'oraison et dans l'adoration du Saint-Sacrement. Les religieuses servent également Dieu par leur travail intellectuel, mais aussi manuel, et exercent leur apostolat dans l'accueil : limité initialement aux retraites individuelles, il s'est diversifié en fonction des besoins du monde d'aujourd'hui, aussi le monastère abrite-t-il aussi des sessions, des séminaires, des

réunions d'études ou de prière, et reçoit des groupes, qui trouvent dans cet espace le silence propre à la réflexion et au recueillement. En vraies filles de saint Dominique, les religieuses nourrissent une profonde dévotion envers la Vierge, modèle parfait de l'adoration silencieuse et de la contemplation aimante qui transfigure tous les actes du quotidien.

ACCUEIL

Écrire à la sœur hôtelière :
• 36 chambres individuelles (ou à deux, à volonté), bien exposées
• eau chaude et froide dans les chambres, sanitaires à l'étage
• nourriture très soignée • bibliothèque • possibilité d'accompagnement et d'échanges spirituels • parking • grand parc, calme et ombragé, à proximité de la cathédrale (800 m) • parking • fabrication artisanale de truffes et de spécialités de chocolats parfumés (vente sur place et par correspondance).

OFFICES

En français, messe en grégorien les jours de fête :
• pour les horaires, se renseigner sur place.

ACCÈS

• A 6 (autoroute du Soleil, Paris/Lyon), sortie à Sens Sud.
• N 6 (Paris/Lyon), N 60 (Troyes/Orléans).
• SNCF à Sens (départ de Paris Gare de Lyon), puis taxi (2 km).

♦ **HAUT-RHIN**

SIGOLSHEIM
MONASTÈRE DES CLARISSES

5, rue Oberhof
68240
Sigolsheim

♦ Téléphone : 03.89.78.23.24

En 1951, une communauté de clarisses capucines se fixe à Sigolsheim, village paisible de la Route des Vins, à 10 km au nord de Colmar ; elles viennent de Marseille où leur couvent, fondé en 1626, a dû fermer ses portes ; c'était le troisième établissement des capucines en France, branche de l'Ordre de sainte Claire réformée selon l'esprit du concile de Trente : retour à la règle primitive, insistance sur la contemplation, le travail manuel et la pauvreté. Aujourd'hui fédérées à d'autres monastères de clarisses, elles continuent de mener cette vie à la fois austère et joyeuse, dans leur monastère situé non loin de l'église du XIIe siècle, qu'ont épargnée les bombardements de la dernière guerre.

Au pied de son château fortifié, la localité voisine de Kaysersberg est beaucoup plus touristique, avec son pont fortifié sur la Weiss, ses maisons patriciennes et son hôtel de ville de la Renaissance, son église médiévale qui abrite un fort beau retable de bois doré ; c'est la patrie d'Albert Schweitzer, dont on visite la maison natale.

Les clarisses de Sigolsheim peuvent recevoir, pour une semaine environ, des prêtres, des religieuses, mais aussi des dames ou des jeunes filles en quête d'un temps fort de ressourcement, que favorise le climat de silence et de recueillement du monastère ; la participation aux offices liturgiques est souhaitée.

ACCUEIL

Très limité, il n'y a que 3 chambres. Écrire :
• chambres individuelles, simples mais confortables • possibilité d'accompagnement et d'échanges spirituels.

OFFICES

Chantés tous les jours, en français :
• 7 h : office du matin • 17 h 15 : office du soir, suivi de l'eucharistie en semaine • 9 h 30 : eucharistie (DF).

ACCÈS

• N 415 (Colmar/Saint-Dié), puis D 28 à Kientzheim (en venant de Saint-Dié), ou D 11 à Ammerschwihr (en venant de Colmar).
• SNCF à Colmar (10 km), puis taxi ou car Salta.

♦ **BOUCHES-DU-RHÔNE**

SIMIANE-COLLONGUE
COMMUNAUTÉS BÉNÉDICTINES DE SAINTE-LIOBA

Saint-Germain
13109 Simiane-Collongue

♦ Téléphone : 04.42.22.60.60
♦ Fax : 04.42.22.79.50

Les communautés bénédictines de Sainte-Lioba ont une histoire aussi originale que récente. Leur fondatrice, Hildegard Michaelis, est issue d'une famille luthérienne d'Erfurt (Allemagne) ; à 15 ans, elle quitte cette église et, tout en étudiant aux Beaux-Arts de Hambourg, elle cherche Dieu. Elle participe à des expositions en Allemagne, en Hollande. Après un temps d'épreuves, elle se convertit à 27 ans à la foi catholique et s'installe en Hollande pour exécuter de grandes commandes de tapisseries pour une église d'Amsterdam. Désirant se vouer à la vie monastique, elle frappe à la porte d'une abbaye dans le sud de la Hollande, mais elle est refusée pour manque de dot.

HISTOIRE ET SPIRITUALITÉ

Elle fonde alors un monastère avec une seule exigence pour celle qui vient : « Es-tu prête à tout donner à Dieu joyeusement, à accueillir dans la fidélité ce qu'Il va te demander ? » La nouvelle famille monastique est mise sous la protection de sainte Lioba, une sainte celte du VIIIe siècle, nièce de saint Boniface, dont le nom signifie *Amour, Bonté*. La communauté initiale connaît une rapide expansion, si bien qu'elle est reconnue comme congrégation autonome en 1952.

La fondatrice a voulu que, dans la plus grande fidélité au charisme et à la Règle de saint Benoît, les sœurs et les frères participent tout à la fois à l'office choral, à la *lectio divina* et à l'étude, et en même temps aux tâches domestiques et aux travaux manuels, ce qui constitue l'originalité de cette famille bénédictine ; de plus, elle a souhaité ouvrir aux plus pauvres et aux santés fragiles l'accès à une vie contemplative où tous se retrouvent sans distinction dans la communion de la charité, de la prière et du travail.

SITE

En 1966, un petit groupe de sœurs bénédictines de Sainte-Lioba, venues des Pays-Bas, s'établit dans un ancien prieuré dédié à saint Germain, que les moines de l'abbaye de Saint-Victor de Marseille ont fondé au Xe siècle à l'écart de la ville, dans l'arrière-pays provençal. Les sœurs restaurent et agrandissent la chapelle, puis édifient leur cloître sur le versant inculte de la colline proche. À la même époque, la fondatrice accueille les premiers frères, qui implantent leur monastère non loin de la chapelle.

Le monastère Sainte-Lioba – communauté des sœurs – est conçu comme un hameau provençal, où les maisons, juxtaposées, emboîtées les unes dans les autres, sont reliées entre elles par un cloître de verdure : l'une abrite l'oratoire, l'autre le réfectoire, d'autres les cellules et les ateliers (tissage, poterie, etc.). Le monastère Saint-Germain – communauté des frères –, de dimensions modestes, regroupe autour d'un cloître, l'oratoire, le scriptorium et le réfectoire, les cellules des moines et une petite hôtellerie. L'ensemble des bâtiments, aux murs de pierre blonde coiffés de tuiles, s'intègre à merveille dans le paysage de garrigue de l'arrière-pays provençal, propice à de belles promenades dans les collines odorantes ; le village est à 3 km, ce qui préserve le calme et la solitude du site.

Sœurs et frères mettent tout en commun pour que la semence jetée en terre par la fondatrice porte des fruits : vie liturgique, qui est vocation d'adoration, de louange, avec en son centre la célébration de l'eucharistie ; place importante donnée à la *lectio divina* et à l'étude de la Parole ; travail, né de la prière, expression de la foi, qui veut contribuer à l'art chrétien, aider ceux qui le regardent à trouver Dieu.

Conformément à la tradition bénédictine d'hospitalité, les communautés mettent à la disposition de ceux et celles qui veulent partager leur prière et leur silence une maison d'accueil, espace de gratuité et de joie, halte de paix et de ressourcement. Le monastère ne se visite pas, mais une présentation audiovisuelle de la vie monastique est proposée à ceux qui le désirent. La chapelle de la communauté est ouverte à tous au moment de la prière des offices.

ACCUEIL S'adresser à la sœur hôtelière, par lettre, téléphone (entre 10 h 30 et 17 h) ou fax :
• la durée de l'accueil est de 1 à 10 jours • chambres individuelles avec lavabo, sanitaires à l'étage • possibilité d'accompagnement et d'échanges spirituels • parking.

OFFICES • 5 h 15 : angélus - oraison • 6 h : vigiles (DF 5 h 50) • 8 h 45 : laudes suivies de l'eucharistie (DF 11 h 15) • 12 h 45 : sexte

- 15 h : none • 18 h 15 : vêpres précédées d'un temps d'oraison
- 20 h : complies.

ACCÈS

- A 13 (Marseille / Aix-en-Provence), sortie Bouc-Bel-Air ou Gardanne, puis direction Simiane-Collongue.
- SNCF : ligne Marseille / Aix-en-Provence, arrêt à Simiane (on vient vous chercher).

♦ **SARTHE**

72300 Solesmes

SOLESMES
ABBAYE SAINTE-CÉCILE

♦ Téléphone : 02.43.95.45.02

L'abbaye Sainte-Cécile de Solesmes, avec son église néo-gothique, s'élève sur un coteau des bords de la Sarthe, non loin de l'abbaye Saint-Pierre. Elle a été fondée en 1866 par Dom Guéranger (1805-1875), restaurateur de la vie bénédictine en France, qui mit à la tête de la communauté naissante une jeune fille dirigée par lui dès son enfance, mère Cécile Bruyère (1845-1909). La fondation bénéficia de toute l'expérience monastique et spirituelle de Dom Guéranger, dont mère Cécile sut hériter pour diriger ensuite sa communauté. Elle condensa l'enseignement qu'elle dispensait largement à ses moniales dans un livre qui reste une source d'inspiration tant chez les laïcs que dans les milieux monastiques, *La Vie spirituelle et l'oraison d'après la Sainte Écriture et la tradition monastique*.

SPIRITUALITÉ

La vie bénédictine, telle qu'elle est vécue à Solesmes, est une vie totalement contemplative. L'œuvre essentielle des moniales est la célébration à la fois solennelle et simple de la liturgie, favorisée par la pureté des mélodies grégoriennes auxquelles est liée la langue latine. Elles mettent tout en œuvre pour que leurs offices liturgiques, dont l'eucharistie est le centre et le sommet, s'épanouissent dans la beauté. La solitude étant le climat normal de la vie monastique, les moniales jouissent d'une clôture stricte qui est pour elles le moyen de tendre à la contemplation de Dieu et de ses mystères, dans le silence et le recueillement. Les moniales se livrent également à la lecture de l'Écriture Sainte, à l'étude et au travail manuel dans les services du monastère.

Elles possèdent néanmoins une hôtellerie située aux abords du monastère, où sont accueillies des personnes désireuses de se retirer quelques jours dans ce climat de silence et de paix, d'assister aux offices à l'abbaye Saint-Pierre ou à l'abbaye Sainte-Cécile, et éventuellement de rencontrer un moine ou une moniale au parloir. L'abbaye et l'hôtellerie sont situées dans un cadre qui favorise le recueillement et permet d'agréables promenades dans un site verdoyant et calme. L'hôtellerie est ouverte depuis le dimanche des Rameaux jusqu'à la fin du mois de septembre, ainsi qu'au moment des fêtes de la Toussaint et de Noël. La participation est laissée à la discrétion de chacun.

ACCUEIL

S'adresser par écrit à :
Villa Sainte-Anne, 21, rue Jules-Alain, 72300 Solesmes.
• 4 chambres individuelles et 5 chambres doubles avec lavabo, sanitaires à l'étage • bibliothèque • possibilité d'accompagnement et d'échanges spirituels • parking • à la porterie de l'abbaye, vente d'icônes et de divers objets fabriqués par les moniales, qui exécutent aussi – sur demande – des vêtements liturgiques.

OFFICES

Chantés en latin et en grégorien :
• 6 h 30 : laudes (DF 6 h 15) • 7 h 30 : prime • 9 h 30 : tierce et messe (DF 9 h 45) • 12 h 30 : sexte • 14 h 30 : none • 16 h 30 : vêpres • 20 h : complies.

ACCÈS

• A 11 (autoroute « Océane »), sortie Sablé-sur-Sarthe.
• SNCF à Sablé (ligne Paris Montparnasse/Nantes), puis taxi (3 km).

♦ **ORNE**

61380 Soligny-la-Trappe

SOLIGNY-LA-TRAPPE
ABBAYE DE LA TRAPPE (GRANDE-TRAPPE)

♦ Téléphone : 02.33.84.17.05 (hôtellerie)
♦ Fax : 02.33.84.98.57

Ce monastère cistercien fondé en 1140, tombé en décadence au xviie siècle – il n'abritait plus que six moines –, est appelé providentiellement à acquérir un rayonnement mondial. L'année même où Louis XIV inaugure dans le faste son règne personnel, Armand-Jean Le Boutheiller de Rancé, filleul de Richelieu et abbé commendataire de la Trappe, effectue une conversion retentissante : mondain, brillant orateur, il quitte le siècle, vend ses biens et résigne ses bénéfices ecclésiastiques, pour accomplir son noviciat, avant d'être nommé abbé régulier de la Trappe, où il rétablit l'observance régulière. Cette réforme rigoureuse séduit les âmes bien trempées et attire les vocations ; bien plus, elle est adoptée par d'autres monastères : Sept-Fons, Orval, Tamié. L'abbaye connaît une grande ferveur jusqu'à la Révolution, qui porte un coup fatal à son développement en interdisant toute nouvelle entrée. Pour sauver la communauté, le maître des novices, Augustin de Lestrange, s'exile avec vingt-quatre moines dans l'ancienne chartreuse de la Valsainte, en Suisse. C'est le début d'une longue errance à travers l'Europe, véritable « odyssée monastique » qui pousse les moines jusqu'en Russie, certains gagnent même les États-Unis. Enfin, à la chute de Napoléon (1815), Dom Augustin de Lestrange peut réintégrer avec une partie de ses moines le monastère de la Trappe, dont il est élu abbé. À la fin du XIXe siècle s'opère la réunion en un seul Ordre – les cisterciens de la stricte observance ou *trappistes* – de tous les monastères qui ont adopté la réforme de l'abbé de Rancé.

Dans les bâtiments reconstruits à cette époque, les moines mènent une vie régulière de prière et de travail intellectuel et manuel dans le silence le plus rigoureux. Les fidèles peuvent participer à leurs offices religieux, et ils accueillent quelques hommes (uniquement) pour des temps forts de retraite. L'isolement du site, dans la campagne du Perche dont les étangs soulignent la mélacolie, en fait un lieu propice à la méditation et au recueillement.

ACCUEIL

Dans l'hôtellerie, pour 8 jours maximum, s'adresser par écrit au père hôtelier :
• chambres individuelles, douche à l'étage • repas en silence à l'hôtellerie • bibliothèque • possibilité d'accompagnement et d'échanges spirituels • parking • présentation vidéo de la vie des moines, à la porterie • magasin où sont vendus les produits du travail des moines (pâtes de fruits, produits laitiers frais) et des articles provenant d'autres monastères • librairie religieuse.

OFFICES

En français principalement, quelques chants en grégorien :
• 7 h : messe (DF 10 h 30) • 18 h 15 : vêpres (DF 17 h).

ACCÈS

• N 12 (Paris/Alençon), puis à Sainte-Anne D 32 (direction Moulins-la-Marche), puis D 930. L'abbaye est à 4 km de Soligny.
• D 930 (L'Aigle/Mortagne), puis D 251 ; ou D 32 (Moulins-la-Marche/Tourouvres).
• SNCF à L'Aigle (ligne Paris/Alençon), puis taxi (18 km).

♦ **ALLIER**

**Place Aristide-Briand
03210 Souvigny**

SOUVIGNY
PRIEURÉ SAINT-PIERRE-ET-SAINT-PAUL

♦ Téléphone : 04.70.43.60.51
♦ Fax : 04.70.43.64.80

En 916, l'abbaye de Cluny établit un prieuré dans l'église que lui a léguée, avec quelques terres, le seigneur d'un petit fief destiné à devenir le duché de Bourbon ; le site, isolé dans la forêt qui

s'étend le long de la vallée de la Queune, convient à la vie de prière et de travail des moines ; ils en font un centre de vie spirituelle intense, qui rayonne dans toute la région. Le renom de Souvigny s'accroît encore lorsque deux illustres abbés de Cluny viennent y mourir, saint Mayeul en 994 et saint Odilon en 1049 : leurs restes, conservés dans des armoires à reliques, attirent de nombreux pèlerins. Parallèlement, les moines édifient une église, remarquable par son plan à doubles collatéraux et ses chapiteaux sculptés (XIIe s.). Bientôt, les ducs de Bourbon en font leur nécropole, ce qui ajoute au prestige du lieu : on y voit encore les tombeaux de Louis II et Charles Ier de Bourbon (XVe s.). La vie monastique se poursuit jusqu'à la Révolution, qui disperse la communauté ; entre-temps, les bâtiments conventuels ont été remaniés et agrandis entre le XVIe et le XVIIIe siècles.

En 1990, les frères de Saint-Jean y restaurent la vie religieuse interrompue durant deux siècles ; ils prennent en charge la paroisse, faisant du prieuré un lieu de prière et une étape spirituelle au cœur d'une région au riche passé religieux dont témoignent les édifices qui constellent les environs de Souvigny : la petite église romane d'Audry-Issards, de type bourguignon ; l'église romane de Buxières-les-Mines, au clocher orné d'une flèche effilée ; celle d'Ygrande, en revanche, a un clocher octogonal (XIVe s.). À Saint-Menoux, la très belle église romane se signale par ses chapiteaux et frises sculptés, et un narthex (XIe s.) d'une étonnante richesse lapidaire ; elle est le lieu d'une plaisante coutume : Menoux est un saint thaumaturge qui passe pour guérir les « bredins » (les simplets), qui pour cela doivent introduire leur tête dans un trou de son sarcophage.

À Souvigny, les frères de Saint-Jean acceptent de recevoir.

ACCUEIL

Écrire au prieuré :
• quelques chambres au confort simple, sanitaires à l'étage • possibilité d'accompagnement et d'échanges spirituels.

OFFICES

En français :
• 6 h 45 : laudes • 14 h 15 : office du milieu du jour • 18 h : vêpres
• pour les horaires des messes, se renseigner sur place.

ACCÈS

• D 953 (Moulins/Bourbon-l'Archambault).
• SNCF à Moulins, puis taxi (15 km).

**♦ SAÔNE-
ET-LOIRE**

**TAIZÉ
COMMUNAUTÉ DE TAIZÉ**

**71250 Taizé-
communauté**

♦ Téléphone 03.85.50.30.30
♦ Fax : 03.85.50.30.20

Taizé, lieu de silence ? Taizé qui, chaque année, accueille des dizaines de milliers de jeunes (et de moins jeunes) du monde entier pour des rencontres d'une semaine ou d'un week end ! Eh bien oui, et ce n'est pas une gageure ! La communauté accueille également dans une maison retirée ceux qui sont en quête de silence (la belle église romane du village est vouée au silence et au recueillement, et la campagne est propice aux promenades paisibles) ; pour cela, il suffit de s'adresser par écrit à l'accueil, qui indique les conditions de séjour.

HISTOIRE

En août 1940, Roger Schutz-Marsauche s'établit dans le village bourguignon de Taizé. Il est étudiant, suisse par son père, français

275

par sa mère, il a 25 ans. C'est la guerre, et sa maison, située près de la ligne de démarcation qui sépare la France occupée de la France libre, devient un lieu d'accueil pour des réfugiés, juifs notamment. Celui qui, sous le nom de frère Roger, se veut simplement le serviteur de tous ses frères en Christ, regroupe bientôt ses premiers compagnons : ils commencent la vie commune et, en 1949, s'engagent par des vœux pour toute la vie. Aujourd'hui, ils sont une centaine, catholiques ou de diverses origines protestantes, venus de vingt-cinq pays.

Jusqu'en 1957, la communauté vit dans un relatif isolement. Puis des visiteurs viennent, toujours plus nombreux, de toutes confessions. L'église romane du village ne suffit plus : on édifie l'église de la Réconciliation, inaugurée en 1962 ; de jeunes Allemands ont participé à sa construction.

SPIRITUALITÉ

Réconciliation avec soi-même, enfin : à la faveur de la liturgie, de la prière contemplative et de l'écoute silencieuse de la Parole de Dieu, chacun peut retrouver sa place, sa mission, dans le monde contemporain. Ce charisme, qui cherche à concilier la quête de Dieu avec ce qui fait la vie des hommes et des sociétés, a eu un impact considérable sur la jeunesse : elle y découvre comment « Vivre l'aujourd'hui de Dieu » (titre du premier livre de frère Roger, 1958).

ACCUEIL

Écrire à la communauté.

OFFICES

• prière commune à 8 h 15, 12 h 20 et 20 h 30 (à 17 h 30 et 20 h 30 le dimanche) • eucharistie le dimanche à 10 h.

ACCÈS

• A 6 (sorties Chalon-Sud, Tournus ou Mâcon-Sud, Taizé est à une trentaine de km).
• D 981 (Chagny/Cluny).
• SNCF à Mâcon-TGV, Mâcon-Ville ou Chalon-sur-Saône (30 km).

♦ **BOUCHES-DU-RHÔNE**

TARASCON
ABBAYE SAINT-MICHEL DE FRIGOLET

13150 Tarascon

♦ Téléphone : 04.90.95.70.07 et 04.90.90.52.90 (hôtellerie)
♦ Fax : 04.90.95.75.22

Au cœur du paysage sauvage de la *Montagnette* se trouve l'abbaye prémontrée Saint-Michel de Frigolet. Ses bâtiments dominent le petit massif qui s'étend à une dizaine de kilomètres au nord de Tarascon, déployant de paisibles vallons où poussent l'olivier, l'abricotier, le pin, le cyprès et surtout le thym, *férigoulo* en provençal, qui a donné son nom au site de l'abbaye. Si, à Tarascon, le touriste est impressionné par le château du bon roi René qui surplombe le Rhône, et y admire les collections de la collégiale Sainte-Marthe, il sera également sensible au charme de La *Montagnette*, aux ruines imposantes du château de Boulbon, aux portes fortifiées de Barbentane et à la décoration intérieure de son château (XVIIIe s.).

HISTOIRE ET SPIRITUALITÉ

En fondant leur abbaye autour d'un petit monastère du XIIe siècle d'une grande beauté architecturale, les Prémontrés renouent avec une tradition religieuse fort ancienne ; en effet, la première communauté (mentionnée dès 1133) réunit des chanoines réguliers de Saint-Augustin, qui désertent les lieux deux siècles plus tard. Frigolet connaît alors le déclin, malgré l'établissement au XVIIe siècle de moines hiéronymites, puis d'augustins réformés. Lorsque éclate la Révolution, il n'y a plus que quatre religieux dans les murs, ravagés un an plus tôt par un incendie qui a détruit la bibliothèque. Les bâtiments passent entre les mains d'acquéreurs successifs qui en font tour à tour un pensionnat (un de ses élèves sera Frédéric Mistral), une fabrique de dragées, une fromagerie, un atelier d'équarrissage ; des joueurs clandestins et des révolutionnaires espagnols déguisés en moines y trouvent refuge, des contrebandiers y fabriquent de la poudre. Enfin, en 1858, le prieuré est acheté par le père Edmond Boulbon, trappiste qui entreprend la restauration de l'Ordre de Prémontré en France ; des disciples se joignent à lui, la vie canoniale s'organise, on procède aux travaux d'agrandissement nécessaires : c'est l'âge d'or de Frigolet, dont l'église abbatiale est consacrée en 1866, pèlerinages et cérémonies liturgiques y attirent les fidèles par milliers. La vague anticléricale de la fin du siècle dernier, puis les décrets d'expulsion de 1903 freinent l'essor de la communauté qui, exilée en Belgique, revient peu avant la dernière guerre dans l'abbaye. Elle y poursuit à l'heure actuelle la vie régulière, conformément à sa vocation spécifique : chanoines réguliers de Saint-Augustin, les Prémontrés ont été institués en 1121 par saint Norbert de Xanthen, qui a fondé une communauté de type canonial comportant la pratique de la pauvreté, du renoncement et de l'ascèse ; ils mènent une existence moins structurée et fractionnée que celle des moines, vaquant à la célébration de la liturgie et au ministère apostolique, auxquels s'ajoutent le travail intellectuel et manuel, et l'accueil.

À VOIR

Outre son rayonnement spirituel et son intérêt artistique, l'abbaye Saint-Michel de Frigolet offre la possibilité d'un séjour tonifiant ; le calme du site, le silence et la beauté de la campagne environnante incitent à la réflexion paisible, au recueillement. On admirera, à l'occasion d'une visite (guidée par un religieux), le beau cloître médiéval remanié au XVIIe siècle, l'église Saint-Michel dont subsistent des travées romanes, la chapelle romane de Notre-Dame du Bon-Remède qui renferme un somptueux décor de boiseries dorées à la feuille encadrant douze toiles longtemps attribuées, à tort, à Mignard, et la magnifique statue de la Vierge à l'Enfant. L'église abbatiale, modèle typique de l'art ogival repris au XIXe siècle, a été entièrement décorée par plusieurs peintres qui se sont inspirés de la Sainte-Chapelle de Paris. Dans l'aile sud de l'abbaye, trois salles voûtées d'arêtes (XVIIe s.) renferment quelques objets intéressants : une collection de pots de pharmacie en vieux-Paris, et un alambic qui rappelle que, dans les *Lettres de mon moulin*, Alphonse Daudet situe à Frigolet les aventures du père Gaucher.

ACCUEIL

Écrire ou téléphoner – de préférence le matin – à l'accueil :
• 36 chambres simples avec lavabo ou douche, sanitaires à l'étage
• repas à l'hôtellerie • possibilité d'accompagnement et d'échanges spirituels • parking.

OFFICES

Tous les jours, liturgie solennelle :
• 7 h : laudes • 11 h : eucharistie (DF également à 7 h 30 et 18 h en été, 17 h en hiver) • 18 h 30 : vêpres (20 h 30 en été, DF 15 h)
• 20 h 10 : complies (seulement le dimanche).

Les principales fêtes donnent lieu à de belles célébrations liturgiques, accompagnées de manifestations folkloriques : pèlerinage à Notre-Dame du Bon-Remède (dimanche le plus proche du 15 mai), journée des Malades (dernier dimanche de juin) et fête de saint Michel (troisième dimanche de septembre), lundi de Pâques, et messe de minuit à Noël avec le *pastrage* (offrande de l'agneau).

ACCÈS

- A 7 : sortie Avignon-Sud, puis D 81 par Noves et Graveson.
- A 9 : sortie Remoulins, D 986 jusqu'à Tarascon, puis D 570.
- SNCF à Tarascon (12 km, taxi) ou Avignon (17 km, taxi).

♦ BAS-RHIN

1, rue
du Couvent
67440 Thal-
Marmoutier

THAL-MARMOUTIER
LE CHANT DES SOURCES
PETITES SŒURS FRANCISCAINES

♦ Téléphone : 03.88.91.18.16

Sur la route qui descend de Saverne à Strasbourg, le village de Thal est le berceau d'une congrégation religieuse fondée au siècle dernier par deux jeunes filles de la localité : les Petites Sœurs franciscaines, qui se mettent au service des malades, et accueillent les fidèles en quête de ressourcement ; elles animent également le centre spirituel « La Fontaine de Nazareth », qui abrite récollections et retraites.

Le couvent est situé dans une région d'un grand intérêt touristique et culturel : Saverne, avec le palais des Rohan (XVIIIe s.) – le « Versailles alsacien » –, est à 5 km ; plus proches encore, Marmoutier et sa splendide abbatiale. À l'ouest, l'étroite vallée de la Zorn ouvre dans la forêt vosgienne le passage vers la Lorraine, où se trouvent déjà Lutzelbourg et les ruines de son château médiéval ; à 15 km en amont, le légendaire *Rocher de Dabo* surplombe la localité du même nom, d'où la vue se déploie sur un paysage d'une austère beauté.

Au cœur d'un village paisible qu'entoure le silence de la forêt, les sœurs reçoivent pour des séjours limités les personnes qui souhaitent un temps de prière et de réflexion.

ACCUEIL

Sauf du 1er au 31 mai, et du 15 décembre au 1er février, écrire à l'accueil :
- 40 lits en chambres individuelles ou doubles • pension complète • bibliothèque • possibilité d'accompagnement ou d'échanges spirituels.

OFFICES

Pour les horaires, se renseigner sur place.

ACCÈS

- RN 4 (Strasbourg/Saverne), puis D 102 à partir de Marmoutier (en venant de Strasbourg) ou D 702 (en venant de Saverne).
- SNCF à Saverne (5 km), puis taxi.

◆ **VAR**

83340
Le Thoronet

LE THORONET
MONASTÈRE NOTRE-DAME DU TORRENT-DE-VIE

◆ Téléphone : 04.94.73.85.65

Fondée en 1136 par Raymond Bérenger, comte de Barcelone et de Provence, l'abbaye du Thoronet est, avec Sénanque et Sylvacane, l'une des « trois sœurs provençales ». La communauté, issue d'une filiale de Cîteaux, s'établit d'abord dans le proche vallon de Florège, où l'abbaye connaît une existence sans éclat : une fondation dans l'île de Porquerolles (1160) est bientôt ravagée par les incursions sarrazines, et, dès le XIVe siècle, des signes de relâchement se font sentir. Les guerres de Religion éclipsent le rayonnement du Thoronet qui, à la veille de la Révolution, ne compte plus que sept moines. Devenue bien national et sauvée de la démolition, l'abbaye est rachetée par l'État en 1854. Les bâtiments donnent une idée de l'évolution de l'architecture cistercienne par rapport aux modèles primitifs (Cîteaux, Cluny) : réduction de la hauteur de la voûte, du nombre des ouvertures ; c'est un roman épuré, à l'élégance austère. Le Thoronet voit passer chaque année de nombreux touristes attirés par l'âpreté des paysages et la luminosité des ciels de l'arrière-pays varois ; la garrigue piquetée de bosquets de pins, où crissent en été les cigales, est propice au recueillement et à de belles promenades, notamment le soir, quand la terre saturée de soleil exhale tous ses parfums.

Le plus célèbre des abbés du Thoronet est Foulques, nommé évêque de Toulouse en 1205 : il soutint saint Dominique dans la fondation de son Ordre, dans la croisade contre les Albigeois, et fonda l'université de Toulouse (1229). Dante le place dans le Paradis de sa *Divine Comédie* (IX, 37-42 et 67-142).

En 1978, les moniales de Bethléem et de Notre-Dame de l'Assomption se sont établies à 300 m de l'abbaye désaffectée, rendant au site sa vocation initiale de haut-lieu spirituel ; elles poursuivent aujourd'hui l'édification de leur monastère.

SPIRITUALITÉ	Voir Boquen *p. 43.*

ÉCOUTE DE DIEU ET DES HOMMES

À l'écoute de la tradition d'hospitalité biblique, le monastère comporte deux espaces distincts :
– Dans la *maison haute,* loin de tout regard, les moniales demeurent cachées avec le Christ en Dieu, « montant une garde sainte dans l'attente de la venue de l'Époux ».
– À quelque distance, en dehors de la clôture, la *maison d'hospitalité* offre un accueil évangélique et silencieux à ceux qui frappent à la porte. En cette *maison basse,* des ermitages de solitude sont prévus pour ceux qui souhaitent partager, pendant quelques jours, la vie de silence et de solitude des moniales. L'artisanat, vendu à la porterie du monastère, permet aux moniales de gagner leur pain. Par l'art sacré, elles essaient de transmettre à leurs frères un reflet de la beauté de Dieu.

ACCUEIL

Écrire au moins un mois à l'avance :
• logement en silence et solitude dans un ermitage • repas en solitude dans l'ermitage • possibilité d'effectuer un travail manuel • vente d'images, icônes, médailles, statuettes, crèches, vaisselle en grès, émaux, cassettes.

OFFICES

En français, dans la chapelle du monastère : matines et eucharistie le matin, vêpres le soir, sauf le lundi, jour de désert. Le dimanche, messe à l'abbaye à 10 h 30.

ACCÈS

• D 562 (embranchement à Carcès), à partir de l'autoroute A 8 (sortie à Brignoles).

♦ ALPES-MARITIMES

LA TRINITÉ
SANCTUAIRE DE NOTRE-DAME DE LAGHET

06340 La Trinité

♦ Téléphone : 03.93.41.09.60
♦ Fax : 03.93.41.21.78

En 1652, des faits insolites attirent l'attention sur une chapelle rurale dédiée à la Vierge, dans un vallon de l'arrière-pays niçois : guérisons spectaculaires, délivrances de prisonniers et de possédés se multiplient, faisant affluer de toute la région, mais aussi de Provence et de Ligurie, des pèlerins qui viennent invoquer la

Madone à Laghet, lieu-dit de la commune d'Èze où se dresse la chapelle. Celle-ci abrite bientôt une statue de la Vierge en bois polychrome, don d'un prêtre d'Èze ; la multiplication des prodiges, la reconnaissance canonique de leur caractère miraculeux, puis l'approbation du culte de la *Vierge des Prodiges* (1653) stimulent les pèlerinages, une église remplace la chapelle primitive. En 1674, une communauté de carmes déchaux du Piémont se fixe dans un monastère édifié sur le site ; hormis une interruption d'une vingtaine d'années due à la Révolution, ils y vaqueront jusqu'en 1903 à la prière et à l'accueil des pèlerins.

SPIRITUALITÉ

La renommée croissante du sanctuaire attire toujours plus de pèlerins, mais aussi des âmes éprises de silence et de solitude, qui viennent se ressourcer dans ce site champêtre propice au recueillement. Dès 1930, le sanctuaire devient une maison de retraites spirituelles, et en 1978, les bénédictines du Sacré-Cœur de

Montmartre s'y établissent pour assurer l'animation spirituelle et l'accueil. Aujourd'hui, Notre-Dame de Laghet est un haut-lieu de la piété mariale (c'est le sanctuaire marial le plus réputé du pays niçois), mais aussi une étape de silence et de méditation : l'hôtellerie accueille, outre des groupes et des sessions, les personnes qui veulent faire une halte dans la trépidation du monde contemporain. Le rythme serein de la vie monastique et l'adoration silencieuse garantissent une atmosphère de calme et la possibilité d'un réel repos, agrémenté par des promenades dans la proche vallée du Paillon. Bureau d'accueil et magasin-librairie sont ouverts tous les jours, le cloître et la chapelle baroque du XVIIIe siècle abritent une multitude d'ex-votos, dont les plus anciens et les plus beaux sont regroupés dans un musée.

ACCUEIL

Écrire à la sœur hôtelière :
• 100 lits répartis en 60 chambres avec lavabo, sanitaires à l'étage
• bibliothèque • possibilité d'accompagnement et d'échanges spirituels • parking.

OFFICES

En français :
• 7 h 15 : office des lectures • 7 h 40 : office du matin • 12 h : office du milieu du jour • 18 h 40 : office du soir (les samedi et dimanche à 18 h, suivi des vigiles le samedi) • 21 h : complies
• messe : 11 h 30 et 16 h chaque jour en semaine (8 h 30, 10 h,

11 h et 16 h le dimanche) • adoration du Saint-Sacrement : de 13 h 30 à 15 h 30 tous les jours, suivie du chapelet.

ACCÈS

• A 8, sortie 57 (La Turbie).
• SNCF à Nice (14 km) puis taxi ou car à partir de la gare routière (20 mn de la gare, bus n° 15).
• Aéroport de Nice-Côte d'Azur (20 km).

♦ **HAUT-RHIN**

68410
Trois-Épis

TROIS-ÉPIS
PÈLERINAGE NOTRE-DAME DES TROIS-ÉPIS
ACCUEIL DU PÈLERINAGE

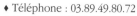

♦ Téléphone : 03.89.49.80.72
♦ Fax : 03.89.49.88.79

À 700 m d'altitude, la localité des Trois-Épis est une paisible station climatique, point de départ d'excursions dans la forêt vosgienne, notamment le Collet du Linge (11 km), qui fut le théâtre d'âpres combats en 1915. Toutes proches, Munster et surtout Colmar sont des étapes touristiques réputées. Trois-Épis est connu pour son pèlerinage à la Vierge, et pour le Galz, statue géante du Christ qui, au sommet d'une plate-forme, ouvre les bras sur la plaine d'Alsace.

HISTOIRE

C'est une apparition de la Vierge à un forgeron du village d'Orbey, le 3 mai 1491, qui est à l'origine du sanctuaire... et du nom de la localité : la mère de Dieu se montre, tenant dans une main trois épis de blé, symbole de grâces et de prospérité, et dans l'autre un lingot de glace, signe de châtiments si les hommes ne se convertissent pas. Aussitôt la nouvelle connue, le pèlerinage prend naissance, et l'humble chapelle de bois érigée par la ferveur populaire est remplacée dès 1493 par un édifice de pierre, autour duquel se développe au fil des âges le village appelé Trois-Épis, en souvenir de l'apparition. Malgré la Réforme, les vicissitudes de la guerre de Trente Ans, puis celles de la Révolution, le pèlerinage n'a jamais décliné. L'église de l'Annonciation, proche du sanctuaire primitif, a été inaugurée en 1968 : les lignes élégantes et sobres de l'architecture, la luminosité qu'y diffusent de grands panneaux de vitrail, en font un lieu propice au recueillement. La chapelle de 1493 abrite une Pietà de la fin du xve siècle, « le petit vieu image miraculeu », des tableaux de l'apparition et de nombreux ex-votos.

SPIRITUALITÉ Le sanctuaire est desservi par les pères rédemptoristes, qu'aide une communauté de sœurs de Saint-Joseph « de Saint-Marc » et une équipe de laïcs ; ils proposent à qui le souhaite diverses formules pour une halte spirituelle. Si l'accueil des groupes et des jeunes est important, des temps de ressourcement dans le silence et la solitude sont tout à fait possibles, favorisés par la paix et la beauté du cadre, la disposition des lieux, et le climat de prière de la maison d'accueil, ouverte en priorité aux personnes qui désirent assurer, au sein de l'Église, une mission d'adoration de l'eucharistie.

ACCUEIL S'adresser par écrit à l'accueil du Pèlerinage :
• journées ou week-ends de ressourcement individuel • possibilité d'accompagnement spirituel par les pères rédemptoristes • parking.

OFFICES De nombreuses messes sont célébrées chaque jour :
• 7 h et 9 h 30 : messe quotidienne en semaine • 17 h 30 (17 h en hiver) : messe les mercredi et vendredi • 7 h 30 (8 h en hiver), 9 h 30 (grand-messe), 11 h et 17 h 30 (17 h en hiver) : messe les dimanches et fêtes • de Pâques à la Toussaint, les messes dominicales de 9 h 30 et 11 h ont lieu dans l'église de l'Annonciation • 10 h à 12 h et 14 h à 18 h, tous les jours : Adoration • 15 h, les dimanches et fêtes : office de prières • 17 h 30 (17 h en hiver) : chapelet les jeudi et samedi.

ACCÈS • N 415 (Colmar/Saint-Dié), puis D 11 à Ingersheim (en venant de Colmar), ou D 48 par Orbey, en venant de Saint-Dié.
• D 417 (Colmar/Munster), puis D 11 par Turckheim.
• SNCF à Colmar (15 km), puis car ou taxi.

♦ HAUT-RHIN

Chemin
du Galz
68410
Trois-Épis

TROIS-ÉPIS
MAISON AVE MARIA

♦ Téléphone : 03.89.49.80.32

Un peu à l'écart de la localité des Trois-Épis, les sœurs de la Divine Providence de Saint-Jean de Bassel (cf. *p. 239*) reçoivent toute personne qui désire effectuer dans les meilleures conditions un séjour de repos et de silence : la maison, entourée d'un vaste jardin, offre la possibilité de se recueillir dans le calme ; le pèlerinage marial, tout proche, assure un climat de ferveur et de paix. La situation géographique du lieu permet des randonnées dans la forêt voisine, et des excursions touristiques diverses.

ACCUEIL

Sauf du 11 novembre au 20 décembre, s'adresser par écrit à la sœur directrice :
• 12 chambres individuelles et 9 chambres doubles, au confort simple, lavabo dans les chambres, sanitaires à l'étage • bibliothèque • oratoire • parking.

OFFICES

Renseignements sur place.

ACCÈS

Mêmes conditions que pour le sanctuaire de Notre-Dame des Trois-Épis (cf. *p. 284*).

♦ AUBE

26, rue
Mitantier
10000 Troyes

TROYES
MONASTÈRE DES CLARISSES

♦ Téléphone : 03.25.80.54.97

Les Franciscaines du Très-Saint-Sacrement sont fondées en 1854 par le capucin Bonaventure de Ville-sur-Terre et Joséphine Bouillevaux, qui prend le nom de mère Marie de Sainte-Claire. La communauté naissante s'établit près de la cathédrale, dans une de ces demeures anciennes si caractéristiques de la vieille ville ; toutes proches aussi, les églises Saint-Nizier, couverte de tuiles vernissées multicolores (XVIᵉ s.) et Saint-Remy (XIVᵉ s.) dont la surprenante flèche vrillée domine de ses 60 m les toits voisins. La cathédrale déploie une harmonieuse succession d'éléments architecturaux qui, du gothique à la Renaissance, signalent les diverses étapes de sa longue construction (1208-1638) ; on peut y admirer de très beaux vitraux (XIII-XVIᵉ s.) représentatifs de la maîtrise à laquelle était parvenu l'art troyen du vitrail. À côté de la cathédrale, l'ancien évêché abrite les riches collections du musée d'Art moderne, où voisinent, à côté de 80 tableaux de Derain, des toiles de Soutine, des sculptures de Degas, de Rodin, de Maillol, de Picasso.

SPIRITUALITÉ Les Franciscaines du Très-Saint-Sacrement sont à l'origine un institut claustral de tertiaires franciscaines, dont la fin spéciale est l'adoration diurne et nocturne du Très-Saint-Sacrement, en esprit d'action de grâces et de réparation ; elles prennent soin du linge d'autel, confectionnent des vêtements liturgiques et accueillent dames et jeunes filles pour des retraites spirituelles. Très tôt, la jeune famille religieuse exerce un rayonnement remarquable, et fonde des maisons en Pologne et en Autriche (1871), puis aux États-Unis, en Inde, au Japon. Elle obtient en 1940 son agrégation à l'Ordre capucin, et, comme elle professe la seconde règle de sainte Claire, elle passe du tiers-ordre au second ordre, celui des moniales clarisses. Aujourd'hui, les clarisses du Saint-Sacrement poursuivent leur vie contemplative dans la fidélité au charisme fondateur. Elles peuvent recevoir pour quelques jours deux ou trois personnes souhaitant partager l'atmosphère de silence et de recueillement de leur maison ; religieuses et jeunes filles en recherche de vocation sont accueillies en clôture.

ACCUEIL Très limité, écrire à la mère prieure :
• 3 chambres pourvues d'un confort simple • possibilité d'accompagnement et d'échanges spirituels • vente à la porterie du travail des moniales : travail à façon, layettes.

OFFICES En français :
• 7 h : laudes • 7 h 30 : messe (DF 9 h) • 14 h 30 : offices du milieu du jour et des lectures • 17 h 30 : vêpres • Le Saint-Sacrement est exposé en permanence dans la chapelle.

ACCÈS • Troyes est à la convergence de l'A 5 (Paris/Langres) et de l'A 26 (Chalons-sur-Marne/ Troyes), des N 19 (Paris/Troyes/Chaumont) et 60 (Sens/Troyes), etc.
• SNCF à Troyes (ligne Paris/Troyes), puis bus ou taxi.

u v w x y z

♦ **VOSGES**

88130 Ubexy

UBEXY
ABBAYE NOTRE-DAME DE SAINT-JOSEPH

♦ Téléphone : 03.29.38.04.32
♦ Fax : 03.29.38.05.90

Des hauteurs de Sion-Vaudémont, la *Colline inspirée* de Maurice Barrès, la vue embrasse vers le sud la campagne du Xaintois, qui s'étale en longues pentes molles jusqu'à la Moselle : région de sols lourds, riches, où dans les plis de terrain, entre des bosquets de feuillus, se nichent de charmantes localités ; l'une d'elles, penchée sur les eaux placides du fleuve, ne se nomme-t-elle pas Charmes, justement ? Vers le sud-ouest, de petites routes serpentent entre champs et prés, jusqu'à atteindre Mirecourt, que l'art de ses luthiers a rendue célèbre ; on y voit de belles halles en charpente du XVIe siècle, et une église, plus ancienne, dont les maisons voisines enserrent le clocher-porche. À 5 km de Charmes, entre des collines plantées de conifères, Ubexy regroupe autour de son clocher fermes et maisons aux jardins pimpants ; dans ce cadre typiquement vosgien, le monastère des cisterciennes s'ouvre à l'orée du village sur la campagne paisible. Des générations de moniales s'y sont succédé depuis la fondation, en 1841, vaquant dans le silence à la louange de Dieu, par la prière et le travail. L'abbaye a toujours connu une tranquille prospérité, qui lui a permis de fonder un monastère au Japon en 1898, puis un autre au Mexique, il y a 25 ans. Les moniales, qui accueillent parfois de petits groupes pour des retraites et des récollections, proposent également l'hospitalité monastique aux personnes qui souhaitent effectuer dans une atmosphère de silence et de recueillement un séjour n'excédant pas deux semaines.

ACCUEIL

Fermé en janvier, écrire à la sœur hôtelière :
• 10 chambres individuelles, 4 chambres doubles, avec lavabo, sanitaires à l'étage • petite bibliothèque et salles de travail et de réunion • possibilité d'accompagnement et d'échanges spirituels • vente sur place de travaux de broderie et de tapis en lirette.

OFFICES

Chantés en français, avec quelques pièces de grégorien à la messe :
• 7 h 15 : laudes, suivies de la messe (DF 7 h 30 : laudes)
• 10 h 30 : tierce, suivie de la messe, les dimanches et fêtes
• 17 h 30 : vêpres.

ACCÈS

• N 57 (Nancy/Épinal/Vesoul), puis D 28 à Charmes.
• SNCF à Charmes (ligne Nancy/Épinal/Belfort), puis taxi (5 km).

♦ Pyrénées-
Atlantiques

URT
ABBAYE NOTRE-DAME DE BELLOC

64240 Urt

♦ Téléphone : 05.59.29.65.55
♦ Fax : 05.59.29.44.08

Histoire

Aux confins des Landes, du Béarn et du Pays Basque, dans un ample paysage de collines qu'arrose l'Aran, ou Joyeuse, affluent de l'Adour, l'abbaye Notre-Dame de Belloc déploie entre champs et bosquets ses bâtiments aux murs clairs coiffés de tuiles rousses.

Tout commence modestement, en 1875, avec l'installation de cinq moines originaires de la région qui viennent de faire profession à l'abbaye de la Pierre-qui-Vire ; c'est l'aboutissement d'un dessein que nourrit depuis longtemps leur aîné, le père Bastres, futur abbé : il souhaitait fonder un monastère bénédictin au Pays Basque, pour y accueillir les garçons pieux de la contrée, que la pauvreté de leurs montagnes expose aux aléas de l'émigration. Après des années d'incertitude, d'attente et d'espérance, le prieuré est établi dans une pauvre métairie de Labastide-Clairence, un canton reculé de la France rurale du sud-ouest.

Les débuts sont humbles, laborieux. Assidus à la divine liturgie, les moines s'adonnent aux travaux des champs, assurent un apostolat local de prédication. Leur nombre s'accroissant, on envisage pour faire vivre la jeune communauté pleine de vitalité (malgré une première expulsion en 1880) d'autres sources de revenus : une minoterie, une fabrique de chocolat ; on bâtit au fil des années la chapelle, deux grands corps de bâtiments, le cloître ; on ouvre à Pau une maison pour les vieillards et une école d'agriculture, un orphelinat à Mouguerre. La célébration de l'office divin et la *lectio divina* rythment les journées, bien remplies. Moins de trente ans

289

après sa fondation, Belloc – qui a été élevé à la dignité d'abbaye en 1889 – compte cent trente profès ; ses moines ont participé à une fondation en Oklahoma, ils ont fondé le monastère de Ninos Dios en Argentine, se sont embarqués pour la Palestine, où ils ont contribué à la création du séminaire syriaque de Jérusalem.

Mais les mesures anti-congréganistes de 1903 contraignent la communauté à l'exil ; novices et scholastiques s'embarquent pour

Ninos Dios, quelques moines gagnent la Palestine, la majorité de la communauté et les « alumni », jeunes élèves du monastère dont ils sont l'espoir, trouvent un asile en Espagne, à Idiazabal, dans la province du Guipuzcoa, puis à Lazcano. C'est là que meurt l'abbé Bastres, un an plus tard. La communauté ne cesse de rayonner, suscitant de nouvelles vocations. La guerre de 1914-1918 n'enraye pas l'élan, malgré la mobilisation de nombreux moines et, en 1926, la communauté enfin reconstituée retrouve ses bâtiments conventuels. Mais déjà s'annoncent la guerre civile d'Espagne et la Seconde Guerre mondiale : monastère frontalier, Belloc offre à une foule de réfugiés la traditionnelle hospitalité bénédictine, puis les moines guident dans les sentiers pyrénéens qu'ils connaissent bien résistants, fugitifs, aviateurs anglais. Ils paient cher leur action en faveur de la liberté ; l'abbé et le prieur sont déportés à Buchenwald et à Dachau, d'où ils reviendront ; l'abbé recevra la légion d'Honneur, et l'abbaye sera décorée de la Croix de guerre.

SPIRITUALITÉ

Après le conflit, l'abbaye connaît une nouvelle période de prospérité ; les vocations affluent, les profès sont soixante en 1968. Sous l'impulsion de ses abbés successifs, Belloc prend une part active au renouveau liturgique, particulièrement en langue basque, et fonde au Bénin le monastère de Zagnanado ; en même temps, pour répondre à une demande grandissante, l'abbaye accroît ses capacités d'accueil en construisant de nouveaux bâtiments ; consacrées en 1969, l'imposante église abbatiale et sa crypte sont conçues pour rassembler autour de l'eucharistie la communauté et les fidèles, invités à prendre une part active à la liturgie.

Aujourd'hui, tout en poursuivant fidèlement sa vie régulière de prière et de travail, la communauté se montre attentive aux appels de notre temps : depuis une dizaine d'années, la demande d'enseignement religieux, d'accompagnement spirituel, d'écoute désintéressée ou simplement de présence attentive a considérablement augmenté, et les moines s'efforcent d'y répondre. Leur hôtellerie est ouverte, pour des retraites spirituelles dans le silence, à toute personne qui souhaite bénéficier, durant une semaine au maximum, de l'atmosphère de paix et de recueillement de l'abbaye et de ses environs, particulièrement beaux sous le soleil d'octobre, lorsque la lumière s'adoucit, lorsque les frondaisons des arbres resplendissent de leurs couleurs automnales.

ACCUEIL

Écrire au père hôtelier :
• 18 chambres individuelles, 10 chambres doubles • bibliothèque • possibilité d'accompagnement et d'échanges spirituels • parking • vente sur place des produits de l'abbaye : fromage de brebis, tapis pure laine • la librairie propose disques et cassettes de chants liturgiques en français et en basque, et plus de 5 000 ouvrages portant sur les sciences religieuses et la spiritualité, mais aussi les sciences humaines, les beaux-arts, le régionalisme.

OFFICES

Chantés en français. L'assemblée est invitée à y participer :
• 12 h : messe dans la crypte (DF 10 h 30, dans l'église abbatiale)
• 18 h 30 : vêpres • 21 h : vigiles.

ACCÈS

• À 25 km à l'est de Bayonne, par A 64 (sortie Urt, direction Labastide-Clairence Abbaye de Belloc) ; ou N 10 (Bordeaux/Bayonne) jusqu'à Saint-Geours-de-Maremne, puis D 12 jusqu'à Urt par Saint-Martin-de-Hinx et Biarotte.
• SNCF à Bayonne, puis car SNCF jusqu'à Urt et taxi (5 km) ; ou bien car Bayonne/Saint-Palais, départ place Saint-André, arrêt Notre-Dame de Belloc.

♦ **PYRÉNÉES-ATLANTIQUES**

URT
MONASTÈRE SAINTE-SCHOLASTIQUE

64240 Urt

♦ Téléphone : 05.59.29.65.88

Les bénédictines de la congrégation de Subiaco sont établies depuis 1883 dans ce monastère isolé en pleine campagne, non loin de leurs frères de l'abbaye Notre-Dame de Belloc. Elles mènent sous la Règle de saint Benoît une vie purement contemplative, s'adonnant dans le silence à la prière de l'office divin, qui culmine dans la célébration de l'eucharistie, à la *lectio divina,* et aux travaux intellectuels et manuels. Fidèles à la tradition d'hospitalité monastique préconisée par saint Benoît, elles reçoivent les personnes qui aspirent à se ménager un temps fort de réflexion et de recueillement, dans ce cadre privilégié qu'entoure une opulente campagne où s'étalent, au gré des vallonnements, champs, prairies et bosquets de feuillus.

ACCUEIL

Pour une semaine maximum, écrire à la sœur hôtelière :
• 20 chambres individuelles, 8 chambres doubles, sanitaires à l'étage • bibliothèque • accueil des handicapés • possibilité d'échanges et d'accompagnement spirituels • parking • retraites organisées pour les temps forts de l'année liturgique • les moniales vendent sur place les produits de leurs ateliers : cierges liturgiques, bougies, ornements liturgiques, aubes, chasubles, étoles.

OFFICES

En français, un peu de grégorien à la messe ; la participation aux offices est souhaitée :
• 6 h 45 : laudes • 8 h 45 : messe • 12 h 45 : sexte • 14 h 45 : none • 18 h : vêpres • 20 h 45 : vigiles.

ACCÈS

• Comme pour l'abbaye Notre-Dame de Belloc, cf. *p. 291*.

♦ **ALPES-MARITIMES**

UTELLE
FRATERNITÉ AGAPE

Sanctuaire de la Madone 06450 Utelle

♦ Téléphone : 04.93.03.19.44

Dominant à 1180 m d'altitude les hauteurs du Mercantour, dans l'arrière-pays niçois, le sanctuaire d'Utelle se dresse dans un site d'une beauté exceptionnelle : le regard embrasse jusqu'à la baie des Anges une succession de sommets boisés, de vallons que barrent des pitons rocheux coiffés de villages pittoresques, de défilés et de ravins au fond desquels on devine torrents impétueux et cascades bouillonnantes. Au cœur de la « Suisse niçoise », les gorges de la Vésubie étagent des pans de rochers rouges, violacés, ocre, couronnés de mélèzes et de sapins. La cité médiévale d'Utelle domine la rivière, balcon qu'enserrent des vestiges de fortifications ; son église gothique abrite une Annonciation de l'école niçoise (XVe s.) et un retable de la Passion en bois sculpté (XVIIe s.). En suivant au nord la route qui serpente entre pâturages et forêts, on atteint Lantosque qui, du haut d'un éperon rocheux, verrouille la vallée ; puis Saint-Martin-Vésubie dont les maisons anciennes et la place ombragée de platanes attirent les touristes, et le parc national du Mercantour, où l'on observe encore des chamois, des aigles, des marmottes. On peut gagner la proche vallée de la Tinée, ses villages médiévaux perchés au milieu des pins s'égrenant dans un paysage alpestre de plateaux sombres que tranchent des gorges sombres au fond desquelles bruissent ruisseaux et cascades ; par là, en remontant vers l'Italie toute proche, on atteint les stations de sport d'hiver de la région, dont les plus réputées sont Isola 2000 et

Auron. Du sanctuaire de la Madone d'Utelle, à 6 km au sud-ouest de la localité, on jouit d'un point de vue unique, sans conteste le plus beau de la région.

HISTOIRE

Poste stratégique sur la route des cols reliant l'Italie et la France, la forteresse d'Utelle jouit avec Lucéram et Peille d'une relative indépendance ; devenue provençale, elle passe ensuite à la Savoie, rattachée à la France par le plébiscite de 1860. À cette époque, le sanctuaire a déjà une histoire millénaire. Son origine remonte à une apparition de la Vierge, vers 850 : des marins espagnols, pris dans une tempête au large de Nice, implorent la mère de Dieu ; celle-ci se montre dans le ciel et leur désigne, dans l'arrière-pays, un sommet éclatant de lumière, qui domine toute la région. Bientôt la tempête se calme, apaisée par cette étrange lumière qui descend doucement jusqu'à la mer. Ayant accosté, les navigateurs gravissent les flancs escarpés de la montagne et y érigent un « pilon » (petite colonne) commémoratif du prodige, qui, au fil des ans, cède la place à une chapelle. Les habitants de la région ont pris l'habitude de se rendre sur ce lieu pour y invoquer la Reine du Ciel ; on fait état de guérisons miraculeuses et de prodiges : ne trouve-t-on pas sur le sol, autour du sanctuaire, de minuscules étoiles de pierre à cinq branches, symbole de la Vierge, que l'Apocalypse nous montre couronnée d'étoiles ? Il s'agit en fait d'articles (squelettes) de crinoïdes ou *lis de mer*, proches des oursins, qui signalent l'existence, il y a des millions d'années, de fonds marins dans la région : il y avait, à l'emplacement d'Utelle, une vaste « prairie » sous-marine de crinoïdes. Dévasté sous la Révolution, le sanctuaire des Miracles est reconstruit en 1806 par les habitants des villages alentour ; on le complète en 1871 par un cloître.

SPIRITUALITÉ

Aujourd'hui, le sanctuaire de la Madone des Miracles est un lieu très vivant, animé par la Fraternité Agapé : cette association de fidèles, reconnue par l'Église, réunit dans la même spiritualité, autour de la Vierge Marie et de Charles de Foucauld, des chrétiens de tous âges, milieux et cultures, soucieux d'approfondir les engagements de leur baptême et de « crier l'Évangile par toute leur vie ». A Utelle, ils vivent en communauté dans le cadre d'un prieuré, s'efforçant de se conformer, par la vie fraternelle, la prière, l'étude de la parole de Dieu et la révision de vie régulière, au Christ pauvre et serviteur, dans l'accueil de la volonté du Père, comme Marie a su le faire. Ils s'efforcent de promouvoir des valeurs de respect mutuel et de tolérance, et ont une mission spécifique d'accueil et d'animation du sanctuaire.

À VOIR Le sanctuaire, et la belle Vierge de bois polychrome (xviiie s.) qu'il abrite (couronnée solennellement en 1938) ; les statues de bois polychrome des « Saintes Femmes » (xviie s.). Et, bien entendu, le site exceptionnel.

ACCUEIL Écrire un mois à l'avance au service d'accueil - Madone d'Utelle : • 2 chambres individuelles, 5 chambres doubles avec lavabo, sanitaires à l'étage • confort rustique et partage fraternel • bibliothèque et salle de réunion • possibilité d'accompagnement et d'échanges spirituels • vaste parc propice au silence et au recueillement • parking • magasin d'artisanat monastique et de produits régionaux, vin de lavande du père Gil.

Il est conseillé d'avoir son propre véhicule, si l'on veut profiter pleinement des richesses de la région. L'accueil est fermé du 24 décembre au 2 janvier.

OFFICES En français : • 8 h : office du matin • 12h : office du milieu du jour • 19 h : office du soir • le dimanche à 11 h 45 : office marial • le dimanche à 15 h 45 : messe • pèlerinages les lundis de Pâques et de Pentecôte, le 15 août et le 8 septembre • pèlerinage des lycéens le jeudi de l'Ascension.

ACCÈS • N 202 (Saint-Laurent du Var/Digne), puis D 265 (direction Saint-Martin) jusqu'à La Rivière, et D 32 jusqu'à Utelle ; de là, D 132 jusqu'au sanctuaire.

♦ **PYRÉNÉES-
ATLANTIQUES**

**UZOS
PRIEURÉ SAINTE-MARIE DE TAILLEFER**

Route de Piétat
64110 Uzos

♦ Téléphone : 05.59.06.03.45

Les bénédictines de la Communauté monastique de Jésus-Crucifié ont fondé ce prieuré en 1987, dans un village situé sur les bords du gave de Pau, aux portes de l'agglomération paloise et aux confins du célèbre vignoble béarnais du Jurançon. Toutes proches, les routes touristiques de Piétat et du vignoble de Gaye se prêtent à d'agréables promenades. La maison, abritée dans un parc silencieux, est un havre de paix dans lequel les moniales mènent leur vie contemplative sous la Règle de saint Benoît, la plus adaptée à leur vocation particulière ; en effet, cette famille religieuse est ouverte aux jeunes filles de santé fragile qui veulent néanmoins s'engager dans la vie monastique. Elle a gardé la tradition d'hospitalité bénédictine, et la communauté accueille les personnes qui recherchent un lieu de silence propice à la prière et à la réflexion, et qui souhaitent partager dans un climat fraternel la prière des moniales.

ACCUEIL

Écrire au prieuré :
• quelques chambres individuelles, simples mais confortables • possibilité d'accompagnement et d'échanges spirituels • parking • vente sur place de chapelets et d'icônes réalisés par les religieuses • atelier liturgique effectuant sur commande chasubles, étoles, etc.

OFFICES

Chantés en français :
• 7 h 15 : office des lectures • 9 h : laudes, suivies de la messe • 15 h 30 : heure médiane (DF 16 h) • 18 h 30 : vêpres (en semaine), complies ou vigiles (DF).

ACCÈS

• À la sortie de Pau par la D 37 ou la D 209, très pittoresque.
• SNCF à Pau, puis taxi (5 km).

♦ **SEINE-
MARITIME**

**VALMONT
ABBAYE NOTRE-DAME DU PRÉ**

12, rue Raoul-
Auvray
76540 Valmont

♦ Téléphone : 02.35.27.34.92
♦ Fax : 02.35.27.86.21

C'est pour rester « un lieu de paix et d'intériorité » que les moniales de Notre-Dame du Pré décident en 1991 de quitter Lisieux, malgré les souvenirs les attachant à cette ville : avec l'expansion de la localité, le trafic routier et le chemin de fer qui traverse la propriété rendent illusoire toute possibilité d'une zone de silence. Aussi, après des siècles d'histoire lexovienne, la communauté s'établit-elle dans les bâtiments d'une ancienne abbaye bénédictine sise elle aussi en terre normande, à Valmont, non loin de Fécamp : une vallée verdoyante et calme à quelques kilomètres de la mer, cadre propice à la contemplation, y abrite désormais la vie des moniales, rythmée par la prière et le travail.

HISTOIRE

La communauté, établie en 1011 par la comtesse Lesceline en son domaine de l'Épinay (aujourd'hui Saint-Pierre-sur-Dives) est transférée plus tard dans un faubourg de Lisieux, sur une terre nommée Saint-Désir ; vers 1050, Guillaume le Conquérant signe la charte de fondation de l'abbaye, pour répondre à la requête de Lesceline et de son fils Hugues, évêque de Lisieux. Dès lors, l'abbaye poursuit son existence à travers les troubles et les bouleversements des siècles successifs – guerre de Cent Ans, guerres de Religion – , sans perdre sa ferveur originelle ni connaître de décadence ; en 1538, elle prend le nom de Notre-Dame du Pré.

Au XVIIe siècle, l'abbesse entreprend la reconstruction du monastère et de l'église, placée sous le vocable de saint Désir, tandis que son frère Léonor II de Matignon, évêque-comte de Lisieux, fait édi-

fier le palais épiscopal (aujourd'hui palais de justice). Vers la fin de l'Ancien Régime, les libéralités de Madame Élisabeth, sœur de Louis XVI, permettent la construction d'une aile destinée à recevoir des jeunes filles de la noblesse normande pour leur éducation ; mais la Révolution expulse les moniales, plusieurs sont emprisonnées durant huit mois avec leur abbesse ; après la Terreur, elles se réfugient par petits groupes dans les environs de Lisieux, puis rachètent en 1808 le monastère devenu bien national, et y restaurent la vie régulière. Elles ouvrent un pensionnat où Thérèse Martin (sainte Thérèse de l'Enfant-Jésus) est élève de 1881 à 1886 ; c'est dans la chapelle des moniales qu'elle fait sa première communion, le 8 mai 1884. Profitant des lois de 1904, la communauté de Notre-

Dame du Pré ferme le pensionnat, pour revenir à une plus pure tradition monastique. Dans la nuit du 7 juin 1944, un bombardement et l'incendie qui s'ensuit anéantissent les bâtiments, et vingt moniales trouvent la mort sous les décombres ; la communauté ne réintègre le monastère reconstruit qu'en 1954 ; l'abbatiat est rétabli en 1959, la dédicace de l'église a lieu en 1963, et en 1966 les moniales accueillent les bénédictines de Blandain, héritières de l'abbaye de la Paix de Jésus d'Arras.

SPIRITUALITÉ

Aujourd'hui établies à Valmont, les moniales bénédictines de Notre-Dame du Pré y poursuivent leur vie communautaire de prière, de travail et d'accueil ; la célébration de l'office divin, sept fois par jour, culmine dans l'eucharistie ; l'oraison et la *lectio divina* nourrissent leur contemplation, le travail leur fait partager la condition des hommes d'aujourd'hui. Les moniales s'investissent dans la restauration et l'aménagement des bâtiments, notamment l'église dont le temps a épargné la belle colonnade de la nef, surmontée par un élégant triforium et prolongée par une chapelle absidiale de style Renaissance demeurée intacte.

Fidèles à la tradition d'accueil de la famille bénédictine, seule forme d'apostolat extérieur prévue par la Règle de saint Benoît, les moniales sont en mesure d'offrir à toute personne qu'une recherche spirituelle conduit au monastère, un cadre de silence et de beauté, l'environnement de la prière de la communauté et la possibilité de partager sa liturgie. L'isolement du lieu – un vallon verdoyant qui abrite les élégants bâtiments édifiés au XVIIe siècle par les Mauristes – , le calme de la campagne alentour, que domine sur la colline voisine le château-forteresse des sires d'Estouteville (XV-XVIe s.), la beauté de la côte normande toute proche, avec les falaises des Grandes-Dalles et des Petites-Dalles, sont autant de facteurs propices à la retraite et à la contemplation.

ACCUEIL

Écrire à la sœur hôtelière :
• les chambres de l'hôtellerie permettent un accueil individuel simple, mais confortable • parking.

OFFICES

• 5 h ou 6 h (suivant la solennité) : vigiles • 7 h 25 ou 7 h 35 (suivant la solennité) : laudes, puis prière silencieuse suivie de tierce • 11 h 15 : eucharistie, avec sexte intégrée • 13 h 30 : none • 17 h 15 : vêpres • 20 h 30 : complies.

ACCÈS

• D 925 (Fécamp/Dieppe), puis D 17 ; ou D 926 qui s'embranche sur la RN 15 Rouen/Le Havre à la hauteur de Valliquerville, puis D 17.
• À partir de Fécamp, D 150.
• SNCF à Fécamp (10 km) ou Yvetot (25 km), puis taxi.

♦ **MANCHE**

8, rue
des Capucins
B.P. 302
50700 Valognes
Cedex

VALOGNES
ABBAYE NOTRE-DAME DE PROTECTION

♦ Téléphone : 02.33.95.01.41
♦ Fax : 02.33.95.02.74

La fondation de cette abbaye (1623) s'inscrit dans le mouvement de réforme spirituelle du XVIIe siècle en France. Établies initiale-

ment à Cherbourg, les moniales doivent quitter la cité frappée par une épidémie de peste et se fixent à Valognes, petite cité prospère du Cotentin, à une vingtaine de kilomètres à l'intérieur des terres. La Révolution disperse la communauté ; reconstituée après la tourmente, celle-ci acquiert l'ancien couvent des Capucins, devenu bien national, et s'y installe. Les moniales y mènent une vie cloîtrée, partagée entre la célébration de l'office liturgique, la *lectio divina* et le travail manuel. L'abbatiat, supprimé à la Révolution, a été rétabli en 1957, et l'abbaye fait partie de la congrégation bénédictine de Subiaco ; elle a fondé en 1962 un monastère à Koubri (Burkina).

Les moniales accueillent les personnes qui souhaitent faire une halte de silence et de prière. Elles proposent également les produits de leur travail (pâtes de fruits, étoles), qui sont vendus sur place ou par correspondance (catalogue), ainsi que dans les boutiques de l'artisanat monastique.

ACCUEIL

Se renseigner par écrit auprès de la sœur hôtelière :
• 20 chambres à 1 ou 2 lits • bibliothèque • possibilité de rencontrer une moniale ou le père aumônier • il n'y a pas d'accueil de la fin des vacances de Noël au début des vacances de février.

OFFICES

En français, avec messe en grégorien :
• 5 h 30 : matines • 7 h : laudes • 9 h 15 : messe (DF 10 h 15)
• 15 h : heure médiane • 18 h 15 : vêpres (DF 17 h 45) • 20 h 30 : complies • l'église monastique, restaurée après la guerre, offre dans une structure ancienne quelques belles réalisations contemporaines : vitraux et Christ de Léon Zack, Vierge en bois sculpté de H. Rey.

ACCÈS

• N 13 (Caen/Cherbourg).
• SNCF à Valognes (Paris Saint-Lazare/Cherbourg).

u v w x y z

♦ **HAUTE-LOIRE** **VALS-PRÈS-LE PUY**
ACCUEIL DOMINIQUE
CENTRE D'ACCUEIL DES DOMINICAINES

100, avenue
de Vals
B.P. 100   ♦ Téléphone : 04.71.09.33.39
43750 Vals-   ♦ Fax : 04.71.04.05.97
près-le-Puy

Toute l'année, les dominicaines du Puy – ou dominicaines de mère Agnès – accueillent dans leur grande maison paisible les personnes qui désirent se ressourcer dans un climat de simplicité, de liberté et de joie ; elles s'efforcent de vivre le charisme apostolique d'Agnès de Langeac auprès des pauvres et des malades, de la jeunesse, des personnes âgées, et se dépense également dans le tra-

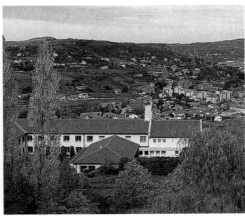

vail pastoral, proposant des stages de formation humaine et spirituelle, des sessions doctrinales et bibliques, des activités musicales (chant et cithare) ; elles mettent aussi à la disposition de ceux qui aspirent à vivre un temps fort de silence et de recueillement le calme de leur maison, agrémentée d'un jardin, et sont à la disposition de leurs hôtes, les invitant à partager dans la convivialité la prière liturgique de la communauté.

La maison est située à 2 km du Puy, sur la D 31 qui quitte la ville au-delà du jardin Vinay, vaste parc arboré au fond duquel se trouve l'étonnant musée Crozatier, dont les salles renferment de surprenantes richesses en matière d'archéologie, de beaux-arts, d'arts et traditions populaires où la dentelle du Puy a une large part.

ACCUEIL   S'adresser à sœur Claire-Dominique :
• 30 chambres individuelles nanties du confort moderne • possibilité d'accompagnement et d'échanges spirituels.

OFFICES   En français. Horaires sur place.

ACCÈS   • Le Puy (cf. *p. 210*), puis car Tudip « Le Puy/Vals », départ place Michelet, arrêt Carmel, à 700 m du monastère.

♦ **HAUTE-LOIRE VALS-PRÈS-LE-PUY**
MONASTÈRE DU CARMEL

Chemin du carmel 43750 Vals-près-Le-Puy

♦ Téléphone : 04.71.09.22.52

Fondé en 1860 à la périphérie du Puy, le carmel s'est établi en 1970 à Vals : la vétusté des lieux autant que le bruit et la circulation liés à l'essor de l'urbanisation rendaient nécessaire le transfert de la communauté. Installées dans des bâtiments simples aux lignes modernes, les moniales y mènent dans le silence et la solitude leur vie cloîtrée à l'école des saints de l'Ordre – Thérèse d'Avila, Jean de la Croix et Thérèse de l'Enfant-Jésus – ; la célébration de l'office divin, l'oraison régulière et le travail rythment leurs journées. La situation isolée du monastère, au flanc d'une colline d'où l'on jouit d'une vue étendue sur la ville du Puy et ses environs, souligne les exigences de la vocation carmélitaine, dont la dimension apostolique assume dans la prière les besoins et les souffrances du monde, et les appels de l'église.

Dans cette oasis de silence, égayée par un jardin paysagé et entourée par une campagne verdoyante, les moniales reçoivent les personnes qui souhaitent passer quelques jours de réflexion dans le silence ; la chapelle, ouverte à tous, invite au recueillement : les vitraux modernes y diffusent, sous le beau plafond de bois rapporté de l'ancien monastère, une lumière très douce propice à la méditation.

ACCUEIL

Écrire à la sœur hôtelière :
• 6 chambres individuelles avec lavabo, sanitaires à l'étage • un coin cuisine où les retraitants peuvent préparer leurs repas s'ils le veulent • possibilité d'accompagnement et d'échanges spirituels • parking • vente des produits de l'artisanat monastique : cartes, services de table brodés main, sets de table, parures de berceau, layettes ; et, sur commande, ornements liturgiques, chiffrage du linge de maison, tapisserie.

OFFICES

En français :
• 6 h 10 : oraison, suivie de laudes • 11 h 45 : sexte • 14 h : none • 17 h : vêpres • 17 h 30 : oraison, suivie de l'office des lectures • 20 h 30 : complies • l'eucharistie est célébrée dans la matinée : pour les horaires, se renseigner sur place.

ACCÈS

Cf. *p. 299.*

♦ **Meurthe-et-Moselle**

VANDŒUVRE-LES-NANCY
MONASTÈRE SAINTE-CLAIRE

24, rue
Sainte-Colette
54500
Vandœuvre-
les-Nancy

♦ Téléphone : 03.83.55.42.86

Dans la banlieue sud de la capitale lorraine, Vandœuvre a accueilli en 1920 une communauté de clarisses de Renaix (Belgique) venues restaurer l'ancienne fondation de Pont-à-Mousson : ce monastère primitif, institué en 1447 par sainte Colette, la réformatrice de l'Ordre, fut illustré par Philippa de Gueldre, duchesse de Lorraine et reine de Sicile, qui après son veuvage s'y fit simple religieuse ; il subsista jusqu'à la Révolution, qui dispersa la communauté et dévasta les bâtiments. Les environs immédiats ont connu une ancienne implantation monastique, avec la chartreuse de Bosserville, dont les bâtiments des XVII-XVIIIe siècles dominent la vallée de la Meurthe ; la proche basilique de Saint-Nicolas-du-Port, imposant édifice flamboyant du XVIe siècle, atteste l'importance de la ferveur populaire, demeurée très vive. Aujourd'hui, les clarisses reçoivent dans le cadre paisible de leur monastère les personnes qui souhaitent effectuer une retraite spirituelle de quelques jours, dans une atmosphère de silence et de recueillement.

Accueil

Écrire à la sœur hôtelière :
• 8 chambres individuelles au confort simple • possibilité d'accompagnement et d'échanges spirituels • confection d'aubes et d'ornements liturgiques, sur commande. Travaux d'offset et de photocopies, pour les besoins de l'église uniquement.

Offices

En français :
• 7 h : office des lectures suivi de laudes (DF laudes à 8 h) • 11 h : messe chantée • 17 h : vêpres (DF 16 h) • 20 h : complies.

Accès

• A 31 (Metz/Dijon), sortie Laxou.
• SNCF à Nancy (ligne Paris gare de l'Est/Nancy), puis taxi ou autobus n° 8, arrêt rue Oudinot.

♦ **GIRONDE**

**33490
Verdelais**

**VERDELAIS
SANCTUAIRE NOTRE-DAME DE VERDELAIS**
Pères Passionistes

♦ Téléphone : 05.56.62.02.50

Notre-Dame de Verdelais est un des pèlerinages français les plus anciens. Il a été fondé en 1112 par un chevalier devenu ermite dans la grande forêt de l'Entre-Deux-Mers, à son retour de croisade. Pris en charge successivement par des moines (grandmontins, célestins) et des religieux (maristes, au siècle dernier), le sanctuaire a connu les ravages de la guerre de Cent Ans, les déprédations dues aux Huguenots, enfin les exactions des sans-culottes sous la Révolution. De chacune de ces épreuves qui ponctuent son histoire, le sanctuaire est ressorti toujours plus dynamique et splendide. De nos jours, les pèlerinages s'y poursuivent : la basilique (murs du XIIe s.) abrite la statue de Notre-Dame de Verdelais (bois du XIVe s.) enchâssée dans un splendide retable baroque. Sur la colline voisine de Cussol, un calvaire monumental érigé au siècle dernier marque le terme d'un chemin de croix dont les stations jalonnent une promenade propice à la méditation ; du sommet, la vue s'étend sur la vallée de la Garonne, les landes girondines et, par beau temps, jusqu'aux contreforts des Pyrénées.

Depuis 1990, les passionistes assurent l'animation du sanctuaire, auprès duquel ils vivent l'idéal à la fois contemplatif et apostolique de leur fondateur, saint Paul de la Croix ; leur maison, située dans un grand parc calme, accueille pour une halte spirituelle ou quelques jours de ressourcement les personnes en quête d'une atmosphère silencieuse et priante.

ACCUEIL

Pour tous renseignements, s'adresser par écrit au recteur de la basilique.

OFFICES

En français :
• 18 h : messe (en semaine) • 11 h : messe (DF) • Pour les autres offices, horaires sur place.

ACCÈS

• A 61 (Bordeaux/Toulouse), sortie à Langon, ou D 49 (Bordeaux/Agen) jusqu'à Langon, puis D 19, à droite juste avant Saint-Maixant.
• Autobus Citram (14, rue Fondaudège, à Bordeaux), direction Langon, arrêt à Verdelais.
• SNCF à Langon (ligne Bordeaux/Agen), puis taxi (4 km).

♦ **EURE**

124, rue
de la Place-
Notre-Dame
B.P. 236
27132 Verneuil-
sur-Avre Cedex

**VERNEUIL-SUR-AVRE
ABBAYE SAINT-NICOLAS**

♦ Téléphone : 02.32.32.02.94
♦ Fax : 02.32.32.72.46

Fondée en 1627, l'abbaye Saint-Nicolas s'est unie en 1974 à l'abbaye Notre-Dame d'Argentan (cf. *p. 19*) et au prieuré « La Paix Notre-Dame » de Flée (Sarthe), pour constituer la fédération bénédictine Notre-Dame de la Paix. Malgré les vicissitudes de l'histoire – guerres, Révolution, expulsions, etc. – qui parfois ont contraint les moniales à quitter les lieux, la vie régulière non plus que la célébration de l'office divin n'ont jamais été interrompues. Les moniales sont installées dans une localité pittoresque, à la limite méridionale du pays d'Ouche, région de forêts et d'élevage au charme mélancolique ; la petite ville, entourée de promenades rappelant le tracé des anciens remparts, s'enorgueillit de ses églises – Notre-Dame, édifice roman au chevet austère du XIIe siècle, et la Madeleine (XVIe s.), de style flamboyant –, et de plusieurs maisons typiques en bois et en brique (XV-XVIIIe s.).

Fidèles à la tradition d'hospitalité en vigueur dans la famille bénédictine, les moniales reçoivent toute l'année (sauf en octobre) les personnes en quête de ressourcement dans le silence et la prière ; leurs célébrations liturgiques sont ouvertes.

ACCUEIL

Écrire à la sœur hôtelière :
• séjours d'une durée de huit jours maximum (les hommes seuls ne sont pas acceptés) • une vingtaine de chambres individuelles avec lavabo (douches et sanitaires à l'étage) sont réparties dans l'hôtellerie • bibliothèque • parking.

OFFICES

En grégorien, selon l'*Ordo* de Solesmes :
• 8 h 45 : tierce • 9 h : messe conventuelle • 12 h : sexte • 14 h : none • 17 h 15 : vêpres (DF 17 h).

ACCÈS

• Verneuil-sur-Avre est au carrefour de la N 12 (Dreux/Alençon) et de plusieurs routes convergeant à Verneuil : N 26 (d'Argentan), D 840 (d'Elbeuf), D 939 (de Chartres) et D 941 (de Châteaudun).
• SNCF à Verneuil-sur-Avre (ligne Paris Montparnasse/Granville), puis taxi (1 km).

♦ YVELINES

**VERSAILLES
LE CÉNACLE
LA SOLITUDE**

68, avenue
de Paris
78000 Versailles ♦ Téléphone : 01.39.50.21.56

L'établissement est situé en ville, le long de l'avenue de Paris ; cette artère mène directement au château de Versailles, qui est à 15 mn à pied. Malgré son implantation urbaine et la proximité de l'avenue, la maison est très calme : entourée d'un beau et vaste parc, elle bénéficie d'un cadre exceptionnellement paisible ; les nombreuses essences d'arbres, les oiseaux qui y nichent et la pièce d'eau, donnent un caractère reposant à ces lieux. La communauté des sœurs de Notre-Dame du Cénacle y accueille des groupes confessionnels, mais aussi toute personne qui souhaite vivre un temps de ressourcement dans une atmosphère de silence et de prière, celles aussi qui sont en questionnement par rapport à la foi chrétienne.

HISTOIRE

Comme la plupart des demeures versaillaises, La Solitude a un passé historique. En 1688, les religieux du couvent des Célestins de Paris cèdent une pièce de pré sise au territoire de Montreuil, au lieudit *La Fontaine naturelle*, à Geoffroy de la Roche ; ce personnage assez important – il commande les gardes des plaisirs du Roi (qui surveillent la chasse privée royale) – , fait

construire sur le terrain une maison qu'il vend en 1702 à Louis Bontemps, valet de chambre de Louis XIV. La maison accueille en 1742 Saïd Mehemet Pacha, ambassadeur du Grand Turc auprès de Louis XV, et sa suite. Elle est acquise plus tard par le comte de Vergennes, conseiller du roi mais, la comtesse de Vergennes ayant émigré à la Révolution, elle devient en 1790 bien national. Divers propriétaires se succèdent au XIXe siècle, procédant à des transformations dans le parc et le jardin, à des agrandissements dans la construction. Pendant la Première Guerre mondiale, un contingent d'artillerie est cantonné dans les communs. Enfin, en janvier 1921, la propriété, devenue trop vaste pour une seule famille, est acquise par les sœurs de Notre-Dame du Cénacle ; dès le mois de juin, une retraite fermée y est don-

née par le père Zimmermann aux « Dames fermières de Seine-et-Oise » ; c'est sans doute la première des nombreuses retraites qui auront lieu dès lors à La Solitude.

La congrégation du Cénacle voit le jour en 1826 à La Louvesc, en Ardèche, à l'occasion des pèlerinages au tombeau de saint Jean-François Régis (jésuite mort en 1640, épuisé par ses missions dans le Velay et les régions voisines, très touchées par le protestantisme... et la misère) : le père Terme, soucieux de voir les pèlerins profiter au mieux de leur démarche, s'adjoint trois sœurs de « l'instruction », dont Thérèse Couderc, pour accueillir et aider ceux qui souhaitent effectuer un séjour dans la prière et le silence. Cette intuition initiale se nourrit de la contemplation du mystère de Marie au Cénacle, mystère d'attente de l'Esprit saint : tous ensemble dans le recueillement, avec Marie, mère de Jésus. Telle est la spiritualité des sœurs de Notre-Dame de la Retraite au Cénacle, appelées couramment sœurs du Cénacle, dont sainte Thérèse Couderc, héritière de l'esprit du père Terme, est considérée comme la fondatrice.

SPIRITUALITÉ   Une communauté de dix sœurs anime La Solitude, accueillant dans ce cadre de paix et de silence toute personne qui souhaite s'arrêter pour faire le point, discerner l'appel du Seigneur sur leur vie, se préparer à recevoir les sacrements, etc. De formation ignatienne, elles sont disponibles pour l'accompagnement spirituel de ceux qui le désirent ; elles proposent des week-ends et des retraites prêchées de 5 à 8 jours (programme sur demande), principalement selon la pédagogie des *Exercices* de saint Ignace de Loyola. Mais on peut, à titre individuel, effectuer un séjour dans la solitude et le silence dans un climat de recueillement soutenu par la prière de louange de l'église, l'office, qui est chanté chaque jour.

ACCUEIL	Écrire au secrétariat-accueil : • 44 chambres individuelles ou doubles avec lavabo, sanitaires à l'étage • salles de réunion, oratoire et chapelle, salle de détente • possibilité d'accompagnement et d'échanges spirituels • parking.

OFFICES

Matin et soir, un temps de prière ecclésiale rassemble la communauté et ceux qui le désirent. Pour l'eucharistie quotidienne, se renseigner sur place : les célébrations sont assurées soit par des prêtres amis de passage, ou les prédicateurs, soit en paroisse.

ACCÈS

• SNCF à Versailles-Chantiers (10 mn à pied).
• RER ligne C (Paris Austerlitz ou Invalides, direction Saint-Quentin-en-Yvelines), arrêt à Versailles-Chantiers.
• Autobus 171 à partir de Paris-Pont de Sèvres, descendre à l'arrêt Jean Mermoz.

♦ **AUDE**

Domaine de Cantauque 11250 Villebazy

VILLEBAZY
MONASTÈRE DE LA THÉOTOKOS

♦ Téléphone : 04.68.31.69.61
♦ Fax : 04.68.31.69.60

Le monastère de la Théotokos est établi sur un vaste domaine agricole et forestier (150 hectares) du Razès, pays accidenté des Hautes-Corbières, qui s'étend au sud de Carcassonne. On y découvre de nombreuses bourgades aux églises romanes fortifiées, caractéristiques de la région : ainsi à Saint-Hilaire, à Saint-Polycarpe. Vers le sud, la vallée de l'Aude et les gorges de Galamus offrent au touriste de profonds défilés boisés que surplombent des éperons rocheux auxquels s'accrochent les ruines d'antiques forteresses, notamment celle de Puy-Laurens (XI-XIIIe s.).

SPIRITUALITÉ

Le monastère de la Théotokos (la mère de Dieu) est une fondation du monastère Saint-Jean-du-Désert près de Jérusalem, qui relève de l'Église grecque melkite catholique. La communauté célèbre l'eucharistie et les offices selon le rite byzantin, c'est-à-dire comme les Orthodoxes grecs ou russes, et observe la discipline des monastères orien-

taux dont la règle de vie se réfère plus spécialement à saint Basile le Grand (d'où le nom de *basiliens* qui est souvent donné à ses religieux) et à saint Théodore Studite. Sa spiritualité est celle des Saints Pères, qu'elle considère comme des maîtres de vie évangélique. Elle porte aussi un intérêt particulier au courant spiritiel « hésychaste » dont saint Séraphim de Sarov et saint Silouane de l'Athos sont les représentants modernes les plus connus de nos contemporains. Elle observe aussi les jeûnes et les abstinences prévus par la tradition, dont l'abstinence perpétuelle de viande, pratique la méditation quotidienne, la garde du cœur, l'obéissance au père spirituel. Le travail lui-même est exécuté non seulement pour subvenir aux besoins de la communauté, mais encore comme un exercice spirituel. Le monastère possède un rucher, un atelier d'iconographie, une boulangerie artisanale de pain biologique, un potager... Une vie simple et respectueuse de l'environnement est une des préoccupations de la communauté.

ACCUEIL

Le site du monastère, baigné de lumière, est particulièrement propice au recueillement. Il est possible à des hommes d'y faire un séjour – (les femmes doivent s'adresser au monastère de la Déisis) –, et éventuellement de participer à un travail manuel. Le repas du midi est pris avec les moines, celui du soir à l'hôtellerie ; la nourriture est frugale, surtout pendant les carêmes. Pour séjourner au monastère, il convient de s'entendre au préalable (par correspondance) avec l'hôtelier.

OFFICES

Les principaux offices sont les matines et les vêpres ; la divine liturgie (messe) de Saint-Jean Chrysostome est célébrée au moins trois fois par semaine (mercredi, samedi et dimanche). Toutes les célébrations sont en français.

ACCÈS

De Carcassonne, aller jusqu'à Saint-Hilaire, puis Villebazy et, 4 km au-delà, prendre à droite jusqu'au panneau indicateur « Domaine de Cantauque ».

♦ **AUDE**

11250 Villebazy

VILLEBAZY
MONASTÈRE DE LA DÉISIS
DOMAINE DE CANTAUQUE

♦ Téléphone : 04.68.31.02.10
♦ Fax : 04.68.31.69.60

Le monastère de la Déisis est le pendant féminin du monastère de la Théotokos. Il est situé également sur le domaine de Cantauque, Les moniales ont la même vie et la même spiritualité que les moines (cf. *p. 306*).

Les moniales reçoivent les dames et les jeunes filles qui souhaitent vivre parmi elles un temps de silence et de recueillement – (les hommes doivent s'adresser au monastère de la Théotokos). Pour séjourner au monastère, il convient de s'entendre préalablement avec les sœurs.

OFFICES

Célébrés en français selon le rite byzantin.

ACCÈS

• Les conditions d'accès sont les mêmes que pour le monastère de la Théotokos (cf. *p. 307*).

♦ **CALVADOS**

B.P. 160
14503 Vire
Cedex

VIRE
COMMUNAUTÉ DE BLON
CONGRÉGATION DU CŒUR IMMACULÉ DE MARIE

♦ Téléphone : 02.31.68.02.04

Au cœur du bocage normand, la communauté des sœurs de Blon accueille les personnes en quête d'un lieu de silence, pour des séjours temporaires de ressourcement spirituel, mais aussi de convalescence et de repos (la résidence est agréée par la mutuelle Saint-Martin et la CAMAC). Blon est aux portes de la petite ville de Vire, sur les « monts » (250 m) qui dominent un vallon paisible au fond duquel le ruisseau des Houlles entraînait autrefois, rapide et régulier, la roue d'un moulin. Si Vire, qui a beaucoup souffert en 1944, n'a plus guère le charme d'autrefois – on y voit néanmoins encore la tour de l'Horloge et l'église Notre-Dame (XIII-XIVᵉ s.), et les ruines du donjon sur l'esplanade ombragée de tilleuls qui domine la Vire –, les environs invitent à d'agréables promenades : le mont Besnard, d'où on jouit d'une belle vue, les rochers des Rames et, plus loin vers l'ouest, la forêt de Saint-Sever.

HISTOIRE

C'est de 1842 que date l'installation des sœurs de Blon dans le site actuel, une manufacture de drap établie en 1812 dans le vallon où tournait le moulin. Bien que l'usine n'ait connu qu'une brève prospérité, le propriétaire a eu le temps de faire édifier de beaux bâtiments solides et spacieux, bientôt réduits à l'abandon. En 1840, l'abbé de Saint-Manvieu établit dans les locaux désaffectés les orphelines que l'hospice de Vire ne peut plus garder ; il cherche des religieuses pour s'occuper d'elles. Son dessein rejoint providentiellement celui d'une jeune veuve, madame de Saint-Léonard, qui vient de revêtir l'habit religieux et souhaite consacrer

sa vie à l'éducation des enfants pauvres : celle qui s'appelle désormais mère du Saint Cœur de Marie en vient ainsi à fonder la congrégation, des sœurs du Cœur immaculé de Marie. La nouvelle famille religieuse connaît une rapide extension ; on adapte les lieux – l'usine et la maison d'habitation de l'ancien propriétaire –, on leur adjoint des ailes, une chapelle de style roman nichée dans la verdure (rénovée récemment), le portail monumental qui ornait jadis le monastère des bénédictines, les locaux d'un pensionnat, l'actuelle maison d'accueil, puis l'ensemble qui abrite l'école Sainte-Thérèse. Tous ces édifices, harmonieusement disposés autour d'une belle cour d'honneur, ne manquent pas d'agrément.

SPIRITUALITÉ Enseignante à l'origine, la congrégation a été amenée par les vicissitudes de l'histoire (lois anticléricales de 1901, guerres mondiales) à s'ouvrir à d'autres formes d'apostolat : catéchèse, œuvres paroissiales, soin des malades, logement des réfugiés lors du bombardement de Vire en 1944. Ces activités, imposées par les circonstances, ont permis aux sœurs de développer diverses formes d'hospitalité : maison de retraite des sœurs âgées, Blon est aussi un lieu d'accueil pour des groupes à caractère religieux et éducatif, de repos pour les personnes fatiguées, et de séjour temporaire pour les personnes âgées ; depuis quelques années, c'est aussi un centre spirituel qui offre aux retraitants et aux personnes en quête d'un temps fort de silence et de réflexion les meilleures conditions de séjour.

Les personnes âgées et handicapées y trouvent tous les services que nécessite leur situation, les retraitants bénéficient de sessions de spiritualité, effectuent des randonnées de prière aux calvaires et chapelles des environs ; tous peuvent rencontrer une religieuse, partager la prière liturgique de la communauté, s'associer à l'adoration dans la chapelle ou la crypte, bénéficier des agréments du parc et de la campagne environnante. La disposition des bâtiments assure à ceux qui le souhaitent un climat de silence, de calme et de recueillement.

ACCUEIL

Écrire à l'accueil :
• 7 chambres avec sanitaires complets, 18 chambres avec lavabo, WC • salle de lecture, bibliothèque • accueil des personnes handicapées • parking.

OFFICES

• 9 h : laudes • 11 h 15 : eucharistie (DF 10 h et mercredi à 18 h) • 18 h : vêpres.

ACCÈS

• A 13 (sortie Vire), puis D 577.
• Bus Vert (Caen/Vire), n° 32/33.
• SNCF à Vire (ligne Paris/Granville), puis taxi, ou voiture de la communauté.

♦ **VENDÉE**

7, place
Saint-Louis
85120 Vouvant

VOUVANT
MONASTÈRE DE LA VISITATION

♦ Téléphone : 02.51.00.80.16

C'est à Vouvant (Vendée), un des villages les plus beaux de France, qu'en 1941 les visitandines de Dreux, évacuées à cause de la guerre, trouvent un refuge provisoire. Malgré les conditions précaires de l'installation, les vocations affluent, et un travail acharné permet de créer un lieu propice à la vie monastique ; aussi, à la fin du conflit, n'est-il plus question de retourner à Dreux : on vend le monastère, ce qui permet de poursuivre la restauration des vieux bâtiments qu'occupent les religieuses à Vouvant, au cœur de la petite cité médiévale. La chapelle est consacrée en 1959.

HISTOIRE

Vouvant est sis aux abords du superbe massif forestier de Mervent, sur un promontoire qu'enlacent les eaux paisibles de la mère. En l'an mil, Guillaume le Grand, duc d'Aquitaine, découvre le site et décide d'y faire bâtir une église et un monastère. Mais les moines de Maillezais, pressentis pour la tâche, n'érigent qu'une chapelle provisoire. De l'église, achevée à la fin du XIe siècle et remaniée au XIIe siècle, il reste la crypte, les trois absides et le magnifique portail nord, dont l'ornementation – arcs de plein cintre et statues – force l'admiration. Autour de l'église se regroupent les maisons que ceignent des remparts accolés à un château édifié par les Lusignan ; ou, dit la légende, par la fée Mélusine, mi-femme, mi-serpent, épouse de Raimondin de Lusignan, qui en une nuit le fit surgir « d'une dornée de pierres et d'une goulée d'Ève ». Il en subsiste les ruines, la tour Mélusine et un vieux pont roman qui enjambe la mère. Une promenade dans la petite localité paisible permet d'imaginer ce que fut autrefois cette cité médiévale.

SPIRITUALITÉ

Le monastère de la Visitation abrite la vie simple et cachée des religieuses ; lieu de paix et d'intériorité, il leur permet de vaquer, dans un climat de charité fraternelle, à la prière, à l'adoration et au travail, dans la spiritualité que leur ont inculquée leurs fondateurs, saint François de Sales et sainte Jeanne de Chantal. Les moniales reçoivent en clôture des femmes et jeunes filles en quête de ressourcement. Dans la tradition de partage et d'humble service qui est la leur, elles accueillent aussi toute personne en quête d'écoute, de silence et de prière ; la chapelle, de style moderne (remarquer l'autel et l'ambon, et les vitraux), est ouverte à ceux qui souhaitent prendre part aux offices liturgiques et à la prière communautaire. On peut rencontrer une religieuse pour un dialogue, un partage.

ACCUEIL

Pour les conditions, écrire à la sœur hôtelière :
• 5 chambres en clôture pour religieuses, dames ou jeunes filles • hors clôture, possibilité d'accueil pour 4/5 personnes, avec petite cuisine • possibilité d'accompagnement et d'échanges spirituels • vente sur place d'aubes, ornements liturgiques, broderies, peintures, images, etc.

OFFICES

En français :
• 8 h : office du matin (DF 8 h 15) • 8 h 20 : messe (DF 9 h) • 13 h 30 : office du milieu du jour (DF 13 h 45) • 17 h 30 : vêpres (DF 18 h 15) • 21 h 15 : complies.

ACCÈS

• D 938T Fontenay-le-Comte/Bressuire, embranchement vers Vouvant à 12 km de Fontenay-le-Comte.
• SNCF à Fontenay-le-Comte, puis taxi (15 km).

u v w x y z

♦ **PAS-DE-CALAIS**

WISQUES
ABBAYE NOTRE-DAME

Rue de
la Fontaine
62219 Wisques

♦ Téléphone : 03.21.95.12.26

Aux confins de la Flandre et de l'Artois, la paisible cité de Saint-Omer tient son nom du fondateur d'un monastère bénédictin : au VIIe siècle, Omer et ses compagnons s'établissent dans cette région de marécages, qu'ils assainissent et mettent en valeur. Plus tard, une agglomération se développe autour du moûtier, bientôt assez florissante pour se nantir d'une cathédrale : au chœur et au transept édifiés au XIIIe siècle, s'ajoute un siècle plus tard une nef à l'ample et majestueux vaisseau, que vient étayer au XVe siècle une tour de façade, à la fois puissante et élégante avec ses arcatures

verticales ; au fil des années, le sanctuaire s'enrichit de nombreuses œuvres d'art, qui en font un véritable musée ; devenu la basilique Notre-Dame, il recèle la statue de Notre-Dame-des-Miracles (XIIIe s.). Le monastère initial ayant disparu, l'abbaye Saint Bertin la remplace au XVe siècle ; il en subsiste quelques vestiges. Plus tard, les jésuites édifient dans leur collège une chapelle à l'imposante façade baroque de brique rouge. La ville affiche sa prospérité dans de beaux hôtels particuliers, notamment l'hôtel Sandelin (1777), qui abrite aujourd'hui le musée des Beaux-Arts.

À proximité de la cité, la campagne se déploie, paisible. Les bénédictines de Sainte-Cécile de Solesmes y établissent en 1889 leur première fondation, qui est aujourd'hui l'abbaye Notre-Dame. Les moniales y mènent leur vie cloîtrée dans le silence, tout occupées à la célébration de Dieu par la prière de l'office liturgique, la *lectio divina* et les travaux, intellectuels et manuels. Dans un cadre tranquille, elles peuvent accueillir pour un séjour limité quelques retraitants (en priorité des femmes, les hommes pouvant s'adresser à la proche abbaye Saint-Paul) « en quête de silence, de détente, de ressourcement spirituel, dans le rayonnement de la prière monastique », qui s'engagent à respecter le silence et le rythme de la communauté. La campagne environnante offre la possibilité d'agréables promenades solitaires.

ACCUEIL

L'hôtellerie est fermée 15 jours durant l'Avent et le Carême. Écrire à la sœur hôtelière :
• 4 chambres individuelles, et chambres doubles, avec lavabo, sanitaires à l'étage • bibliothèque • possibilité d'accompagnement et d'échanges spirituels.

OFFICES

En chant grégorien :
• 9 h 45 : messe chantée • 16 h 30 : vêpres • 20 h : complies.

ACCÈS

• A 26 (Reims/Calais), sortie Val-de-Lumbres, puis N42. De Saint-Omer, D 208.
• SNCF à Saint-Omer (ligne Paris Gare du Nord/Calais), puis taxi (8 km).

♦ PAS-DE-
CALAIS

WISQUES
ABBAYE SAINT-PAUL

Rue des Écoles
62219 Wisques

Le monachisme héritier de saint Benoît fleurit en France jusqu'à la Révolution de 1789, qui supprime les moines. Mais en 1833, Dom Prosper Guéranger restaure la vie bénédictine dans l'antique prieuré de Saint-Pierre de Solesmes (Sarthe), puis fonde à proximité, pour des moniales, l'abbaye Sainte-Cécile (1866). Celle-ci ayant effectué en 1889 une fondation à Wisques, quelques moines de Solesmes s'y établissent également comme chapelains des moniales. C'est le noyau du nouveau monastère Saint-Paul, qui est érigé en prieuré simple en 1894, puis en prieuré conventuel en 1895.

HISTOIRE ET
SPIRITUALITÉ

Logés au « Petit Château », belle demeure du XVIIIe siècle située en face du cimetière, les moines s'installent ensuite au « Grand Château » dont les bâtiments, également du XVIIIe siècle, sont flanqués de quatre tours du XVe siècle. Mais les lois anticléricales les chassent de France en 1901 et trouvent refuge à Oosterhout, aux Pays-Bas ; c'est là que la communauté, qui ne cesse de prospérer, est érigée en abbaye : elle donne naissance à trois autres monastères en Hollande. Les moines reviennent à Wisques en 1920 et, comme la communauté connaît une expansion qui ne se dément pas, il faut songer à construire ; Dom Paul Bellot, moine et architecte, conçoit et réalise en ciment et en brique l'actuel réfectoire. Pendant la guerre, la communauté est dispersée, des moines sont faits prisonniers. À la fin du conflit, tous se retrouvent sains et saufs à Wisques, où quelques-uns ont maintenu, discrète, l'observance monastique. Il faut de nouveau construire : l'architecte Joseph Philippe édifie le campanile, qui abrite Bertine, le bourdon de l'ancienne abbaye Saint-Bertin, puis la chapelle actuelle aux lignes pures, très lumineuse ; à partir de 1968, il agrandit, modernise et embellit encore, sans déparer le site ni les bâtiments anciens.

Aujourd'hui, après plus d'un siècle d'existence, les bénédictins de l'abbaye Saint-Paul continuent, par leur entière consécration à Dieu, de porter leur témoignage à notre monde. L'abbaye est, au cœur de la région Flandre-Artois, un ferment d'évangélisation et une cellule vivante de l'Église. Toute l'année, hommes et femmes sont accueillis à l'hôtellerie pour quelques jours de retraite spirituelle où, comptant sur la prière des moines, ils peuvent reprendre souffle et bénéficier d'un espace de solitude et de silence intérieurs. La campagne, vallonnée et boisée, offre la possibilité de calmes promenades.

ACCUEIL

Écrire au père hôtelier :
• 18 chambres individuelles et 5 doubles, avec eau chaude, sanitaires à l'étage • bibliothèque • possibilité d'accompagnement et d'échanges spirituels • parking • artisanat monastique : céramique d'art, vendue sous la signature « Wisques », à la porterie (avec d'autres produits) et dans divers points de vente. Vente des produits agricoles des moniales de Notre-Dame.

OFFICES

Chant grégorien, psalmodie en français :
• 5 h 30 : vigiles • 7 h 30 : laudes • 9 h 45 : messe chantée • 18 h : vêpres (DF 17 h, jeudi 18 h 30) • 20 h 30 : complies.

ACCÈS

Cf. *p. 313.*

INDEX DES RÉGIONS

LOIR-ET-CHER
Blois : Foyer Notre-Dame de la Trinité, 42

LOIRET
Saint-Benoît-sur-Loire : Abbaye de Fleury, 230

CHAMPAGNE-ARDENNE

ARDENNES
Margut-Saint-Walfroy : Ermitage Saint-Walfroy, 150

AUBE
Saint-Germain : Carmel de Notre-Dame de Pitié, 237
Troyes : Monastère des Clarisses, 285

MARNE
Arcis-le-Ponsart : Abbaye Notre-Dame d'Igny, 18
Saint-Thierry : Monastère des Bénédictines, 258

CORSE

HAUTE-CORSE
Erbalunga : Monastère des Bénédictines du Saint-Sacrement, 106
L'Ile-Rousse : Couvent de Corbara, 124

CORSE-DU-SUD
Sari Solenzara : Monastère de l'Assunta Gloriosa, 260

FRANCHE-COMTÉ

DOUBS
Besançon : Monastère Sainte-Claire, 39
Chaux-lès-Passavant : Abbaye Cistercienne Notre-Dame de la Grâce-Dieu, 85
Nans-sous-Sainte-Anne : Prieuré Saint-Benoît, 170

JURA
Poligny : Monastère de Sainte-Claire, 205

TERRITOIRE DE BELFORT
Lepuix-Gy : Prieuré Saint-Benoît de Chauveroche, 140

ILE-DE-FRANCE

ESSONNE
Dourdan : Notre-Dame de l'Ouÿe, 101
Saint-Sulpice-de-Favières : Maison Saint-Dominique, 256

SEINE
Paris : Abbaye Sainte-Marie, 187
Paris : Monastère de l'Adoration Réparatrice, 188
Paris : Monastère de la Visitation, 189
Paris : Monastère de la Visitation, 190
Paris : Prieuré Saint-Benoît-Sainte-Scholastique, 191

SEINE-ET-MARNE
Avon : Accueil des Frères Carmes, 22
Brou-sur-Chantereine : Prieuré Saint-Joseph, 54
Faremoutiers : Abbaye Notre-Dame et Saint-Pierre, 112
Nemours : Monastère de Bethléem et de l'Assomption de la Vierge, 173

YVELINES
Versailles : Le Cénacle, 304

LANGUEDOC-ROUSSILLON

AUDE
Villebazy : Monastère de la Théotokos, 306
Villebazy : Monastère de la Déisis, 308

GARD
Anduze : Monastère de la Paix-Dieu, 12
Nîmes : Monastère Sainte-Claire, 176

HÉRAULT
Le Bousquet-d'Orb : Monastère Orthodoxe Saint-Nicolas, 47
Puimisson : Saint-Joseph de Mont-Rouge, 208

PYRÉNÉES-ORIENTALES
Codalet : Abbaye Saint-Michel de Cuxa, 89
Perpignan : Monastère Sainte-Claire, 195

LIMOUSIN

CORRÈZE
Brive-la-Gaillarde : Maison d'accueil Saint-Antoine, 52
Meymac : Monastère du Jassonneix, 157

HAUTE-VIENNE
Le Dorat : Carmel Nazareth, 99
Saint-Léonard-de-Noblat : Foyer Jean XXIII, 245

LORRAINE

MEURTHE-ET-MOSELLE
Vandœuvre-les-Nancy : Monastère Sainte-Claire, 301

MEUSE
Benoîte-Vaux : Accueil du sanctuaire, 36

MOSELLE
Bitche : Maison Saint-Conrad, 40
Saint-Jean-de-Bassel : Accueil Couvent C.D.P., 239

VOSGES
Domrémy : Carmel du Bois-Chenu, 98
Ubexy : Abbaye Notre-Dame de Saint-Joseph, 288

MIDI-PYRÉNÉES

AVEYRON
Conques : Abbaye Sainte-Foy, 90
Espalion : Abbaye Notre-Dame de Bonneval, 107

TARN-ET-GARONNE
Loygue : Notre-Dame de la Résurrection, 147

NORD-PAS DE CALAIS

NORD
Raismes : Communauté du Cénacle, 215

PAS-DE-CALAIS
Wisques : Abbaye Notre-Dame, 312
Wisques : Abbaye Saint-Paul, 313

BASSE-NORMANDIE

CALVADOS
Bayeux : Monastère de la Sainte-Trinité, 27
Brucourt : Monastère de l'Annonciade, 55
Caen : Monastère des Carmélites, 58
Caen : Monastère de la Visitation, 58
Juaye-Monday : Abbaye Saint-Martin de Mondaye, 132
Vire : Communauté de Blon, 308

MANCHE
Avranches : Monastère des Carmélites, 23
Bricquebec : Abbaye Notre-Dame de Grâce, 50
Le Mont Saint-Michel : Communauté de l'Abbaye, 160
Saint-James : Prieuré Saint-Jacques, 238
Saint-Pair-sur-Mer : Monastère des Carmélites, 252

Valognes : Abbaye Notre-Dame de Protection, 298

ORNE
Alençon : Monastère des Clarisses, 12
Argentan : Abbaye Notre-Dame, 19
La Chapelle-Montligeon : L'Ermitage de la Basilique Notre-Dame de Montligeon, 75
La Chapelle-Montligeon : Communauté de la Nouvelle Alliance, 77
La Chapelle-Viel : Fraternité de la Braudière, 78
Livaie : Ermitage Saint-François, 145
Saint-Michel-des-Andaines : Prieuré Sainte-Marie des Servites, 247
Sées : Centre spirituel de la Miséricorde, 264
Soligny-la-Trappe : Abbaye de la Trappe (Grande-Trappe), 272

HAUTE-NORMANDIE

EURE
Le Bec Hellouin : Abbaye Notre-Dame du Bec, 30
Le Bec Hellouin : Monastère Sainte-Françoise-Romaine, 33
Croisy-sur-Eure : Monastère Saint-Paul de la Croix, 92
Etrépagny : Accueil Dominique, 109
Verneuil-sur-Avre : Abbaye Saint-Nicolas, 303

SEINE-MARITIME
Saint-Wandrille-Rançon : Abbaye Saint-Wandrille de Fontenelle, 259
Valmont : Abbaye Notre-Dame du Pré, 295

PAYS DE LA LOIRE

LOIRE-ATLANTIQUE
La Meilleraye-de-Bretagne : Abbaye Notre-Dame de Melleray, 154
Nantes : Monastère de la Visitation, 171
Rezé : Les Naudières, 218

MAINE-ET-LOIRE
Bégrolles-en-Mauges : Abbaye de Bellefontaine, 34

MAYENNE
Entrammes : Abbaye Notre-Dame du Port-du-Salut, 105
Saint-Aignan-sur-Roë : Maison d'accueil Saint-Jean, 227

REMERCIEMENTS

L'auteur et l'éditeur remercient les centres pour les informations et l'iconographie qu'ils ont aimablement communiquées.
Crédits photos : Droits réservés.

Conformément à une jurisprudence constante (Toulouse, 14-01-1887), les erreurs ou omissions involontaires qui auraient pu subsister dans ce guide ne sauraient engager la responsabilité de l'auteur ou de l'éditeur.

Achevé d'imprimer en Espagne par Gráficas Estella, S.A.
ISBN : 2 - 253 - 17002 - X
Dépôt éditeur 7845 - 03/1998
Edition 02

◈ 31/7002/